国家自然科学基金项目（71772088）

分布式研发团队内隐协调机制及其对创新绩效的影响研究

江苏高校优势学科建设工程项目"现代审计科学"资助

南京审计大学品牌重点专业建设项目（工商管理）资助

KNOWLEDGE

AUDIT IN

ENTERPRISE

ORGANIZATION

企业组织的
知识审计

肖久灵 ◎ 著

中国财经出版传媒集团

经济科学出版社

Economic Science Press

图书在版编目（CIP）数据

企业组织的知识审计/肖久灵著 . —北京：经济科学
出版社，2018.6

ISBN 978 - 7 - 5141 - 9482 - 1

Ⅰ. ①企⋯　Ⅱ. ①肖⋯　Ⅲ. ①企业管理 - 知识管理 -
审计 - 研究　Ⅳ. ①F239.6

中国版本图书馆 CIP 数据核字（2018）第 142442 号

责任编辑：李　雪
责任校对：刘　昕
责任印制：邱　天

企业组织的知识审计

肖久灵　著

经济科学出版社出版、发行　新华书店经销
社址：北京市海淀区阜成路甲 28 号　邮编：100142
总编部电话：010 - 88191217　发行部电话：010 - 88191522
网址：www. esp. com. cn
电子邮件：esp@ esp. com. cn
天猫网店：经济科学出版社旗舰店
网址：http://jjkxcbs. tmall. com
固安华明印业有限公司印装
710 × 1000　16 开　20 印张　280000 字
2018 年 9 月第 1 版　2018 年 9 月第 1 次印刷
ISBN 978 - 7 - 5141 - 9482 - 1　定价：68.00 元

前　　言

在知识经济时代，知识作为一种战略性资源，已经成为现代企业获取竞争优势的重要来源之一。现代企业以期通过对知识的有效管理来达到竞争能力的增强以及经营绩效的提高，但在实践过程中达到预期效果或预定目标的较少，许多学者或研究机构经过不断研究和探索，认为知识审计的缺乏是阻碍知识管理项目成功的主要因素之一，并将此作为实施知识管理项目的首要步骤以及知识管理战略的重要组成部分。

本书主要是围绕知识审计领域展开研究，其研究内容如下：

第一章为研究背景，主要论述了知识经济的发展和特征，知识的特性与类型，知识管理的发展阶段，以及知识管理的迷思。通过研究主题、研究范围的界定，为后续研究奠定基础。

第二章论述了知识审计与相关审计的关系。在企业运营与管理过程中，知识审计、数据审计以及信息审计是最为常见且重要的三种审计类型。在深入探讨各自的概念、作用、方法或模式的基础上，从审计对象、审计范围和逻辑关联阐述了三者之间的联系与异同，同时也探讨了知识审计与传统审计、知识管理审计和知识管理的区别与联系。

第三章论述了知识审计的依据。首先探讨了知识审计的思想来源，包括审计的思想、知识管理的思想以及成熟度的思想；而知识审计的标准来源，包括国家标准、行业标准和企业标准。这些思想来源和标准来源为知识审计提供了参考依据。

第四章介绍了企业知识审计的架构和特性。在综合分析不同学者与研究机构所提出的知识审计架构基础上，将其分为三种类型：概念性架构、过程性架构和测量性架构。这些架构有着自身的特性，如构成要素、实施流程、作用路径等，并分别对这些架构进行了比较和分析。

第五章基于过程展示视角论述了企业知识审计活动。基于方法基线、审计范围、方法特性、数据采集以及审计输出等方面对代表性知识审计架构进行综合比较；基于社会网络分析方法对企业知识审计活动进行甄选与优化；并基于过程展示图的原理和特性，从元过程图和元展示图两个方面揭示了知识审计活动之间的逻辑关联和相互作用关系。

第六章论述了企业知识审计程序和技术。在审计程序方面主要从三个阶段展开：准备阶段包括制订知识审计计划、组建知识审计团队、选择知识审计方法；实施阶段包括审计数据收集和审计数据分析；总结阶段包括知识资源诊断、知识审计报告。而在知识审计技术方面主要包括知识需求分析、知识库分析、知识流分析、知识地图、竞争知识分析、关键知识功能分析等。

第七章基于成熟度思想构建企业知识成熟度模型及知识管理成熟度整合模型。成熟度思想主要来自马斯洛需求层次理论、能力成熟度模型、企业成长阶段理论；在知识管理领域挑选出有代表性的知识管理成熟度模型，从基本特性、关键过程领域、成熟等级、其他特性等方面进行深入比较，以揭示模型内在特征与发展规律；在此基础上提出了企业知识成熟度模型，揭示了企业知识成熟的等级、特性与衡量标准，以及企业知识管理成熟度整合模型，包括逻辑结构、成熟等级、变化机理、关键过程领域、实施程序以及注意事项等。

当前，围绕知识管理领域的研究方兴未艾，但结合审计领域的研究并不多见。知识审计作为知识管理与现代审计的交叉研究领域正逐步引起学界与业界的广泛关注。本书深入探讨了知识审计的内涵与外延、知识审计的依据，知识审计架构与特性，知识审计活动，知识审计程序与技术以及知识管理成熟度模型等，揭示了知识审计的理论基础，构成要素、运作机理、方法技术等，以期能够帮助现代企业正确认知知识审计，在知识管理过程中始终贯穿现代审计的思想，充分发挥审计的评价、鉴证等职能，通过知识审计揭示企业对知识进行实际管理的优势与劣势，分析知识管理的环境、障碍以及促进因素，设计未来知识管理方法路线图，并提供具有诊断性和咨询性的审计报告，为企业高层管理者以及员工有效实施知识管理活动及项目提供帮助。

目 录

第一章

研 究 背 景

第一节　知识经济的发展与特征

一、知识经济的发展

自 20 世纪中后期开始，科技进步日渐成为经济发展的决定性因素，信息技术和技术创新成为经济发展的重要推动力量，"科学技术是第一生产力"开始成为现实。当今世界的竞争已成为以经济为基础，以科学技术，特别是高科技为先导的综合实力的较量。从 20 世纪 70 年代初以来，世界各国学者和研究机构对于未来经济的性质开展了一系列探索，试图描绘出经济与社会发展的走向与前景：1970 年，前美国国家安全事务助理兹比格涅夫·布热津斯基（Zbigniew Brzezinski）在《两个时代之间——美国在电子技术时代的任务》的报告中指出，人类面临一个"电子技术时代"；1973 年，美国社会学家丹尼尔·贝尔（Daniel Bell）在《后工业社会的到来：社会预测初探》一书中首次将继工业社会之后的社会称为"后工业社会";1980 年，美国社会学家阿尔文·托夫勒（Alvin Toffler）在《第三次浪潮》中将经济与社会发展进程划分为三大历史阶段：第一次浪潮以农业经济的兴起为标志，第二次以工业革命作为重大突破，而第三次浪潮则完全不同，形成与农业经济、工业经济相对应的一种新型的经济形态——"后工业经济"，并将其描绘成"超工业社会"。1982 年，美国经济学家和未来学家约翰·奈斯比特（John Naisbitt）在《大趋势》中提出了"信息经济"的概念，指出"知识是我们经济社会的驱动力"，强调起着决定作用的生产要素不是资本，而是信息知识；价值的增长主要不再是通过体力劳动，而是通过知识的创新等；1986 年，英国学者福莱斯特（Tom Forester）在《高技术社会》中提出了"高技术经济"的概念。1990 年，联合国研究机构提出了"知识经济"的说法，逐渐明确了这种新型经济的性质（左孝顺，1998；樊美勤，1998）。

1996 年，经济合作与发展组织（OECD）发表了题为《以知识为基础的经济》（*The Knowledge-based Economy*）的研究报告，第一次明确提出了对这种新型经济的测度，认为这是一种建立在知识的生产、分配和使用（消费）基础之上的经济。其中所述的知识，包括人类迄今为止所创造的一切知识，最重要的部分是科学技术、管理以及行为科学知识。这份报告是人类面向 21 世纪的发展宣言——人类的发展更加倚重于自身的知识和智能，知识经济将取代工业经济已经成为时代的主流。

二、知识经济的特征

知识经济不同于以往的传统经济。传统经济主要依靠人力、物资资源或资本等一些生产要素投入的经济增长为特征，是以物质、资本在生产中起着主导作用的经济形式，包括农业经济和工业经济。传统经济的基本出发点有着"三个最大限度"：最大限度地开发自然资源，最大限度地创造物质财富，最大限度地获取财富。知识经济是以知识为基础的经济，是以现代科学技术为核心，建立在知识和信息的生产、存储、使用和消费的基础之上的经济，即知识或现代科学技术作为一种生产要素在社会再生产过程中起主导作用的经济，其最重要的特征是可以把知识作为资本来发展经济。知识经济也有"三个最大限度"：最大限度地利用知识，最大限度地优化配置自然资源，最大限度地使用高新技术以替代稀缺资源。因此，知识经济较以往的农业经济、工业经济在主导要素、财产形式、经济规律、竞争对象和投资重点等方面存在较大不同，见表1.1。

表1.1 知识经济与传统经济的比较

方面 类别	主导要素	财产形式	经济规律	竞争对象	投资重点
传统经济	土地、劳动力、设备、各类资本等	对土地、劳动、设备、资本的占有，有形垄断	有形资源的边际收益递减规律，传统经济理论	自然资源、劳动力和各类资本等	机器、设备、生产线等有形资产，追求规模效益
知识经济	知识产权、人力资源、各类资本等	对知识资本、人力资本的占有，无形垄断	知识的溢散功能与其边际收益递增规律，新经济理论	知识产权及其市场竞争的垄断地位	人力资源、知识资产、信誉与品牌等无形资产

在知识经济时代，知识在现代社会价值的创造中其功效已远远高于人、财、物等传统生产要素，成为所有创造价值要素中最基本的要素，现代经济的增长则越来越依赖于知识含量的增长。知识、信息是经济长期增长的首要因素，对经济发展具有决定性的先导作用。知识经济时代的到来给企业管理策略、经济运行方式、产业发展政策等方面带来了巨大影响，在核心生产要素、生产特征、企业特征、管理、技术、产品、市场、产业结构、分配、就业、新企业文化、主要增长源泉等方面表现

出自身的特征（何传启，1999），见表1.2。

表1.2   **知识经济的主要特征**

序号	层面	特点
1	核心生产要素	知识（信息）、无形资产、知识劳动者
2	生产特征	信息化、网络化、实时生产、敏捷生产和智能生产等
3	企业特征	网络结构、伙伴关系、灵活性、创新型、知识生产型等
4	管理	信息化、网络化、人性化、知识管理、创新管理等
5	技术	数字化、智能化、知识化、可视化、柔性制造等
6	产品	智能化、特色化、个性化、艺术化、市场周期短等
7	市场	全球化、无国界、变化快、网络化、电子商务等
8	产业结构	知识产业为主、物质产业（工业农业）和服务产业为辅
9	分配	按贡献分配，知识资本和投资资本参与纯收入分配
10	就业	知识劳动者就业率高，体力劳动者失业率高
11	新企业文化	创新、合作、学习、重视知识资本和投资资本
12	主要增长源泉	知识和信息生产与应用、创新和知识劳动者

在知识经济时代，知识的重要性已经得到学界和业界的广泛认同，知识已经取代传统的机器设备、劳动力等生产要素，而成为第一生产要素，更成为企业获取竞争优势的重要来源（Quinn，1992；Drucker，1993；Bruton‐Jones，2000），与以往的经济相比，无形资产比有形资产更加重要（Stewart，1999；Edvinsson & Malone，1999）。在知识经济中，知识不是经济增长的"外生变量"，而是经济增长的内在核心因素，正是由于知识的倍增和知识的价值化过程，使经济增长方式发生根本变化及企业长期高速增长成为可能。因此，基于知识或知识资本的重要性，为了促进知识创新和知识增值，对知识进行有效管理已经成为现代企业组织的基本共识。

第二节　知识特性与类型

一、知识的特性

知识的由来可以追溯西方哲学领域。公元前4世纪，柏拉图（Plato）认为知识是"合理的、可接受的真实信仰"。在他的观念中，知识是人类潜在的观念，是与生俱来的，也是人类通过心灵理性思维的结果。这一观念后来得到西方哲学领域内的普遍认同，但对于知识的来源在西方哲学领域里存在两派不同的看法，分别为"理性主义"（Rationalism）学派和"经验主义"（Empiricism）学派。理性主义认为知识是来自人们心智成长过程的结果，是自身思维的产物，无须通过外界的感官经验获得，视为"先验知识"（Prior Knowledge）。而经验主义主张"先验知识并不存在"，强调知识的获得是人们通过感官的知觉而来，说明知识是人们经过某种磨炼而获得（汪丁丁，2001）。1781年，德国哲学家康德（Immanuel Kant）综合理性主义和经验主义这两股思潮，他认为经验是知识的基础，但非唯一的来源，知识只有在理性主义的逻辑思考和经验主义的感官知觉共同作用下才会产生。日本学者野中郁次郎与竹内弘高（Nonaka & Takeuchi，1995）对两派的观点进行总结：理性主义主张知识是由心智建构观念、定律或其他理论"演绎"而来；经验主义则称知识是由特殊的感官经验"归纳"而来，两大学派的比较见表1.3。

表1.3　　　　　　　西方认识论的两大学派的比较

两大学派	理性主义	经验主义
对知识来源的看法	心智（内生）	感官（外生）
取得知识的方法	演绎法	归纳法

两大学派	理性主义	经验主义
主义创始人	柏拉图	亚里士多德
重要传承人	笛卡尔	洛克
主要盛行区域	欧洲	英国
拟整合的学者	康德：经验是知识基础却非唯一来源 黑格尔：感官知觉──→知识──→绝对精神──→心灵或事物 马克思：知者（主体）与被知者（客体）互动产生知觉	
挑战笛卡尔二元论	存在主义等学说：知识不由内生，而由行动获得	

  米勒与莫里斯（Miller and Morris，1999）指出知识的产生是通过对资料的获取和信息的整合，加上理论——表述信息适当的含义，加上经验——人们如何在真实世界工作，这个过程称为学习（Learning），见图1.1。一般而言，信息是知识的输入端，技术是知识的产出端，但信息与技术的定义与内容较明确清楚，而知识是需要经由客观分析与主观认知形成，且与人的因素相关，相对难以系统化与明晰化。

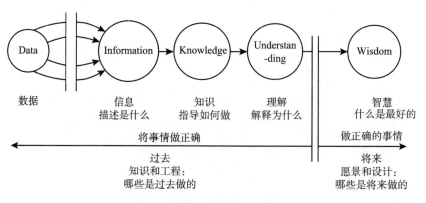

图1.1　智慧历程

  西方哲学领域关于知识的观点对现代知识的认知具有一定的指导作用，对于知识特质的理解会依据背景和研究问题的角度不同而存在较大差异，目前对于知识的定义还没有统一的界定，如《韦伯字典》的解释是：从研究、调查、观察或经验中获取的事实和想法；有关人类本质的知识十分丰富；学问，特别是通过正规学校教育，经常是通过高等教育获得的知识；包含有大量学问的书籍。《中国大百科全书》中指出"所谓知识，就它反映的内容而言，是客观事物的属性和联系的反映，是客观世界在人脑中的主观映象。就它反映活动的形式而言，有时表现为主体对事物的感性知觉或表象，属于感性知识；有时表现为关于事物的概念或规律，属于理性知识"。而在知识管理中主要强调的是知识的资源和价值等经济属性。野中郁次郎（Nonaka, 1994）指出，知识是一种有价值的智慧结晶，可以以信息、经验心得、抽象的观念、标准作业程序、系统化的文档、具体的技术等方式呈现。知识呈现的形式虽然较多，但本质上都必须具有创造附加价值的效果，否则将不能称为知识。斯图尔特（Stewart, 1997）认为知识具有四种特质，分别为不会消减、天生过剩、头重脚轻、无法预测。其中不会消减是指知识是不会减损的东西，有着在使用之后不会被消耗掉，而且能够让别人继续使用的特性；天生过剩是指由于人类随时都在创造新知识，未来知识创造的速度还会因为知识的不断积累而越发增快，新知识也因此会越来越多；头重脚轻是指知识密集型的产品和服务，成本的投入都集中于产品或服务开发的初期阶段，使得研发费用高于制造成本；无法预测是指创造性的工作，在输入的知识和输出的知识之间，找不到任何有意义的经济联系。扎克（Zack, 1999）则从企业竞争优势的角度进行解释，认为知识是一种重要的策略性资源，深植于企业内部的特有知识，是竞争者不能模仿，难以取得的，也是无法在短时间内通过增加投资而获得的，因此，企业建构与维系竞争优势的最为重要的能力在于知识的获得、整合、存储、分享和应用的能力。

可见，知识主要包括各种法则、事实、观念、理论、经验、方法及程序等，需要通过人类思考过程来支持判断与行动，知识是信息的高级形式、是一种智力状态、一个过程、一种实体和一种能力。知识大部分都是内隐的，而且是个人化的，只能意会不可言传，需要通过信息分析、学习、模仿、训练、分享而获得。在此，可以将知识界定为程序性知识（Procedural Knowledge），主要包括管理知识（如管理技能、市场/销售技能、人力资源管理技能、企业文化和价值观、商业策略思想和技巧等）和技术知识（如专利、商标权、技术诀窍、员工技能以及与生产或产品相关的知识等），而不是指以信息形式存在的陈述性知识（Declarative Knowledge），如财务报表数据等。

总体而言，知识具有如下特性：①共享性。知识与物质、能量不同，具有非消耗性，通过互动可以增加知识；②隐含性。知识是作为认知主体的人知道和了解的事情，对于知识的理解是个人的、特殊的、难以充分交流的；③增值性。知识在生产、传播和使用过程中有不断被丰富、被充实的可能性，知识的增值作用远远大于传统资本；④资源性。知识、物质与能量构成人类社会的三大要素。如今知识在经济发展中所占的比重与创造的价值呈上升趋势。

二、知识的类型

知识的分类依据和标准在学界和业界还未达成一致观点，但可以从知识可呈现的程度以及所存储的地点等方面来进行划分。

1. 显性知识和隐性知识

学者波兰尼（Polanyi，1958）以及野中郁次郎与竹内弘高（1995）将知识分为隐性知识（或内隐知识，Tacit knowledge）和显性知识（或外显知识，Explicit knowledge），这种分类结构是知识管理领域中最重要的，被广大学者所接受的一种分类。

（1）显性知识

可以通过形式化与制度化的言语加以表达、传播和共享的知识。它可以以书本、数据库、CD - ROM 等介质存储，如专利、科学发明等；可以以文字和数字来表达的客观且形而上的知识（Nonaka & Takeuchi，

1995）；有规则也有系统可循，且容易借助具体的资料、科学公式、标准化的程序或普遍的原则等系统化的方法来沟通和转移（Nonaka & Takeuchi，1995；Cavusgil，2003）；个人的外显知识包括容易说出或写下的个人知识，而群体的外显知识则存在于标准作业程序、文件、信息系统与法则之中（Lyles & Schwenk，1992）。

（2）隐性知识

个人或组织经过长期积累而拥有的知识，具有高度个性化、难以格式化，不易用语言表达及传播，难以衡量其价值，不易被人所理解和掌握。无法用文字或句子表达的主观且实质的知识，通常深植于个人的行为、经验、想法、价值观和情绪之中，且与特殊情境有关，同时难以明确化（Articulate）、形式化（Formalize）与沟通（Polanyi，1967；Nonaka，1991；Nonaka & Takeuchi，1995；Nonaka & Konno，1998）。可以被个人或群体所掌握，用于共同的合作经验与对事件的解释（Cavusgil，2003）；个人的隐性知识可在员工的计划（Scheme）、技能、习惯与抽象的知识中发现；而群体的隐性知识则存在于企业高层主管的计划中，以及组织对过去合作经验的意识（Consensus）、日常作业、企业文化与职业文化中（Lyles & Schwenk，1992；Nonaka & Takeuchi，1995）。从技能和认识角度可将企业隐性知识划分为两类：一类是技能方面的隐性知识，包括非正式的，难以表达的技能、技巧、经验和诀窍等；另一类是认识方面的隐性知识，包括洞察力、直觉、感悟和心智模式、团队的默契和组织文化等。

如果说显性知识是"露出海面的冰山一角"，那隐性知识是隐藏在水面以下的绝大部分。隐性知识比显性知识更难发觉，但却是社会财富的最主要源泉。隐性知识比显性知识更完善、更能创造价值。隐性知识的挖掘和利用能力，将成为个人和组织成功的关键（林东清，2005）。蒂瓦纳（Tiwana，2004）将隐性知识和显性知识的不同特性进行区分，见表1.4。

表 1.4 隐性知识与显性知识的比较

特性	隐性知识	显性知识
本质	自觉、想象力、创意或者技巧，无法清楚说明，相当主观	可编码呈现，可清楚说明，较客观
正式化程度	不容易文件化、记录、传递和说明	能通过编码利用正式的文字、图表等有系统地进行传播
形成的过程	由实践经验、身体力行及不断试验中学习和积累	对于信息的研读、理解、推理与分析
存储地点	人类的大脑	文件、资料库、图表和网页等地方
媒介需求	需要丰富的沟通媒介，例如面对面沟通或通过视频会议传递	可以利用电子文件传送，如 E-mail，不需要太丰富、复杂的人际互动
重要运用	对于突发性、新问题的预测、解决并创新	可以有效地完成结构化的工作，例如工作手册的制定

2. 个人知识和组织知识

伦纳德·巴顿（Leonard-Barton，1995）将知识分为员工个人知识（Employee Knowledge）与内嵌于组织实体系统的知识（Knowledge Embedded in Physical System）。

（1）员工个人知识

员工自己所拥有的知识，包含技能、经验、习惯、自觉、价值观等，属于员工可以带走的东西。

（2）组织知识

内嵌于组织实体系统的知识，如组织内部卓越的作业流程，信息系统、组织文化与团队协调合作等。对于组织知识还可以划分为内部知识和外部知识。内部知识是指关于组织内部事务的知识，如内部流程、产品或人员的知识；外部知识是指关于供应商、竞争对手、市场环境、合作伙伴等外部对象的知识。需要指出的是，为某个组织工作的员工，其个人知识事实上也是属于组织，应纳入组织知识管理的范畴。

3. 其他知识分类

学者们从知识的管理方法和使用目的等不同角度提出了多种知识分

类结构，如经济合作与发展组织（1996）依据层次将知识分为：事实知识（Know-what）、原理知识（Know-why）、技能知识（Know-how）、人力知识（Know-who），前两种属于显性知识，后两种属于隐性知识。博恩（Bohn，1994）依据成熟度将知识分为完全无知，意识，手段，控制均值，流程能力，流程特性，知道原因，完全掌握知识。阿利（Allee，1998）按运行形态将知识分为实体知识、过程知识。贝克曼（Beckman，1997）依据抽象程度将知识分为理论知识和实践知识。奎恩（Quinn，1996）与阿拉维（Alavi，2001）依据目的和利用将知识分为描述性知识、程序性知识、因果性知识、情境性知识、关系性知识。卡瓦斯基尔（Ca-vusgil，2003）认为显性知识和隐性知识不应该是二分法，而是一个连续谱（Spectrum）的两个端点。许多知识同时具有隐性和显性的特征，仅是程度存在不同而已。关于知识的一些其他划分方式及其类型见图 1.2。

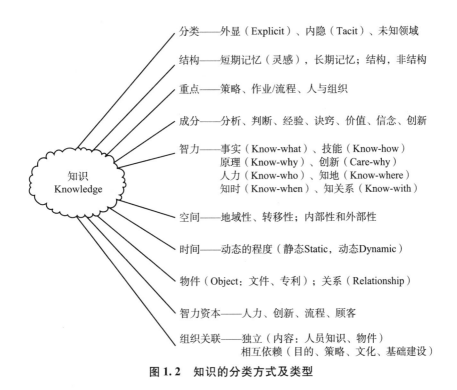

图 1.2　知识的分类方式及类型

总体而言，在不同的学科和应用领域中，对知识有着不同的分类方法。了解知识的分类是为了更好地对企业所拥有的各种知识进行区分，有利于知识的有效管理。正确区分知识的类型，对知识管理具有重要作用与意义。不同类型的知识要求不同方式的管理，每种知识类型各有其独特的挑战和机会。不同类型的组织，其知识管理重点有所不同。只有对组织中最需要的知识类型进行优化管理，才能获得最充分的收益。

第三节　知识管理的发展与迷思

在知识经济时代，知识管理的重要性毋庸置疑，通过对知识的有效管理，促使对知识的有效认知，充分发挥知识价值，并通过知识创新增加企业竞争优势和竞争能力，以应对动态竞争环境给企业所带来的各种机遇和挑战。纵观整个人类发展历程，从农业经济到知识经济，对知识的管理大致经历了四个阶段，而知识管理自身也已经进入第三代知识管理，其对知识的管理理念、管理方式、管理技术等都已经发生重大改变。但从企业执行知识管理项目的实际情况来看，效果并不理想或未达到预期效果，即绝大部分企业所进行的知识管理并未发挥出应有的价值，由此也产生了对知识管理的迷思。

一、人类对知识的管理历程

人类社会发展过程中一直就存在着对知识的管理，在不同发展阶段对知识的管理面临的问题各不相同，由于生产力和社会发展技术水平存在差异，所能解决的问题以及所能达到的层次也存在较大不同，因而形成了对知识进行管理的不同发展阶段。人类对知识的管理可以划分四个不同发展时期（邱均平，2006），主要特征见表1.5。

表 1.5　　　　　人类对知识管理活动和发展的各个阶段及其特征

时期	背景	对象	措施	象征	学科
文献管理 （1900～1950 年）	农业经济	以纸为载体的文献	手工方式	图书馆、档案馆	目录学、文献学、图书馆学、档案学
技术管理 （1950～1980 年）	工业经济	数据	单纯依靠计算机	管理信息系统、办公自动化	情报学、管理信息系统
信息资源管理 （1980～1995 年）	信息经济	信息资源	技术、经济和人文三位一体	首席信息官（CIO）	信息资源管理科学
知识管理 （1995 年至今）	知识经济	知识资源	人文、组织、技术三位一体	首席知识官（CKO）	知识管理科学

1. 文献管理时期

这一时期以农业经济为发展背景，以图书馆或档案馆为象征，主要特征包括属于社会公益性质，以记录型或印刷型文献管理为对象，同时也涉及其他文献资料的管理。

2. 技术管理时期

这一时期以工业经济为发展背景，以电子信息系统为主要象征，其主要特征包括信息技术及技术专家的作用日益突出，管理信息系统和办公自动化系统的社会应用日益广泛。

3. 信息资源管理时期

这一时期以信息经济为发展背景，以首席信息官为主要象征，主要特征包括涉及信息活动的各种要素均被作为信息资源要素纳入管理范围，是一种综合性、全方位的集成管理，主要应用领域是公司和政府，理论形态是信息资源管理科学。

4. 知识管理时期

这一时期以知识经济为发展背景，以首席知识官为主要象征，主要特征包括将知识定义为能引发有效行为的信息，将知识资源视为组织最为重要的资源并将资本管理和运用方法引入知识资本管理领域，高度重视对隐性知识、学习和创新过程的管理，把知识管理作为组织发展成学习型组织的核心措施。

二、知识管理的发展阶段

对于知识管理自身的发展阶段，由于划分依据和标准存在差异，导致对其划分存在不一致性。麦克尔罗伊（McElroy，2003）在其著作《新知识管理：复杂性、学习和可持续性创新》（*The new knowledge management: Complexity, learning and sustainable innovation*）提出了第二代知识管理，认为第一代知识管理是"供应方的知识管理"，即假设宝贵的知识已经存在于组织中的某个地方，问题仅仅在于如何向他人传播知识，而第二代知识管理应当注重需求而非供给（"需求方的知识管理"），即进行新知识的创造，技术已经不再是最为重要的因素，而应该考虑环境的复杂性。费尔斯通（Firestone，2003）则提出"新的知识管理"（The New Knowledge Management，TNKM），又被称为第二代知识管理（Second Generation Knowledge Management，SGKM），认为"旧的知识管理"（The Old Knowledge Management，TOKM）的出发点是假定知识已经存在于组织之中，且被用于支持决策，但存在三个方面的不足：一是假定知识存在，但没有考虑到知识是如何创建、产生和发现的；二是由于不关心知识是如何产生的，它不提供任何途径用于告知如何进行规划或从信息到知识的转变；三是 TOKM 也不能清晰区分知识处理（Knowledge processing）和知识管理（Knowledge management）。由于环境以及竞争范式的改变，已经进入"新的知识管理"，TNKM 是一个复杂的认识论、本体（Ontology）、概念架构、方法架构、方式以及规范模式。斯诺登（Snowden，2003）提出了"第三代知识管理"的概念，并将 20 世纪 80 年后期到 20 世纪 90 年代中期的知识管理视为第一代知识管理，重点关注信息和信息技术；将 20 世纪 90 年代中期到 21 世纪初的知识管理视为第二代，重点关注隐性知识到显性知识的转化，尤其表现在野中郁次郎与竹内弘高（1995）所提出的知识转化（*Socialization*、*Externalization*、*Combination*、*Internalization*，SECI）模型的研究；第三代知识管理则始于21世纪初，重点关注基于复杂系统理论的知识管理研究。

国内学者田志刚（2007）认为，第一代知识管理是以供给为导向，而第二代知识管理是以需求为导向，并对中国的第二代知识管理的特征进行了深入分析。朱娜（2013）基于知识认知的视角，认为人们对知识的认知出现了三次飞跃，从而产生了三代不同理念的知识管理，分别为显性知识管理、经验知识管理以及协同知识管理。

中国台湾学者陈永隆与叶凤如（2007）将知识管理分为第一代知识管理（KM 1.0）、第二代知识管理（KM 2.0）和第三代知识管理（KM 3.0）。他们依据毕马威公司（KPMG）的调查报告指出，在1998年之前知识管理属于摸索阶段，企业大都停留在知识管理的可行性评估，企业领导的重视程度不够，参与度也不够积极；在2000年左右，企业导入知识管理的成效已经逐渐显现，包括主管决策更佳、对外部环境变化反应更快、对顾客掌握度更高、员工技能增加等（KPMG，2000），因此，企业开始逐渐投入人力等相关资源，挖掘与管理企业内部的隐性知识；2002～2003年的调查报告显示，知识管理进入高成熟阶段，知识管理的重心已逐步由内部员工，转移到外部顾客与供应商、合作伙伴等的知识，且知识管理已朝向开发未来发展机会的方向努力。纵观知识管理的发展历程，其演化过程的详细特征如下：

1. 第一代知识管理（KM 1.0）

第一代知识管理是以信息科技为主要焦点，信息科技成为知识主要的载体，企业的知识管理范围集中于内部的知识工作者。由于知识管理刚起步，许多企业在本阶段的知识衡量重点是放在知识文件储存数量与点阅次数，文件管理成了知识管理的重点核心项目。企业的知识增值活动也将重心放在如何在知识管理系统上储存、萃取以及使用知识，而知识价值观仍停留在拥有知识就是拥有权力与竞争力，此阶段分享的文化还有待于加强。

2. 第二代知识管理（KM 2.0）

在 KM 2.0 时代，企业推动知识管理的范围逐步从内部员工的知识转移到企业外部顾客、合作伙伴与供应商之间的协同共享。知识衡量也不再狭隘地聚焦在文件数量，而是能否与平衡计分卡（Balanced score-card，BSC）所强调的财务、客户、内部运营、学习与成长四个层面相互结合。知识文件管理也不是知识内容的唯一来源，由知识库、知识社群与专家黄页等所形成的知识地图架构，成为推动知识管理的重要基础。企业也逐步认识到如何结合实体知识活动与虚拟的信息系统，让知识转化的效益在虚实整合之间发挥最大效果。企业开始建立全新的知识价值观，知识因共享而越发透明，也变得容易获取。

3. 第三代知识管理（KM 3.0）

随着第三代全球化（Globalization 3.0）（Friedman，2006）与第二代网络（Web 2.0）崛起（O'Reilly，2005），个体的力量逐渐强大，群体智慧逐渐发挥，KM 3.0 将知识管理推向更高的层次。创新的能力与思考的技术，将取代信息科技或人力资本，成为知识应用的新焦点。知识范围也从实体企业内部知识，朝向虚拟知识资源与实体知识资源的同步管理。虚拟知识资源包括：虚拟工作团队、虚拟关系管理、新观念、新流程等；实体知识资源则包括：新科技、新工具、知识库、专家库等。当知识越来越透明，多元价值体系的社会也快速成型，企业应建立多元目标与多元价值体系，以迅速形成企业内外整合的知识价值链。知识内容也以整合为目标，知识管理与电子商务（EC）、顾客关系管理（CRM）、供应链管理（SCM）、企业资源规划（ERP）等信息系统，必须与企业的智慧资本（Intelligent capital）、创新思考整合应用。知识不再强调共享与增值，而是更积极地跨领域吸收新知，利用模拟思考，发现更多创新思维，找出更多未来商机。当领悟的新知不断产出，共享的文化达到一个临界点后，每个人都可以是知识创造者，知识专家将仅是众多拥有知识或经验的专家群之一。根据知识载体、知识范围、知识衡量、知识内容、知识活动、知识价值表现出 KM 1.0 到 KM 3.0 的演进过程与特征，见表1.6。

表1.6 知识管理的发展阶段

知识管理 项目	KM 1.0	KM 2.0	KM 3.0
知识载体	以信息科技系统为焦点	逐渐转移到以人为本	创新的能力与思考的技术成为新焦点
知识范围	企业内部知识工作者	企业内部与外部顾客、合作伙伴之间的协同共享	虚拟知识资源与实体知识资源的同步管理
知识衡量	知识文件存储数量和点阅次数	结合平衡计分卡的四个方面，让KM的应用成果与组织绩效结合	多元目标、多元价值体系成形，建立企业内外整合的知识价值链
知识内容	知识文件存储	知识库、知识社群、专家黄页建构与链接	KM 与 EC、CRM、SCM 以及智力资本、创新思考整合
知识活动	焦点在知识管理系统上进行知识存储、知识获取和再使用	焦点转移到结合实体活动与信息系统，进行知识螺旋式的增值活动	跨领域训练、模拟思考、知识顿悟成为新焦点
知识价值	知识有待存储，拥有知识就拥有权力	KM进入高成熟阶段，知识内容丰富，透明且容易获取	每个人都可以称为知识创造者，知识专家将成为众多知识拥有者之一

三、知识管理与企业成功的关系

在知识经济时代，知识是企业最为重要的战略性资源，这意味着在同等条件下，竞争对手如果能够更好地进行知识管理，具有更强更快的学习能力，那么企业可能会丧失在市场中的竞争优势与生存能力。知识管理能够帮助企业实现的主要利益表现在：鼓励思想自由流动，有利于创新发生；缩短回应客户时间，改善客户服务质量；加速产品和服务推向市场的时间，增加企业盈利；承认员工拥有知识的价值，并给予奖励；增加员工的忠诚度以及留用率；清除多余或不必要的流程，简化运作和降低成本；重复利用行之有效的解决方案，缩短决策的时间等（邱均平，2006；廖开际，2010）。因此，知识管理将成为企业成功的"必要条件"之一。

但知识管理并不是保障企业成功的"充分条件"。企业不可能因为引进知识管理就一定能确保成功，因为还有许多影响企业成败的重要因素，例如政治环境、经济环境、竞争对手、研发能力、消费者偏好等，因此，企业不能仅是引进知识管理，而且还需要创造各种有利条件以更好地发挥知识管理的作用和效能，如健全知识管理制度，建立知识管理型的企业文化，制订员工激励计划，建设基础设施等。

知识管理的实施是一种权变的思考，没有绝对标准和最优模板。企业管理者在引入知识管理时不能置身事外，需要积极参与并大力支持。同时，由于不同企业的环境、特性、理念、竞争地位、市场战略以及文化等因素存在较大程度的不同，因此不能照搬所谓的标准模板，否则会出现水土不服等情况。因此，知识管理需要能够适应企业战略，而不是最佳的战略，需要进行多方面的权衡。

知识管理也不可能单独成功，需要配合企业的其他条件。纵观国内外知识管理实施效果较好的企业或组织，其知识管理的成功绝非偶然，都有着自身的特性，从知识管理战略的制定到知识管理项目的实施，知识管理措施的保障，企业人员的全力支持，组织文化的引领等，即知识管理的成功需要有其他条件的有力配合。

四、知识管理的迷思

毕马威公司（KPMG）分别在1998年和2000年对发达国家的知识管理发展状况进行了调查，1998年调查的是100家年营业额超过2亿英镑的英国企业。2000年调查的是423家年营业额超过2亿英镑的企业，包括美国、英国、法国和德国等国家。两次调查中"知识"与"知识管理"的界定相同，采用的指标绝大部分相同，但获得的结果却不尽相同：

（1）在关于知识管理现状的调查方面

1998年有43%的公司有知识管理措施，57%的公司没有知识管理措施或根本没有听说过知识管理。2000年只有15%的公司没有制定知识管理的措施或根本没有听说过知识管理。

（2）在关于实施知识管理费用各部门负担比例的调查方面

两次调查结果大致相同。1998年有30%的企业认为知识管理的费用应当由企业的各个部门共同负担；2000年有27%的企业同意这个观点。同时，多数企业认为IT部门应当负担企业知识管理的大部分费用，在1998年的调查中，有17%的企业持这种观点，到2000年，持这种观点的企业增加到22%。

（3）在关于希望实施知识管理能够取得回报的调查方面

1998年企业最希望通过知识管理得到的前三种回报分别是：更快的决策能力、对重要事务更快的反应速度、增加利润。而到了2000年，前三种为：更快的决策能力、更好地处理客户关系、对重要事务更快的反应速度。由于在1998年的调查中，没有"更好地处理客户关系"这一选项，可以认为企业对知识管理的期望基本没有变化。

通过以上调查数据的变化可以看出，首先，越来越多的企业高层主管接受了知识管理这一新兴的管理方法，认为知识管理是企业管理的又一次大的变革。通过知识管理，企业能够更有效的保持核心竞争力，加快反应速度，提高企业的竞争力。在认同知识管理这一理念的同时，许多企业已经开始实施知识管理，并且已经取得了预期的效果。其次，知识管理绝不仅仅是一套新的管理信息系统。它是在知识管理信息系统支持下的一整套管理体系，需要从企业的组织结构、管理制度等多方面入手。所以知识管理是整个企业的事情，而不仅仅是信息部门单独负责。最后，先进的信息技术是实现知识管理的基础之一。从调查结果来看，被调查的企业中绝大部分已经拥有完备的基础信息系统，能够很好地支持知识的产生、编码和传播等多个环节需要。此外在2000年的知识管理调查报告中，依据其所提出的知识旅程（Knowledge Journey）模型进行衡量，发现其中43%的企业处于第一等级（知识混乱期），32%的企业处于第二等级（知识自觉期）或第三等级（知识集中期），10%的企业处于第四等级（知识管理期）或第五等级（知识中心期），约有1%的企业处于第五等级①。由此可见，不同企业的知识管理项目在效益和效率方面具有一定程度的差异，而且大部分企业的知识管理项目显然尚未成熟。

相对于国外企业较为成熟的知识管理，我国企业实施知识管理的时间晚、起步低，与国外企业还存在较大程度的差距，但经过落地、起步、摸索、建设等阶段后，我国有些企业对知识管理的认知以及对知识管理的理念、技术、运作等方面开始变得越发成熟，如青岛啤酒、李宁公司、万科集团等。但从整体情况而言，达到预期效果或真正发挥出知识管理效用并不多见，绝大多数的知识管理项目都以失败而告终。在2005年，计算机世界传媒集团联合旗下的《IT经理世界》《计算机世界》《首席财务官》计算机世界网等媒体与深圳蓝凌公司联合举办"2005知识管理&创新高峰论坛"，并发布了"2005中国知识管理调查报告"。在该报告中详细介绍了当时我国企业知识管理的发展现状：

（1）在整体企业知识管理成熟度方面

整体得分为48.1，处于第3级的初始阶段；在知识运作的"沉淀、共享、学习、应用、创新"的五个环节中，知识"沉淀"相对更好，而知识"创新"则显不足；在影响知识管理的三个主要因素"文化""管理""技术"中，"技术"处于最低水平，这反过来影响了知识管理的"文化"促成和"管理"机制贯彻。

（2）在知识管理认知和关注方面

对知识管理认知还缺乏统一的标准，但是越来越多的企业不再把知识管理仅仅定位为"IT工具"，对知识管理的关注和投入呈明显增长的

---

① KPMG. Knowledge Management Research Report 2000［R］.

趋势，有一半机构已经认可"知识"的战略资产地位，知识管理对于机构未来战略目标和绩效的影响度明显增加。相对于对知识管理认知上的重视而言，大部分机构还没有制订明确的知识管理战略规划，但对"知识管理战略规划必要性"的认同度很高。在知识管理的建设目标方面，对于"提高干部员工能力""加速创新""增强沟通和协作"和"沉淀知识、降低风险"这四个方面的认同度最高。

（3）在知识管理实践和主要挑战方面

大部分企业在处于"萌芽和启动"以及后续的规划和建设阶段，但尚有28%没有制定知识管理的计划。在知识管理建设方面，处于"萌芽和启动"状态的占36%，12%的机构已经着手"战略制订和规划"，有14%的机构正在"设计并开始知识管理活动、建设知识管理系统"，进入"知识管理推广和支持"和"知识管理制度化"的机构共占10%。尚有28%的机构在知识管理方面"暂时没有计划"。以往的机构知识管理实践在收益方面，主要体现为"提高员工技能和知识""提高员工工作效率和生产率""改善知识沉淀和储存""帮助避免作重复工作"以及"协作机制和流程改进"等方面，机构仍然面临着"缺乏高层的理解和推动"这个最大的挑战；而"没有融入业务流程""缺乏必要的知识管理技能"和"知识管理优先级不够"也是知识管理实施中必须跨越的主要障碍。

在2012年，由中国知识管理中心（Knowledge Management Center）与中国人民大学信息资源管理学院共同发起了"2012中国知识管理实施现状调研"，发现当前我国知识管理存在以下四个问题：①为知识管理而知识管理，在知识管理实施前没有明确知识管理的价值。企业普遍认为知识管理"重要"，但不明确如何"重要"。欠缺对于知识管理价值的共识和详细分析，没有可执行、可操作性的知识管理实施目标；②知识管理等同于知识管理软件和知识文档，欠缺"人"的工作。将知识管理等同于知识管理软件、系统的开发、购买、部署和实施，知识管理实施中的主要工作是"上系统"、存文档。当系统上线，文档存储后才发现无法持续、无人使用；③知识管理软件系统易用性差，不适合知识型员工的使用习惯。随着互联网成为知识型员工的工作和生活工具，他们已经养成了互联网方式的使用习惯。但传统软件和互联网尚存在着巨大的"鸿沟"，员工用鼠标"投票"，选择不用和少用知识管理系统；④将知识管理等同于一个项目，欠缺知识管理的持续运营。原因在于对知识管理的变革理解不足，将知识管理等同于一个信息化项目或一次性努力，认为知识管理变革可以一蹴而就。同时，欠缺合格的知识管理运营推动人员也阻碍了知识管理在企业内部的持续深化应用。

台湾地区生产力促进中心曾经提出了知识管理的迷思问题，主要包括如下：知识管理是伪学，只是新瓶装旧酒？美国产业中心为服务业，中国台湾则是制造业，知识管理是否必要？知识管理是否仅适用于研发部门？美欧强调外显知识，而东方强调内隐知识，是否存在影响？知识管理对绝大多少员工，并没有带来多少利益，而是造成工作职权的恶化？知识管理会不会造成企业、产业和国家的信息或生产力出现矛盾？知识管理在中国台湾是行不通的，因为企业员工不会轻易将知识拿出来传授或共享？企业内部知识管理是否可以当作是知识市场，让员工或关系人交易知识，用知识交换其他价值，如金钱、尊重和晋升？知识管理很难防止离职人员或现职人员将企业知识带走或偷走？知识管理设置首席知识官（CKO）、首席学习官（CLO），到底CKO、CLO和首席信息官（CIO）的职权如何划分？信息部门和知识部门是否要重复设置？资深文化、尊重前辈、恐惧权威会阻碍知识管理？知识管理要求，将全企业的知识加以编撰进行共享，是否是知识的共产主义？知识管理的重点是知识？知识管理是不是管理顾问公司的故意炒作，以创造这个市场？年轻人对科技只是享用而不肯学习，即使学习也不会创新，是否是知识管理的隐忧？等等（陈永隆等，2008）。

从以上论述可以看出，国内外企业对知识管理对企业成长与发展的作用基本都持有一致观点，但对知识管理到底如何实施还未形成标准答案。一方面，由于知识的特性以及知识管理的本质所限，对于不同行业、不同领域、不同性质的企业而言，也不可能形成标准的、唯一的、最优的知识管理方案（Chua & Lam，2005）；另一方面，企业为了获得竞争优势与核心竞争力，知识管理是有效的路径之一，但影响知识管理成功的因素较多，如目标不够明确，缺乏企业高层的大力支持和员工的积极参与、项目本身设计不够完善等（Malhotra，2004）。在诸多影响因素中，经过学界和业界的不断探索和研究，发现知识审计（Knowledge audit）的缺乏是导致知识管理不成功的重要影响因素之一。因此，建议将知识审计作为知识管理项目的首要步骤，并作为知识管理战略的重要组成部分（Capshow，1999；Liebowitz，2000；Hylton，2002；Burnett et al.，2013a）。

在理论层面，基于组织理论观点，组织活动可以被理解为工作单元或一组行动，具有活动主体、活动客体、主客体之间的相互作用以及目的性追求等基本构成要件，是致力于实现组织目标的系列行为过程。审计活动是组织活动的一种类型，其独特之处在于对审计的内涵与特征的体现，审计的深刻内涵和丰富外延都能够在审计活动中得到体现。审计意味着独立的审计人员对一定的领域进行鉴证、监督与评估。随着经济社会的发展，审计在内涵和外延上得到极大丰富，在体系、范围、内容、方技等方面都有所扩展和改变。知识审计活动即是审计过程的构成单元或具体节点，通过知识审计活动，可以揭示组织进行知识管理的效率性、效果性，能够对组织各种知识管理的规章制度的健全性、科学性和有效性进行评价等。

在实践层面，知识审计已经在多个领域得到了有效应用，如能源生产（Bright，2007；Ragsdell et al.，2014）；产品创新（Chowdhury et al.，2015）；卫生保健（Burns et al.，2004；Simon et al.，2005；Ruppertsberg et al.，2014）；食品制造（Perez – Soltero et al.，2013）；政府治理（Roy，et al.，2014）；客户关系管理（Daghfous et al.，2013）；研发团队管理（Tsay & Yuan，2004；Marcela，2013）；跨文化管理（Abigail & Caroline，2012）；社会服务（Leung et al.，2010）；质量管理（Chan & Lee，2011）；教育管理（Biloslavo & Trnavcevic，2007）；银行管理（Du Toit，2014）等。

第二章

知识审计与相关审计的关系

"Audit"一词来源拉丁语"Audience"。在中世纪，"Audience"意味着"Hearing"，即如果一个人申请参与听证，必将经历地方法官的听讯，地方法官将听取他的抱怨（Complaint），需求（Request）或陈述（Statement），然后相应地做出判决。在大多数情况下，现代审计也具有类似的含义，虽然现今的某些要求已经有所改变。术语"审计"（Audit）意味着"报告（Report）"或"测试（Test）"（Marko，2013）。

一般而言，审计是企业对运营系统，过程或产品进行彻底检查，主要是为了满足或达到某种期望和标准。审计最普遍的意义是作为一种有效的管理工具，依据一些标准审查组织的资格与条件，其目标在于诊断，即发现、控制、查证、核查以及控制组织中的某些资源或流程。在企业组织的具体实践中存在多种审计类型，如财务审计、系统审计、过程审计、产品审计、安全审计、文档审计、沟通审计、技术审计，环境审计与能源审计等。这些审计类型主要取决于审计的主题，目的以及审计人员等因素。

在企业管理具体实践中，数据审计（Data Audit，DA）、知识审计（Knowledge Audit，KA）、信息审计（Information Audit，IA）无疑是最为常见，最为重要的类型，三者之间存在着较为紧密的联系，见图2.1。

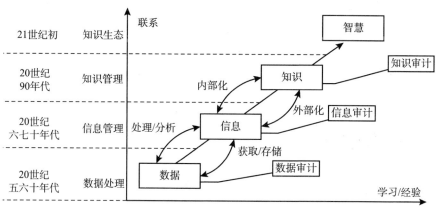

图 2.1 知识审计与信息审计、数据审计之间的关联

其中数据审计是审计人员对被审计单位的信息系统或以其他载体存储的数据进行直接检查和分析性复核，从而确定其经济业务活动的真实性、合法性和有效性的过程（Jones，Ball & Ekmekcioglu，2008）。知识审计常被用于评估企业的知识基础，检查知识创造的环境和条件，其目标在于制定行动计划，促进企业知识的创造、存储和流动，还包括提高外部知识要素的使用效率（Gyoker，2004）。而信息审计是企业理解自身的知识和信息需求的系统过程，明确所拥有的信息，信息流及其所存在的差距，并评价信息服务满足这些需求的程度（Buchanan & Gibb，1998；Sharma & Singh，2011）。可见，数据审计、知识审计与信息审计三者之间既有差异也有类似之处，但三者不同于传统的财务审计（Financial audit），但在具体操作过程中很多学者建议，可以充分借鉴财务审计的方法和原理。

在此需要指出的是，在实践中还存在一些概念与知识审计有着一定程度的区别和联系，如知识管理、传统审计、知识管理审计等，也有一些概念与知识审计的内涵较为接近，如知识管理评估、知识盘点、知识稽核等。

第一节 知识审计 (KA)

一、知识审计的概念

对于知识审计的内涵，很多学者与研究机构基于不同的研究领域、研究视角、学术体系与背景等从不同视角进行了界定，但还未形成统一、一致的观点（Orna，1999），但这些定义各有特色和价值。

知识审计是一种计划性文档，对组织知识的特定领域提供结构性预览以及对特定领域中个别知识块（Knowledge clump）提供定性与定量的详细资料（Debenham & Clark，1994）。知识审计是组织实施知识管理项目的关键部分之一，用于明确哪些知识是需要的，哪些知识是可用和缺乏的，谁需要这些知识，如何将这些知识加以利用等问题，主要用于获取各种内隐知识，通过有计划的流程设计与检查，针对组织内部的专业领域与组织外部的顾客需求，进行系统调查与分析（Liebowitz et al.，2000）。知识审计是知识过程的预先分析，评价组织行为是否符合组织或知识工作者的知识目标的一种方法（Lauer & Tanniru，2001）。知识审计是识别组织核心的信息和知识需求，分析知识差距和知识流动等，并判断其对经营目标的影响（Skyrme，2002）。知识审计是对企业所拥有的各种内隐和外显知识资源进行系统、科学的考察和评估，分析当前知识环境和状态，并针对企业知识"健康"状况，提出诊断性和预测性的报告（Hylton，2002）。知识审计是对企业信息和知识政策、知识结构和知识流的学习。知识审计将关注：组织的知识需求，拥有的知识资产或资源位于何处，知识存在哪些差距，组织中的知识流动情况，知识流动中存在的瓶颈，即人员、技术和流程当前是支持还是阻碍了知识的流动（Paramasivan，2003）。知识审计是对组织资产的系统审查和评价，通常在产业中被推荐作为实施知识管理项目的首要步骤（Hull, Coombs & Peltu，2000；Choy et al.，2004）。知识审计被用于提供组织知识"健康"程度的合理调查，是一种发现（Discovery）、查证（Verification）、确认（Validation）的工具，提供事实发现、分析、解释和报告，内容涵盖企业信息和知识政策、信息和知识的结构以及流动情况，同时还可以审查知识来源和使用情况：知识如何被获取、存储、分发、共享和使用（Perez-Soltero et al.，2006；Makambe，2015）。知识审计是对当前在组织核心业务流程中的知识要素和知识环境的评估，其目的在于与所制定的知识战略相符，持续地支持组织的战略目标与业务现状、未来和战略需求一致（Drus，Shariff & Othman，2014）。知识审计是系统检查和评价组织知识健康程度，需要检查组织知识需求、现有的知识资产和资源，知识流、未来知识需求、知识差距分析，还包括在知识共享与创建过程中员工的行为（Alwan，Hassan & Saleem，2015）。

国内学者祁延莉和冯静（2003；2004）认为无论是知识管理战略的确立还是知识管理实施初始阶段的建模都需要以知识审计为基础，知识审计是一个动态的过程，通过对企业知识资源的系统、科学评估，分析知识基础和知识需求，提出诊断性和预测性的审计报告。程娟（2007）认为，知识审计可以分析企业已有的知识和缺乏的知识，为了解决特定的问题，能够回答企业已经拥有哪些知识、缺乏哪些知识、谁需要这些知识，他们如何利用这些知识等。张瑞红（2007）指出知识审计是动态循环的过程，对组织内外部的知识资源（组织内所有人员的显性、隐性知识，顾客、供应商的知识）进行考察和评估，知识管理以知识审计为基础。盛小平与刘泳洁（2007）认为，知识审计是对企业隐性与显性知识进行系统科学地考察和评估，调查与分析当今企业知识环境和状况，提出反映企业现有"知识财富"的诊断性和预测性的审计报告，对识别企业核心竞争力具有独特作用。胡曦丹等（2013）认为知识审计是知识管理实践活动中的一项重要内容，它是指知识管理责任机构或人员按照一定的程序和方法，对企业知识资源进行系统的、科学的考察和评估，分析组织的知识基础和知识需求，提出诊断性和预测性的审计报告，以改善管理素质、提高管理水平和效率为目的，从而促进知识管理的绩效提高而进行的一种审计和知识管理相结合的活动（朱志红、薛大维，2013）。

从以上各学者的界定中可以看出，知识审计是有效知识管理的开端，贯穿整个知识管理过程的始终，并为企业实施知识管理的过程提供持续的反馈。这同时还是一个动态、循环的过程，它对企业的知识资源、知识政策、知识结构和知识流进行系统、科学的考察、分析和评估，深入分析企业已有的知识（知识基础）与缺乏的知识（知识需求），让企业更好地了解自身的知识能力、现有的知识资产和资源以及知识管理活动，针对企业的具体情况，提出诊断性和预测性的审计报告。

二、知识审计的作用

知识审计被认为是实施知识管理项目和制定知识管理战略的首要步骤（Capshaw，1999；Liebowitz，et al.，2000；Hylton，2002）。依据罗伯森（Robertson，2002）的观点，通过运用知识管理架构和方法可以带来诸多方面的利益：提供合理性；提出一致的语言；勾勒出一些过程；提供一种清单，提供思想的来源，以及解释非技术的方面。为了更好地发挥知识管理的效率与效果，需要进行知识审计。

知识审计可以识别如下内容：信息过载或信息匮乏（Information glut or scarcity），组织中其他地方的信息缺乏了解，无法及时了解相关信息，"重复发明的循环"的重要性，"过时信息"的普遍使用，在特定领域中如何寻求专业知识（Wiig，1993）。知识审计可以在特定领域指出知识的范围、特征和结构；为知识处理的战略方案提供有意义的数据输入；在组织内部识别相关的知识库，并描绘出知识库主要知识的定性和定量特征，同时给出科学的评价（Debenham & Clark，1994）。知识审计将提供如下产出：评价当前在知识使用和交流的水平，企业的知识管理倾向，识别和分析知识管理的机会，缩减潜在的问题范围，评价在企业内部知识价值的感知（Capshaw，1999）。知识审计在知识管理项目的初始阶段就需要进行，同时指出，审计将识别所有流程的知识需求，这些流程非常依赖于智力资本，是实现企业目标的基础。审计应该识别知识来源，可以更好地满足这些知识需求，而对于一些高水平的业务流程必须应用知识（Gartner group，2000）。知识审计将评价企业技术的状态，评价业务流程如何更好地促进知识共享，员工的工作状态以及企业的组织文化（Stevens，2000）。

企业高层管理者需要更好地理解和考虑实施知识审计，它是完全可以接受和高度推荐的，通过审计一个小型团队、单元、部门或业务流程等作为进行知识审计的开始（Hylton，2002）。知识审计能够识别核心知识资产的拥有者、使用者、用途以及关键特性，结合知识管理评价作为一种基线用于开发知识管理战略。需要进行审计的情况通常表现在：管理者和从业人员感知到"信息过载"症状；很难快速发现关键的信息和知识需求进行决策；信息和知识的有效来源经常被意外事件所阻碍；信息获取行为跨越不同的部门很难产生；需要考虑信息系统或信息管理投资的价值问题；组织需要具有较强的研发能力等（Paramasivan，2003）。知识审计可以发现企业管理知识资产和业务流程的优势和劣势；分析知识管理的环境、障碍和动力，如企业文化、领导、人力资源管理、信息技术、流程的组织和控制等；增加企业知识管理的知晓度；为知识管理实施和测量设计路标；收集可测量的数据用于实现目标（Antonova & Gourova，2007）。知识审计在组织中建立一个实质且有效的知识及知识管理评估考核的机制，以便能帮助组织了解自身知识状况并控制及定期审视、评估知识管理的执行情况，以提升组织实施知识管理的成效。在此前提下再完成知识的保存、检索、利用、分享、创新等活动，进而为企业带来更大的价值（杨光、梁战平，2007）。知识审计可以帮助组织识别为了达到组织目标哪些知识是必需的，并支持个体或群体行为；帮助评价知识创造对组织绩效的价值和贡献；提供切实的证据，用于证明哪些知识可以被有效管理并指出需要变革的方面；识别出智慧资本，促进智慧资本的创建；区分哪些知识可用于提升竞争优势和利用潜能；评价知识产品的利用和效率，并进行相应的改良和创新；绘制知识流并指出当前知识流所存在的瓶颈；说明当前和未来可能存在的知识差距；开发组织的知识和社会网络地图；指出哪些方案能够容易执行，能够产生清晰、切实和直接的利益等（Oliver，2008）。知识审计可以绘制遍及组织的核心知识流（包括显性和隐性知识）；确定最为重要的知识资产用于支持特殊的组织行为；识别知识差距和瓶颈，促进企业知识管理的成功（Ramani & Palaniappan，2013；Ragsdell et al.，2014）。

三、知识审计的方法

正是基于知识审计在企业管理中的重要作用，很多学者或研究机构提出了诸多知识审计模型或架构，但还是缺乏公认、唯一和标准的审计模式。

韦格（Wiig，1993）建议将知识分析方法（Knowledge analysis methods）应用到知识审计中，主要包括：①问卷调查法（Questionnaire-based knowledge surveys），了解业务知识的基本概况；②中层管理目标群体会话（Middle management target group sessions），识别与知识相关的条件，引发管理层的关注；③任务环境分析（Task environment analysis），用于了解知识表现及其角色；④口头协议分析（Verbal protocol analysis），识别知识的元素、片断和意境；⑤基本知识分析（Basic knowledge analysis），用于确认知识总体或了解更为详细的情况；⑥知识地图（Knowledge mapping），用于开发出概念图表示知识层级与知识网络；⑦关键知识功能分析（Critical knowledge function analysis），用于定位关键知识的领域；⑧知识使用和需求分析（Knowledge use & requirements analysis），识别知识如何被用于实现业务目标及确定如何被改进的情形；⑨知识脚本与配置（Knowledge scripting & profiling），用于识别知识工作的细节，以及知识在优质产品中所应扮演的角色；⑩知识流分析

（Knowledge flow analysis），用于获取知识的交流、损失，或对工作业务流程或整个组织投入的概览。

肖久灵、汪建康和彭纪生（2010）对各种知识审计架构进行了总结，并将其归纳为三种类型：一是概念性知识审计架构，主要通过确定模型中的设计元素以及描述它们之间的关系，重点在于明确设计元素之间的各种相互关联机制，主要包括：弗朗霍夫（Fraunhofer，2000）、劳埃尔和特尼鲁（Lauer & Tanniru，2001）、佩雷斯－索尔特罗等（Perez－Soltero et al.，2007）、布赖特（Bright，2007）、汉迪克等（Handzic et al.，2008）、洛佩斯－尼古拉斯和蒙若诺－塞尔当（Lopez－Nicolas & Merono－Cerdan，2009）等；二是过程性知识审计架构，主要是依据知识管理的具体流程、阶段和步骤而构建的知识审计模型，主要包括希尔顿（Hylton，2000）、张等（Cheung et al.，2007）、沙玛和乔杜里（Sharma & Chowdhury，2007）、乔伊等（Choy et al.，2004）、舍克等（Shek et al.，2007）、阿维夫等（Aviv et al.，2008）等；三是测量性知识审计架构，既不强调设计元素之间的相互机制，也不突出具体的知识管理流程、阶段和步骤等，主要是从系统、全局、整体层面建立标准，使用测量量表等来进行知识审计，主要包括毕马威公司（KPMG）的知识管理框架评估体系、西门子公司（Ehms & Langen，2000）设计并开发的知识管理成熟度模型（KMMM）、微软公司的知识管理IT顾问、David Skyrme Associates所提出的知识管理评估工具等（肖久灵、彭纪生，2011）；除此之外，还有很多学者或机构提出了一些其他的审计方法，如戴特罗、葛鲁普与权（Dattero，Galup & Quan，2007）的多元矩阵分析（Meta－Matrix Analysis）、布克威茨和威廉姆斯（Bukowitz & Williams，1999）的知识管理诊断工具（KMD）、APQC & Arthur Andersen（1995）的知识管理评估量表（KMAT）、亚佐利诺和彼得兰托尼奥（Iazzolino & Pietrantonio，2005）提出基于平衡计分卡的审计方法等。国内学者也基于知识管理的基本原理以及我国企业知识管理的具体实践，从各个视角提出了一些知识审计模型与方法，如马小勇、官建成（2001）的企业知识管理能力审计，奉继承、赵涛（2005）的知识管理审计模型与方法，张瑞红（2007）的知识审计与知识管理的有效实现，周国熠等（2009）的基于 KMMM 的知识管理审计模型等，朱志红与薛大维（2013）的基于核心流程的知识管理审计模型等。

第二节　数据审计（DA）

由于数据自身所具有的独特特性，目前专门针对数据审计的研究文献较少，仅有少数学者和研究机构在研究文献中有所提及。最具代表性的数据审计架构（Data Audit Framework）是由人文高技术和信息研究所（The Humanitie Advanced Technology and Information Institute）、数字管理中心（Digital Curation Centre，DCC）以及格拉斯哥大学（University of Glasgow）联合设计与开发，于 2008 年所提出，随后经过多次修改和完善，其架构主要包括方法文档与图（DAF Methodology document and Diagram），实施指南（implementation guide）以及在线工具（DAF Online tools）等。目的在于通过审计促使企业或组织了解内部与外部数据的位置（Location）、条件（Condition）和价值（Value）等特征，对数据进行有效管理，包括数据的收集、传递等，便于数据策划（Curation）和保存（Preservation），此外提供数据审计报告并提出优化建议，更好地了解数据管理主题及其改进管理策略等。

一、数据审计的架构

数据审计架构实施主要包括四个阶段：审计计划的制定，数据识别和归类，数据管理的评估，报告发现以及变革建议。每个阶段的审计目标、审计任务、预期成果、所需资源以及审计清单等有所不同。数据审计将带来如下利益：明晰组织所创造和拥有的各类性质的数据；明确哪些数据可以被存储、管理、共享和再使用；识别各种风险，如数据的滥用和流失等；认识不同主体对数据创造或共享的态度；对现有数据管理提出改进措施和方法等。

1. 第一阶段：审计计划的制定

审计目标：一是企业支持并提供组织层级的业务案例，二是尽可能提前准备更多审计现场以便充分利用。审计人员帮助员工理解审计数据资产的好处。企业高层管理人员对审计的承诺至关重要。通过背景研究审计人员需要关注重点员工，因为这些员工比较熟悉企业部门环境，更容易引导。此外需要提前通知时间和地点确保员工对审计的准备。

审计任务：在此阶段将开始制定数据审计的计划，主要任务包括任命审计人员，建立业务案例，对审计计划的预先研究，开始进行审计。

预期成果：任命审计人员；被审计部门必须同意审计并告知员工；确定审计的日期和持续时间，在可能情况下还必须同意接受访谈。审计部门应完成背景研究与熟悉企业的数据资产。

所需资源：获取部门员工的详细资料；了解数据资产创建者以及管理者；收集整理包含信息和数据的文档；部门分析和记录的资产；部门运营的一般环境。还需要建立部门之间的相互联系；熟知部门的业务范围；与部门员工联系，获得所需要的文档并进行会谈。所需的数据资料主要包括：现有登记在册的数据资产，战略规划文档，业务计划、部门发展规划，研究报告，最近的组织报表，出版物，相关法律和规章，组织风险登记、灾难计划、应急计划或退出策略；IT系统和信息系统的使用者清单，含有技术架构的文档，系统性文档，IT灾难恢复计划，其他类型审计的结果，以及部门评估报告以及自我评估报告，记录表，风险登记册等。

审计清单：确定审计业务的负责人；获得批准进行审计；部门员工同意审计人员进行审计并授权其访问部门记录；如果有必要需签署一份保密协议；对被审计部门的数据创建、管理实践进行初步研究；确定审计日期，如有可能将与关键人员进行访谈；确保员工了解审计过程并承诺参与；发送面试问题与提前请求文档。

2. 第二阶段：数据识别和归类

审计目的：识别部门中数据资产的类型并根据对组织的价值进行分类。就本质而言，库存是对数据资产映射的编译，通过映射可以获得企业现有数据资产的全景。因此，需要确定员工在工作中所有数据资产和资源，描述哪些资源是开展工作所必需的。归类并确定进一步的审计活动范围，并为下一阶段数据资产管理的评估奠定基础。

审计任务：此阶段审计人员将开发数据资产的结构化列表，帮助部门实现其目的和目标并记录工作方式，主要包括：分析文档来源；进行书面调查；进行面谈；准备数据资产库存（包括分类识别的资产）；批准和确定资产分类。

预期成果：调查企业数据资产的库存，并依据对组织的价值进行分类。库存将为下一个阶段审计数据资产的评估和详细描述提供基础，列表的全面性对随后建议的有用性和针对性具有重要作用。

所需资源：对部门以及运营的业务进行了解；获得管理者的支持；获得员工及其职责的列表；确定进行预先分析的部门，并将其数据资产文档化。审计项目所涉及的资产进行分析和活动包括：IT 系统和资源的编译系统；基于活动的成本核算或管理；质量认证；业务流程再造；工作流自动化等。为了完成这一阶段，审计人员还需要完成如下任务：能够访问内部文档，如战略规划文件，部门结构图表，资产列表，技术与系统，操作手册，程序指南，任务和目标列表来确定资产和记录；识别重要资产风险，如风险登记，业务应急计划的分类等；需要对员工进行问卷调查，并对重要员工进行访谈，了解这些员工中谁在使用以及负责部门数据资产；访谈管理者以及 IT 人员，进一步了解数据资产、计划和系统的相关知识。

审计清单：通过问卷或访谈接触所有的关键人员；确认全部或绝大部分数据资产；对所有的数据资产进行分类；记录审计过程和结果。

3. 第三阶段：数据管理的评估

审计目的：进一步收集重要信息和重要数据资产，形成数据库。进一步收集数据资产的信息，评估当前资源的管理水平，维持数据资产价值的控制与管理。基于所收集的数据，审计人员依据事前预定的范畴对数据资产进行分类，并指出部门管理自身数据管理过程中所存在的问题，并强调数据资产所带来的风险和威胁。

审计任务：审计人员对每个数据资产填写审计列表，从部门员工处对每个数据资产收集更多的信息，完成在审计过程中创建的文档。

预期结果：对每个重要的数据资产形成一套完整的文档以及图表。

所需资源：审计人员需要对所分类的数据资产形成完整的数据库。为了完成此阶段，审计人员还需要：通过访谈或通过邮件发送问题，进一步接触员工获取更多的信息；寻求其他组织或单元员工的帮助，如IT经理、系统管理人员或财务人员等。

审计清单：收集信息核心集拓展数据库，增进对现有数据管理的概览，见表2.1。收集信息扩展集，增进了解现有数据管理的细节，见表2.2。

表2.1　　　　　　　　数据资产管理（核心元素集）

序号	参数	注释
1	ID	被审计者或组织对每个数据资产所赋予的唯一标识
2	数据创建者	人员、群组或组织负责数据资产的知识内容
3	题目	数据资产正式的名称，额外的或替代的标题或缩写词是否存在
4	描述	对数据资产信息的描述，及其空间、时间或主题等
5	主题	信息和关键词描述数据的主题
6	创建日期	数据收集与创建的日期
7	目的	创建数据资产的原因
8	来源	在数据资产中信息的来源
9	更新频率	更新频率指出数据集流动的频次
10	类型	对数据资产的技术类型的描述，如数据库，文本集等
11	形式	数据资产的物理形式，包括文件格式的信息

续表

序号	参数	注释
12	权利与限制	使用者的权利，包括查看、复制、再分配、再版数据资产中的全部或部分信息，访问限制数据本身或任何元数据记录它的存在也需关注
13	使用频率	评估使用频率，如果已知需要检索的速度，确定对 IT 基础和存储的需求
14	关联	与其他数据资产的相互关联程度
15	备份和存档	数据资产副本的数量，当前存储，备份和归档的频率
16	数据管理	数据资产的维护和完整的历史，如编辑、安全与管理、保护等活动

表 2.2   **数据资产管理（可选的扩展集）**

序号	参数	注释	1/2
\multicolumn{4}{c}{描述（Description）}			
1	标识符	由审计者或组织进行分配	1
2	名称	数据资产的正式名称	1
3	类型	描述数据资产的技术类型，如数据库、图片、文本库等	1
4	拥有者	自主知识产权的合法拥有者	1
5	主题	涵盖数据的信息主题	1
6	语言	数据资产内容的使用语言	1
7	别名	可用的替代名称或常用名称	2
8	水平	当前所应用的级别，如整个数据集，个别数据库，编码表与主数据库一起使用等	2
9	概要	描述数据资产的文本	2
10	关键词	用于描述数据资产的相关关键词	2
\multicolumn{4}{c}{来源（Provenance）}			
11	初始目的	对数据资产被创建的主要原因描述	1
12	描述	包含数据资产信息的描述	1
13	开始日期	数据资产被创建的日期	1
14	使用频率	使用频率的预估，以及已知需要检索的速度来确定 IT 基础设施和存储需求	1

续表

序号	参数	注释	1/2
来源（Provenance）			
15	环境描述	数据资产最初使用以及关系的描述	1
16	来源	数据资产的信息来源，描述信息收集的各种方式	1
17	完成日期	数据资产被完成的具体日期	2
18	最后编码	当数据资产被最后更新或改变的日期	2
19	数据管理	数据资产保持和完整的历史	2
20	数据保存	保存和管理活动的历史	2
所有权（Ownership）			
21	数据创建者	对数据资产的知识内容负责的个人、团队和组织	1
22	资产管理者	有责任管理数据资产的个人的姓名和详细联系方式	1
23	权利	指出使用者的权利，包括查看，复制，再分配，再版数据资产的全部或部分信息	1
24	使用约束	数据资产的访问限制	1
25	先前资产管理者	管理历史/连锁托管的数据集	2
26	其他确认	接触其他研究人员的名字和合作者的数据资产	2
27	使用频率	使用频率的评估	2
28	隐私限制	描述数据资产的潜在数据保护或伦理问题相关内容，基于某些方面应用的限制	2
29	潜在使用者	描述数据资产的潜在使用者，当前管理者需要关注	2
位置（Location）			
30	当前位置	数据资产当前被发现的路径	1
31	涵盖内容	数据资产的信息所具有的知识范围和主题领域，地理位置以及时间期限等	1
32	关联	描述数据资产与其他数据资产的相互关联	1
33	版本	当前数据集的版本	2
34	长期资产的责任	描述数据的保留政策与管理长期资产	2
35	有助于服务提供者保存吗	组织可以移交长期保存的数据资产还是需要寻求专家的建议或服务	2

续表

序号	参数	注释	1/2
保持（Retention）			
36	长期价值	数据资产长期所体现出的价值的描述	1
37	备份和存档策略	备份与存档方式、路径等的描述	1
38	灾难恢复措施	恢复过程的描述，以防数据资产损坏	1
39	保存期限	计划结束日期或保存期为数据资产（如果存在）	2
40	保护政策	描述任何数字保存或管理活动计划或应用于数据资产	2
管理（Management）			
41	文件版式	数据资产经常使用的文件版式和版本	1
42	数据资产的结构	数据资产结构的详细信息（如数据库的表结构，组件的文本或图片收集等）	1
43	文档可用性	文档可用性的描述，包括使用手册、译码表，同时还包括位置的参考	1
44	审计跟踪和不变性	为确保资产所使用的措施，如数据的真实性、校验和审计跟踪等	1
45	当前成本	当前维护数据资产所耗费的成本	1
46	资金基础	数据资产的资金来源，以及资金在未来延续的可能性	1
47	创建资产的原价	创建数据资产的原始成本	2
48	计划维护的成本	数据资产的提高或维护，执行现有计划的成本核算	2
49	规模	数据资产的规模，如 MB/GB	2
50	硬件和软件需求	数据资产对硬件或软件需求的特殊要求	2

注：1 表示强制性；2 表示可选择性。

4. 第四阶段：报告发现以及变革建议

审计目标：此阶段是数据审计的结果，产生最终的审计报告，建议改进行为用于提升数据管理绩效。审计结束后企业可以应用补充性的方法和工具改进自身的数据管理。

审计任务：产生审计报告；与管理者进行会谈确定审计报告。

预期结果：此阶段产出为最终审计报告，提供在审计过程所收集数据的信息，并提出改进策略与建议。

所需资源：在此阶段之前，审计人员将创建企业数据资产库。将数据资产划分为至关重要的、重要的和次要的等不同类别。评估至关重要和重要的记录能够评论现有的数据管理。审计人员还需要核对和分析来自审计的信息；识别在数据管理中的劣势并提出改进建议。

审计清单：整理与分析审计发现包含在最终报告；根据数据管理低效提出对变革管理实践的建议；同组织管理者会谈讨论并起草审计报告；准备最终的审计报告并获得正式批准。

以上四个阶段的具体内容见图2.2，图中审计师的时间以及总体时间仅为预估，可根据实际情况进行调整。

二、数据审计的作用

企业为了有效地管理所拥有的数据，充分发挥它们的潜能，首先必须了解自身数据资产的位置，状况和价值。数据审计的开展将有利于提高数据优势和数据问题的认识，以促进整体策略的实施。审计工作将付出努力，关注重点领域，以促使数据资源得到最佳利用。它还将揭示数据创建和数据策划实践中的不足，并提出应对策略以规避各种风险。企业需要熟悉自身数据的各种条件，通过重用促使价值最大化。总体而言，数据审计所带来的利益主要包括：数据资源的优先利用导致效率增加；提高应对数据丢失和不可逆性相关的风险管理能力；通过改善访问和重用实现数据的价值。

1. 数据管理效率增加

持有数据但不共享会导致企业重复努力以及资源利用效率降低。数据资产审计将促进企业识别内部有价值的数据资产信息，并通过对这些信息的正确引导，确保数据资源的有效利用。如果数据已在别处被策划或法律允许不用再保留，数据可以被适当处理或转移到更具成本效益的

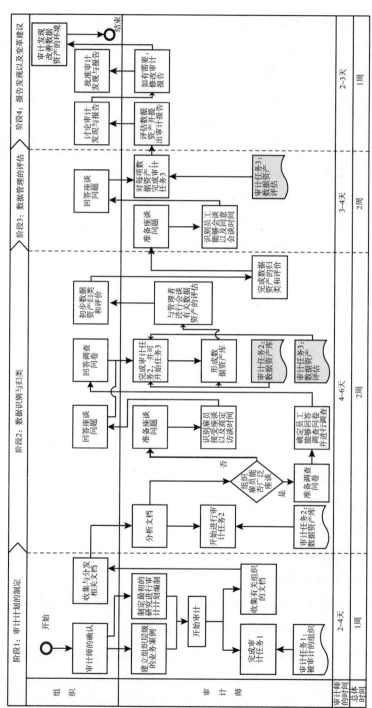

图2.2　数据审计架构的工作流程

位置进行存储。通过审计获得的数据增益将有助于企业未来规划，创建数据库可以了解数据的类型和数量，从而可以获得适当的能力和技能。创建系统中心用于管理数据也会导致效率增加，针对相关的数据集就可以进行数据策划行为。工作流可以提高数据策划的整个生命周期，在审计结束时提出相关的建议。数据评价的记录也可作为管理决策的审计线索，提供用于管理数据资源的相关证据和理由。

2. 降低数据管理风险

企业为了能够降低数据管理风险需要制定适当的数据管理制度。差的数据管理和质量具有潜在的破坏性影响。在有些情况下管理不当将使企业面临各种风险，如员工离职以及自然流动会导致资产被孤立，从而降低数据资产的有用性以及获得长期价值的概率。数据管理不善也会降低价值，建立不良或误导性的元数据会阻碍资源发现，或不正确处理会导致数据丢失。数据中通常包含一些敏感信息或私人资料，需要以恰当的方式使用。此外还要关注数据误用的问题。

正确维护数据资产可以免受法律诉讼，企业有必要了解自身的数据资产和它们是如何被利用的。潜在的管理风险在于：了解数据资产，位于哪里，被谁持有；有哪些潜在的不利事情可能发生以及出现的概率；最重要的是需要了解各种风险所带来的影响。拥有这些信息，企业就可以制定针对性措施加以应对。

3. 增加数据的访问与重用

除非企业对所拥有的数据充分掌握，否则难以增加访问或鼓励重用。元数据有利于资源发现，向未来用户提供可信信息。如果这些元数据是相互操作的，符合受控词汇表和分类法，将促进更广范围、更高层次的共享。数据审计有助于确定资产的价值，并识别未充分利用的资源。随着企业人员相互了解彼此的工作更容易相互合作，数据资产的使用也将产生协同效应。保持对数据资产的长期关注将促进数据的访问和重用，对企业能力评级和维持声誉等方面具有显著作用。

三、数据审计的模式

数据审计通常由企业管理人员负责，需要适合其内在模式（Internal model）的范围与特性。以下是以风险管理为基础的内容，可以概括出数据审计的基本结论、审计发现与局限性，并将这些结果形成数据审计报告的主体。这些风险项目构成数据审计的最小范围，可以根据具体情况进行调整。

1. 第一阶段

存在风险：在内在模式中数据的管理方式不能确保数据质量存在一致性。

控制目标：在内在模式中确保数据质量。

期望控制：制定与实施数据政策（Data policy），主要包括：根据数据政策界定不同数据集；丰富与完善数据资料，依据管理人员的风险偏好，通过专业判断弥补观测数据的不足；各个数据集的所有权和职能，通过制度管理确保数据质量；界定数据维护和评估的质量标准，包括数据集的定性和定量标准，以及准确性、完整性和合理性；数据的收集、处理和应用；对内在模式实施数据更新，包括规则和环境的更新频率；风险及其影响的评估；审查数据政策、程序和标准的变动频率。

评价方法：管理人员负责制定与实施；被核准的数据政策可以应对一定程度的挑战，避免失误；数据政策实施过程中需要制定有关的程序、技术指南和标准；实现跨组织的数据政策，与相关利益者的沟通政策，程序和标准，对内在模式使用的数据的所有权和职能负责；明确相关利益者的各种职责。

2. 第二阶段

存在风险：数据政策在实施过程中会存在失误，从而增加风险决策的不确定性与产生不符合规定的质量和标准。

控制目标：数据政策在实施过程中，需要设置一些基准并进行有效监督，从而促进科学决策；通过有效与适当的报告反馈控制和管理决策过程，并及时发现问题。

期望控制：在数据政策中界定有效的数据治理结构、流程与程序等，主要包括对数据政策的应用提供适当的监督；确保数据政策、程序和标准，包括各个利益相关者的责任与义务，数据的数量和质量、数据目录，以及风险与影响评估需要接受定期审查；为了确保内在模式中所使用数据的质量，需要提出适当的承诺；需要确定数据质量指标并采取个别、聚合或分类等方式报告具体管理水平，使其能够有效评估数据质量，当出现问题时能够及时采取补救措施。报告系统应包括缺陷管理，数据质量检查和控制，从而了解对内在模式产生实质性影响，逐步提高管理水平，并及时采取应对行动。

评价方法：审查数据管理的制度安排以及相应的组织结构，包括各项制度、条款和议程等，体现监督的完备性；进行关键性的讨论、决策与审批活动；审查和评估，主要包括程序、标准、治理框架、数据目录、风险和评估的变更；报告的及时性和完备性；对异常情况报告的有效性；采取补救行动解决异常情况；通过对关键人员的采访，了解他们的管理职责。

3. 第三阶段

存在风险：对内在模式中使用的数据缺乏清晰认知与理解，引发所有权和控制权的差距。

控制目标：确保在内在模式中使用的数据的影响和失误能够清晰识别和维护。

期望措施：内在模式中使用的数据目录，明确来源、用法和特点，具体包括：数据流存储，数据转换过程（如聚合、浓缩、派生等）。对每个数据集，评估所存在的风险与影响，包括指出在内在模式中数据流的基本来源，同时识别数据错误的主要来源，评估错误数据的影响程度，并确定哪些错误数据需要控制，制定错误数据的耐受阀值。

评价方法：通过审查数据目录确定清晰性、完整性和可维护性。审查风险以及对完整性的影响程度，适当考虑评估的结果与所报告的数据质量标准。确认使用的耐受阈值和重要性，与管理或治理监督机构的报告一致。

4. 第四阶段

存在风险：误差、遗漏和错误的数据可以破坏内在模式的完整性和管理决策的有效性。

控制目标：确保数据质量的完整性、准确性、适合性和及时性。

期望措施：管理和控制数据质量（包括预防，诊断和纠正等），确定数据错误的潜在概率以及影响程度，并实施有效措施加以控制，主要包括：①具有检查数据的准确性、完整性和适合性的能力；②更新所有数据集，明确定义与协调相关过程并进行适当控制，并考虑实质性影响；③数据输入验证，防止数据不正确、不一致的格式、无效值；④完整性检查，例如：将实际接收到的数据与预期进行比较，如果数据对模型变量和风险模块是有效的，则进行过程评估；⑤精确度检查，如针对数据来源的直接比较；对接收/输出数据进行内部一致性检查；针对期望的数据属性，包括时间范围、标准偏差、异常值和平均值等；与来自同一来源或相关来源的其他数据进行比较；⑥适合度的检查，如一致性以及合理性检查。通过对已知的趋势、历史数据和外部独立的来源的比较来识别异常值和差距；采用精算和统计方法评估所使用的数据。

评价方法：审查和评价管理人员的文件控制程序，以评估其在满足控制目标的完整性和适合性。评估个人的培训/经历的适合性。评估关键变革/更新的适合性。通过关键人员验证和检查，评估其理解和嵌入的程度，评估关键验证和检查的运作效能。

5. 第五阶段

存在风险：IT 环境，技术或工具可以威胁到数据及其在内在模式中的质量和完整性。

控制目标：确保数据质量，用于维持在内在模式中的使用。

期望措施：IT 通用计算机（ITGC）控制的数据环境会对内在模式

产生重大影响，如逻辑访问管理，开发和变更管理（基础设施、应用程序和数据库），安全性（网络和物理），业务连续性，事件管理和报告，用于支持数据的收集、存储、分析和处理等的其他操作控件。

评价方法：评估关键 ITGC 控件的设计和运作效能，这些控件与由内在模式定义和所需的数据集相关。审查核心 IT 报告，如网络和访问安全漏洞，系统故障，编码错误等，确定严重影响内部模式有效执行的事件。

第三节　信息审计（IA）

一、信息审计的概念

对于信息审计的认知，不同学者或机构提出了不同的观点，如艾利斯（Ellis，1993）指出，信息审计是评价现有的信息管理系统，识别其中存在的各种问题并提出解决这些问题的方案。圣克莱尔（St. Clair，1997）认为，信息审计是依据组织愿景、目标和战略，评价并满足各种信息需求的过程。布坎南和吉布（Buchanan & Gibb，1998）认为，信息审计是对发生在社会情境中（组织）的代理（人员）使用各种媒介和渠道（技术）的沟通行为（过程和信息）的分析。亨泽尔（Henczel，2000）认为信息审计作为一种工具，不仅可以被用于识别具有战略意义的信息资源，而且还能识别创建知识的任务和行为。此外，英国专门图书馆与情报机构协会（ASLIB）认为，信息审计是通过对组织成员和现有文档资料的调研查证，系统地评估组织的信息利用情况、信息资源和信息流的过程，通过信息审计可以确定信息对组织目标的贡献程度。国内学者赖茂生（2006）认为信息审计是为识别、评估和管理信息资源的一种方法，目的在于充分开发信息的战略价值，同时，信息审计也是发现、监控和评估一个组织信息流和资源的过程，目的在于实施、维护和提高组织信息管理。

信息审计早期定义集中于各种信息资源的识别，强调数据管理、文档管理等诸多方面。而现在定义已经得到很大程度的扩展，增加了组织视角和信息资源的涵盖范围（Buchanan & Gibb，2007）。信息审计能够检查组织内部局部和整体的信息形式、内容、过程、类别、成本和价值等，并在确定审计目标的前提下遵照一定的标准进行审计，同时将系统评价组织中的各种信息资源、信息利用、信息流等情况并进行相应的有效管理，包括识别与满足使用者的信息需求，考虑并确定信息资源对组织的成本和价值，确定组织的信息环境对组织目标的影响，建立并执行有效的信息管理原则和程序等。只有这样信息才能被用于帮助组织维持其竞争优势（Botha & Boon，2003）。

二、信息审计的作用

由于对信息审计的认知不同，很多学者和相关机构列出了信息审计的不同作用，如圣克莱尔（1995）认为，信息审计的目标在于识别使用者的信息需求，以及识别满足这些需求信息服务的阻碍程度。格洛里亚（Gloria，2008）指出，信息审计是对确定目标的信息进行整合，目的是对分析对象的功能或行为进行深度评价。因此，在信息审计过程中需要关注信息获取，有效性、组织、系统化和分析阶段。在组织中表现出的关键性问题是信息政策的缺乏、在高层管理者与其他的组织实体之间的沟通缺乏，较低的价值和认同以及对不同制度流程的有用性（Swash，1997）。杜布瓦（Dubois，1995）认为信息审计是组织中对信息管理的最为重要的工具之一，其重要性不仅体现在对信息资源和服务的适当管理，而且还能使得组织更加了解这些资源和服务对其经营发展的贡献。这些贡献体现在：识别资源、服务和信息流，验证存在对确定目标的适当服务，资源的合理化，控制成本，增加服务的可见度，实施后续改进的建议等。布坎南和吉布（2007）认为信息审计不仅能识别组织中的信息资源和信息需求，而且还具有识别信息资源的成本和利益，识别使用信息资源对战略竞争优势的机会，整合信息计划和业务战略的投资，识别信息流和过程，发展整合战略或信息政策，建立信息管理重要性和识别在管理中的角色，观测和评价相应的规则、法律和政策等作用。还有学者认为，信息审计是对组织的信息资源、信息使用、信息流动的系统检查，意味着对使用者信息需求的识别并有效加以辅助，而信息资源的价值和成本也需要计算和评价。

博塔和布恩（Botha & Boon，2003）认为信息审计是重要的信息管理工具之一，强调信息审计在不同信息管理层级具有不同作用，见表2.3。对于信息管理而言，第一层级是个人信息管理（Personal information management），包括信息使用，信息归档和处理，信息营销，信息分发和再现等，使得信息能够更好地加以理解、保护和存储（Boon，1990）。第二层级是运营信息管理（Operational information management），主要包括识别信息需求，信息产生、位置与分发，信息识别等。第三层级是组织信息管理（Organizational information management），主要包括信息技术基础的发展，决定信息的价值和成本，信息库的编辑，信息政策的调整与执行，在信息系统中信息组织，信息培育，信息咨询，信息系统的计划、发展和持续评价等。第四层级是战略信息管理（Strategic information management），主要包括组织信息政策的形成，对开发信息系统所需财务、物资和人力资源的管理，与计划编制相关的组织信息的共享，促进组织和战略决策的信息资源的发展协调，对实现组织目标的信息需求以及信息分发的有效管理；识别战略信息需求等。

表 2.3　　　　　　　信息审计在信息管理过程中的作用

功能	信息审计的作用
层级 1	个人信息管理
信息使用	获取信息使用的清单以及了解影响信息使用的因素

续表

功能	信息审计的作用
信息归档和处理	分析信息资源的可用性，据此进行信息的归档和处理
信息营销	信息审计自身即是有效的营销工具，提升了信息的知名度
信息分发和再现	组织信息资源的状态可能对信息资源的决策有所影响，包括分发、再现，组织、访问，安全和存储等。
层级2	运营信息管理
识别信息需求	信息审计非常重要任务就是信息需求的评价
信息产生、所需信息的位置、信息分发	通过比较信息需求和信息库，明确谁和在何处需要这些重要信息
信息识别	在审计过程之中评价这些信息对使用者的价值
层级3	组织信息管理
信息技术基础的发展	信息审计通过对信息技术工具的检查，帮助有效信息管理
决定信息成本和价值	尽管并不是所有的信息审计都包括这个阶段，但信息资源成本和价值的评价将可能成为信息审计的重要部分
信息库的编辑	这是信息审计的关键组件之一
信息政策调整和执行	可能源自信息审计，结果将构成主要结论之一
信息系统的信息组织	审计提供非常重要的信息用于信息组织的决策
信息培育	审计哪些信息对组织行为具有重要影响
信息咨询	审计被作为咨询的手段，可以提升自身的利益
信息系统计划、发展和创新	审计将循环进行，有目的去评价资源和系统
层级4	企业和战略信息管理
组织信息政策的形成	信息审计的结果将成为形成信息政策的基础
信息系统所需资源的管理	审计的结果将影响组织信息系统所需各种资源的决策
识别战略信息需求	这是信息审计的基础组件

资料来源：根据博塔和布恩（Botha & Boon，2003）的观点整理。

布坎南和吉布（2007）充分考虑了厄尔（Earll，2000）与吉布等（Gibb et al.，2006）所提出的信息审计的三个观点：战略领域、流程领域与资源领域。战略领域主要来自亨泽尔（2001）的观点，主要结果是形成组织的信息战略，建议将其面向未来战略方向并指出信息资源的作用。流程领域主要强调组织的流程，来自吉布等（2006）的观点，主要结果是基于流程、信息流动以及信息资源的分析形成映射，其建议是对现有信息流的改善，依托更好的信息供给、支持和管理，也有助于确定管理流程的方案以增加信息审计的价值。而资源领域主要是强调信息资源的识别、归类和评价。通过对资源的识别和盘点，允许对这些资源盘点的治理以及完全的评价，其建议允许更好地发挥这些资源的作用以及更有效地处理。

　　总体而言，信息审计结果对企业而言具有多方面的效益：一是能够提高信息的精确性与有效性。信息审计能够确保信息的有用性以及有效性，并作为企业信息的来源。二是反馈能力。信息审计是反馈过程的一个重要因素，它也能够确定所用的信息是否为特殊信息。三是侧重于沟通。信息审计集中于组织的沟通过程并加以改进。四是提供培训员工的机会。信息审计能够提供机会用于在审计流程以及改进过程中培训员工，使其能够提高效率、审计能力，同时还能在企业信息管理中为信息管理者提供更好的工作机会。

三、信息审计的方法

　　对于信息审计还没有形成公认的方法，也缺乏特定的衡量标准（Haynes，1995；LaRosa，1991；Robertson，1994；Henczel；2000）。

　　博塔和布恩（Botha & Boon，2003）曾经总结出五种信息审计的方法，主要如下：

　　（1）运营顾问审计（Operational advisory methodologies）

　　其主要阶段包括界定组织环境、编制计划、识别使用者的信息需求、设计调查问卷、发放备忘录以及确定会谈的对象和时间、研究所需技术、分析结果、成本和价值分析、测试关键控制点、产生可选择的方案并评价、监控现有标准和规则、撰写最后的报告、实施监督机制。主要代表作者为巴克尔（Barker，1990）、杜布瓦（Dubois，1995）、埃迪森（Eddison，1992）、吉布森（Gibson，1996）、拉罗萨（LaRosa，1991）、罗伯森（Robertson，1994）、圣克莱尔（1995）、斯沃什（Swash，1997）等。

（2）地理审计（Geographical audit）

其主要在于识别系统的主要组件，并明确它们之间的相互关系，达到识别并满足系统目标的需求（Ellis et al.，1993）。其主要步骤包括：分析使用者的信息需求、编辑信息目录、搜寻与需求相符的信息资源、拟定解决方案、设计执行方案，代表作者有德瓦尔和杜托伊特（De Vaal & Du Toit，1995）、海恩斯（Haynes，1995）。很多学者在执行信息审计的过程中，偏重采用地理审计，因为此方法可以进行信息的模拟展示。很多运营咨询审计中的重要环节在地理审计中也同样存在，如信息需求评价，信息目录清单、通过比较信息需求来识别信息资源，制订解决方案或者执行计划的程序。

（3）成本利益方法（Cost-benefit methodologies）

主要关注于使用的模式以及信息资源的评价，以及在成本和感知利益的基础上进行比较。赖莉（Riley，1976）指出了成本的因素：时间、范围、设备、人员成本、重新设计成本、流通性、完全性和精确性。奥尔德森（Alderson，1993）认为还应该包括成本节省，降低在线搜寻的成本，投资回报率（ROI）。

（4）混合方法（Hybrid approaches）

主要包括如下两种方式：一是运营顾问方法和地理方法的结合：信息审计的准备、详细说明组织的环境、制订计划、收集数据、分析、成本费用、编写最终的审计报告。其代表学者有布斯和海恩斯（Booth & Haines，1993）、布坎南和吉布（1998）、吕贝尔和布恩（Lubbe & Boon，1992）、奎恩（Quinn，1979）、斯坦纳特（Stanat，1990）等。二是运营顾问方法和成本利益方法的结合，包括制订计划、准备、收集数据、建立数据库、识别信息资源的成本和价值、完成最终报告、提交最终报告。代表学者有汉密尔顿（Hamilton，1993）、尤雷克（Jurek，1997）、奥尔纳（Orna，1990）等。

布坎南和吉布（2007）分析并比较了四种信息审计方法：

（1）布尔克和霍顿（Burk and Horton，1988）的 InfoMap 法

被认为是第一个广泛应用的详细的信息审计方法，其方法步骤主要包括调查、成本价值分析、分析、综合四个阶段。其中调查阶段主要是通过访问员工和发放调查问卷确定组织信息资源基础；成本价值分析阶段分析信息资源的利用成本和价值的比率；分级阶段分析组织信息的结构、功能和管理，确定与组织战略相关的信息资源。综合阶段是基于组织目标对组织内部信息进行分析，确定其对组织的价值。

（2）奥尔纳（1990）的信息流法（Information flow analysis）

是一种自上而下的信息审计方法，信息流法不仅重视信息资源的识别，同时还对组织信息流进行了分析。信息地图的审计结果从本质上而言是信息资产清单，而信息流法的审计结果则是组织信息政策方针。其方法步骤包括：分析组织关键业务目标的信息需求，进行战略层级的初始调查以确定信息审计指导方针；获得高层管理者的支持；获得组织中其他成员的广泛支持；设计审计计划，包括项目计划、团队选择、审计工具和技术选择；分析结果，确定组织信息资源和信息流；解释结果，基于历史数据对信息资源和信息流进行分析；呈现结果，公开信息审计结果，发布审计报告；执行变革，制定信息政策，实现信息改革方案；监督效果，监控改革效果，测评变革数据；重复审计周期，重复审计循环，建立信息审计循环机制。

（3）布坎南和吉布（1998）的集成战略审计法（Integrated strategic-approach）

这也是一种自上而下的信息审计集成审计法，其在信息流法基础上有所扩展，同时有更全面的信息审计工具设置。集成审计法广泛地吸收了那些原来用于制定管理原则的工具和技术。主要包括准备、初步识别、分析、会计核算以及综合分析等阶段。在准备阶段，宣传信息审计

的重要性，确保高层管理者的支持和组织之间的协作，进行初步的组织调查；在初步识别阶段，通过确定组织信息资源和信息流，进行自上而下的组织战略分析；在分析阶段，分析、评估已经被识别的信息资源；在会计核算阶段，对信息资源进行成本收益分析；在综合分析阶段，报告信息审计结果和组织信息战略。

（4）新的信息审计方法

亨泽尔（2001）在分析信息流法和集成战略审计法的基础上，提出了新的信息审计方法，主要包括计划、数据收集、数据分析、数据评估、建议与交流、实施建议、再审计七个阶段。计划阶段，审计计划和准备，通过案例分析取得高层支持；数据收集阶段，通过调研建立组织信息资源数据库；数据分析阶段，对收集到的数据进行标准化分析；数据评估阶段，进行数据分析，并提出策略建议；建议交流阶段，报告信息审计结果，并进行交流意见；实施建议阶段，开展信息审计建议改革项目；再审计阶段，使信息审计经常化、规律化。

但对于学者们所提出的绝大多数信息审计方法面临的共同问题是，这些方法都具有明确的目的和范围，使其普遍被采用是非常困难的（Buchanan & Gibb，1998）。没有唯一的信息审计方法能够提供一个完整的信息审计解决方案，也不能完全体现出信息审计的战略角色。很多学者普遍认为，目前对于信息审计还不能或不需要开发出一种标准化的信息审计方法。其主要原因在于：

①信息作为一种资源，具有较为独特的特性，这会使对它的管理变得比较复杂。

②在不同（独特）的信息环境中需要采用不同的信息审计方法。

③事实上先前努力去开发一个唯一信息审计方法并不是非常成功。

④需要关注一些标准化审计方法，如财务审计。不难看出，财务审计的发展得到国家乃至国际组织的长期努力与支持。如果试图开发出一种标准化的信息审计方法，需由一个强有力的国际信息化机构加以驱动，同时需要一些国家机构来监控和鼓励审计标准、训练标准等的实

施，同时还要考虑到国际会计和审计标准。如果国际标准对信息审计方法不予支持，标准仅是一个有用的指南。

⑤开发标准化的信息审计方法还需要符合立法机构的要求。例如，在美国，组织的财务报表反映出企业信息资源的价值，需要根据财务标准和立法机构的要求。

⑥研究人员并未预见开发一个标准化信息审计方法的可能性。

第四节　DA、IA 和 KA 的异同

从以上分析可以看出，数据审计、信息审计和知识审计之间存在一定的内在逻辑关系，可以从信息和知识、信息管理和知识管理之间的关系来进行揭示，因为数据、信息和知识是其最重要的研究对象，也是数据管理、信息管理和知识管理的重要内容，在此主要从审计对象：数据、信息与知识以及审计范围：数据管理、信息管理以及知识管理之间的区别和联系加以分析。

一、审计对象

从审计对象而言，数据审计、信息审计和知识审计的审计对象分别为数据、信息和知识，三者之间是有区别的，但从智慧演进历程（Path of wisdom）来看它们之间的关系却是相互的。纵观诸多研究成果，其研究视角主要从两个方面展开：一是基于哲学视角，始于古希腊西方哲学的认知论，如唯理论、经验论以及交互影响学说。二是基于管理实践视角，包括产生、共享、转移、利用和创新等。

目前三者都还没有可接受的可操作性定义产生。对于数据的认知，一般有如下定义：数据是对现实生活的理性描述，尽可能地从数量上反映现实世界，也包括汇总、排序、比例等处理方式。数据是一系列外部

环境的事实，是未经组织的数字、词语、声音和图像等（Applehans，Globe & Laugero，1999）。数据泛指对客观事物的数量、属性、位置及其相互关系的抽象表示，以适合于用人工或自然的方式进行保存、传递和处理（Anthony Liew，2007；Paul Cooper，2010）。总体而言，数据是反映客观实物运动状态的信号，通过感觉器官或观测仪器感知，形成了文本、数字、事实或图像等形式。它是最原始的记录，未被加工解释，没有回答特定的问题，反映了客观事物的某种运动状态，除此之外没有其他意义。它与其他数据之间没有建立相互联系，是分散和孤立的。数据是客观事物被大脑感知的最初印象，是客观事物与大脑最浅层次相互作用的结果。

根据信息的不同理解视角，主要有如下普遍定义：信息作为一种战略资源或"日用品"（Kaye，1995；Kirk，1999；Madden，2000；McCreadie & Rice，1999）；信息是有用的数据或事物（Boon，1990；Buckland，1991）；信息是知识的表达（Belkin，1978；Madden，2000；McCreadie & Rice，1999）；信息作为沟通过程的组成部分（Buckland，1991；McCreadie & Rice，1999）；信息作为一种对事物的理解（Introna，1997）。而对于信息的性质，主要有三种不同观点的认知：从本体论角度来看，具有普遍性、客观性、无限性和物质依附性；而从反映论角度来看，具有有序性、可移植性、绝对性、相对性以及异步性；从认识论角度来看，具有不完全性、共享性、可伪性、动态性和时间性。而对于信息的维度，主要有个人维度，包括时间维度、空间维度和形式维度，以及组织维度，包括信息的流动、信息粒度与信息描述的内容。

而对于知识的理解也存在不同观点，如珀泽和帕斯莫尔（Purser & Pasmore，1992）认为知识是用以制定决策用的事实、模式、基模、概念、意见及直觉的集合体。巴达拉科（Badaracco，1991）将知识定义为从人类活动中所获取的真理、原则、思想及信息。达文波特和布鲁萨克（Davenport & Prusak，1998）依据知识的特性指出，知识是一种流动性质的综合体，其中包括结构化的经验、价值及经过文字化的资讯，而且还包括专家独特的见解，为新经验的评估、整合与资讯等提供架构。韦格（Wiig，1993）认为知识包括一些事实、信念、观点、观念、判断、期望、方法论与实用知识等。贝克曼（Beckman，1997）认为知识是人类对资料和信息的一种逻辑推理，其可以提高人类的工作、决策、问题解决和学习的绩效。斯皮克与斯贝科尔特（Spek & Spijkervet，1997）认为知识包括一切人类认为是正确而且真实的洞察力、经验和程序等，用来指导人类的思考、行动和沟通。

　　从以上可以看出，数据、信息和知识确实存在较大差异，但很多学者认为三者存在着内在关联，数据构成了信息与知识的基础，而知识是结构化了的信息，它比信息有更大的构成单元。知识是经过"确证"的信息，它比信息更能帮助和指导人们的行动。杜米（Tuomi，1999）对数据、信息和知识的层次结构进行了再思考，并提出了相反的层次结构，指出当知识被语法、语义等结构描述后成为信息，信息被详细定义的数据结构规范后变成数据，数据、信息和知识之间的转换过程大致如下：数据——→信息——→知识——→新数据——→新信息——→新知识。达文波特和布鲁萨克（1998）也认为，知识与人是紧密相连的，信息经过人脑处理的结果并存在于人脑中，就是知识，这种结果脱离人脑后的其他存在形式，就是信息。知识并不是静态的，知识的概念中还包含了互动、交流以及发明创造等活动，与其他持有三层次分类法的学者类似，这种观点认为知识包含了人的理解和创新能力，即四层次分类法的"智慧"。数据、信息和知识三者都是对事实的描述，被统一到了对事实的认知过程中，首先，由于人们认识能力的有限性或者所采用的工具的低级性，导致了数据只是对事实的初步认识，甚至存在错误；其次，借助人的思维或者信息技术对上述数据进行处理，经过处理，人们进一步揭示了事实中事物之间的关系，形成信息；最后，在实践中，经过不断地处理和反复验证，事实由事物之间的关系被正确揭示，形成知识。数据、信息和知识之间不存在绝对的界限，从数据、信息再到知识的过程，是一个数据不断变得有序、不断得到验证，并最终解释了事实之中所存在的固有逻辑规律的过程。

数据与信息、知识的区别主要在于它是原始的，彼此分散孤立的，未被加工处理过的记录，它不能回答特定的问题。知识与信息、数据的区别主要在于它们回答的是不同层次的问题，信息可以由计算机的处理而获取，而知识不是由计算机创造出来的，而是人们在实践中获得的经验。从数据到信息到知识，是一个从低级到高级的认识过程，根据哲学观点，数据是感性认知阶段的产物，而信息和知识则是属于理性认知阶段的产物，层次越高，其外延、深度、含义、概念化和价值不断增加（荆宁宁、程俊瑜，2005；郑彦宁，化柏林，2011）。在数据、信息和知识的关系中，低层次是高层次的基础和前提，没有低层次就不可能有高层次，数据是信息的源泉，信息是知识的"子集或基石"。信息是数据和知识的桥梁，知识反映信息的本质。利博维茨（Liebowitz，2003）指出了数据、信息与知识关系的金字塔层级结构，其中对于数据可以通过"5C"转化为信息：凝练（Condensation）——将数据项总结为更为简洁的形式与消除不必要的深度；情景化（Contextualization）——收集数据的目的和原因首先在于知晓或理解；计算（Calculation）——处理与聚合数据以提供有用的信息；分类（Categorization）——分派数据类型与类别的过程；校正（Correction）——消除错误的过程。而信息转化为知识需要经过"4C"，分别为比较（Comparison）、推论（Consequence）、连接（Connection）、交流（Conversation）。数据、信息与知识之间的相互比较见表 2.4。

表 2.4　　　　　　　　数据、信息和知识的相互比较

项目比较 ＼ 类别	数据	信息	知识
定义	反映客观实物运动状态的信号；最原始的记录；未被加工解释是分散和孤立的	组织资源；有意义且有用的数据；知识的表达	对相关信息的整合以及个体对真理、事实以及通过推理、体验和学习所获取信息的理解

续表

项目比较＼类别	数据	信息	知识
特性	为了理解业务行为被个体或组织所创建或感知 对业务事件提供记录或证据 结构化用于多个信息使用者 在文档中的数据被组合用于人们的理解 存储在不同的形式中，如文本或电子形式，以及各种媒介，如传真、信件或存储器中	由个体或组织从内部业务或者从外部资源获取 它是组织内在产生信息的源泉，对于对业务的管理和控制，外在来源信息对于计划和战略决策可以被同时保留和放弃 可以被具有不同目的的人们同时使用 有效性、价值等将随着时间、使用者和目的改变 必须对使用者有意义 信息作为无形产品但可以度量 具有不同的表现形式，如文档、数据和杂志等	通过感知、交互作用和学习所创建 组织知识嵌入在文档或者资料库中，同时还嵌入在组织惯例、流程、实践和标准之中 知识的两种类型：内隐和外显各具特性 通过隐性知识和显性知识的转换在群体和社群中共享 通过结构化媒介（如文档）进行分发 具有较高的主观性、权威性、动态性和情景依赖性
来源	信息创建者 →（知识转移）→ 使用者；已记录的知识；组织内部的信息、组织外部的信息；内部文档（存储器、会议记录、手册、指南、学习经验、报告、标准）、内部数据（企业行为统计）、外部文档（印制报告、信件、杂志、书籍、法律、标准、会议论文）、外部数据（正式统计）；信息转移；第一手数据		个人知识（直觉、经验、感觉、启发、个人技能、诀窍、信仰、价值观、习性）｜外部流程（面对面交流、同步讨论、学徒或培训、聊天、专家交流、E-mail、摘录、团队互动）｜组织制品（设计、会议记录、会话录音、手册、说明书、报告、经验总结、视频留言、专利、专题报告）；隐性知识—知识—显性知识；组织知识（惯例、文化、认知方案、共享模式、历史、故事、思考方式、问题解决方案）｜内部流程（经验、反思、人才应用、评价、阅读、倾听、观察、直觉或情绪）
不同点	①目标特性的程度：数据和信息是客观的，而知识是主观的 ②动态的程度：知识将随着经验和学习而不断变化，是动态的，而数据和信息是静态的；数据可以存在于任何地方而信息通常位于数据库和文档之中，而知识通常是基于个人经验 ③抽象的程度：数据是对业务事件的记录，信息是较为具体的，而知识是最抽象的概念 ④获取的难易程度：数据的获取较容易，信息的获取较为耗时，但知识是通过经验存在个人脑海之中的		
相同点	都需要采取相应的行动；信息和知识都是被结构化的；数据、信息和知识都具有存在的原因；数据、信息和知识可以被多人使用；数据、信息和知识都可以被存储		

续表

类别 项目比较	数据	信息	知识
	信息主要来自组织内部和外部，属于显性/编码化的知识，而知识还包括未编码化的内隐知识；而数据是信息和知识产生的基础		
关系	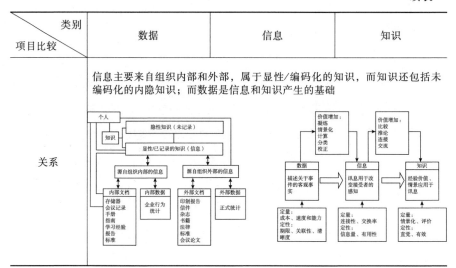		

资料来源：根据利博维茨（Liebowitz，2003）及陈，史尼曼和森达斯（Chen，Snyman and Sewdass，2005）的观点整理。

二、审计范围

（1）数据管理（Data management）

指对数据的组织、编目、定位、存储、检索和维护等，是对不同类型的数据进行收集、整理、组织、存储、加工、传输、检索的各个过程，其目的之一是从大量原始的数据中抽取、推导出对人们有价值的信息，然后利用信息作为行动和决策的依据；另一目的是借助计算机科学地保存和管理复杂的、大量的数据，以便人们能够方便而充分地利用这些信息资源。数据管理是数据处理的核心问题。随着信息技术的发展，数据管理也经历了人工管理、文件管理和数据库管理三个阶段。人工管理阶段是计算机管理的初级阶段，对数据的管理是程序员个人来考虑和安排的，程序员在编制程序时还要考虑数据的存储结构、存储方式、存储地址和输入/输出格式等。当数据的存储位置或输入/输出格式等发生变化时，相应的程序也要随之改变，人们在使用系统进行数据处理时，每次都要准备数据。此阶段的特点是：数据和程序紧密地结合为一个整体，一组数据对应一个程序，数据不具有独立性。文件管理阶段处理软件有了较大的进展，出现了操作系统。一个专门管理数据的软件——文件系统包含在操作系统中，该软件将数据按一定规则组织成为一个有效的数据集合，称为数据文件或文件。在这个阶段数据可以以文件形式长期存放在外存设备上，并且数据的存取等操作都由文件系统自动进行管理。数据库管理阶段主要是以数据库为基础，满足多用户、多应用共享数据的要求，使数据为尽可能多的应用服务，同时数据库技术与计算机网络、人工智能、软件工程等相互结合，使数据库进入了高级发展阶段，与前二个阶段相比，该阶段具有数据结构化、数据共享性高、冗余度低、易扩充、数据独立性高等特点。

（2）信息管理（Information management）

正越来越多地应用于企业的各个方面，用于整合基于电子和纸质以及源于内部和外部等从各种渠道来源的信息，以支持业务的职能。在诸多文献研究中，信息管理通常被用作信息资源管理、信息系统、信息技术、数据管理和系统工程的同义词（Boon，1990；Dias，2001）。信息管理是企业为了有效地开发和利用信息资源，以现代信息技术为手段，对信息资源进行计划、组织、领导和控制的社会活动。现代信息管理使用信息技术、计算机科学、控制论、系统工程、管理信息系统等来计划、管理和控制组织的各种信息，遍及整个信息的生命周期。信息常被用于各种组织层级的管理，例如企业战略、组织、运作和个人层面。信息管理的主要思想是让组织如同组织内部的其他资产（如人力资本和金融资本）一样，有目的地和系统地管理信息，以提高信息利用效率、最大限度地实现信息效用（李兴国，2007）。信息管理原理包括在不同学科中，如信息系统、信息科学、计算机科学、情报学和管理学等。

（3）知识管理（Knowledge management）

是协助企业组织和个人，围绕各种来源的知识内容，利用信息技术，实现知识的生产、分享、应用以及创新，并在企业个人、组织、业务目标以及经济绩效等诸个方面形成知识优势和产生价值的过程。组织如果需要维持长期的竞争力必须充分发挥自身的知识优势。知识管理的目的在于有效管理内外部的各种知识，从而有效地达到组织的战略目标和运营目标。从知识管理的发展态势来看，已经形成了三个学派：技术学派、行为学派和综合学派。技术学派认为"知识管理就是对信息的管理"，知识作为处理的对象，通过建立信息系统、利用智能技术等信息技术手段，可以对知识进行标识、组织、加工与传递。行为学派认为"知识管理就是对人的管理"，知识被当作一个过程，通过这个知识过程，对个人与组织两个层次的知识加以开发、利用、升华、改造等，从而提升个人与组织的知识水平，增强组织与个人的创造力与竞争力。综合学派则结合以上两个学派的主要观点，将技术与管理结合起来，认为"知识管理不但要对信息和人进行管理，还要将信息和人连接起来进行管理；知识管理要将信息处理等方面人的创新能力相互结合，增强组织对环境的适应能力"。可见，知识管理原理也包含在多个学科中，如人力资源管理、组织学习、变革管理、信息管理、信息技术、哲学和社会学等（Alavi & Leidner，2001）。

从信息管理与知识管理的关系来看，二者存在着千丝万缕的联系。绝大部分的研究文献认为，知识管理是信息管理发展到一定的历史时期所出现的一个新的阶段。目前，学界对于知识管理与信息管理的关系，主要有四种观点：第一，阶段说。知识管理是一种信息管理策略与理论，标志着信息管理活动进入了一个新的时期。知识管理是信息管理中孵化出来的，已经成为一个新的管理领域，信息管理是知识管理的基础，知识管理是信息管理的延伸与发展。第二，等同说。知识管理可理解为信息管理，涉及信息管理系统的构架建设、人工智能、创新工程和群件等。第三，包含说。与知识管理相比，信息管理只是其中的一部分，信息管理侧重于对信息的收集、分析、整理与传递，而知识管理则是对包括信息在内的所有资本进行综合决策，并实施管理。第四，映射说。两者不存在简单的包含或交叉关系，而是一种映射关系。两者最大的区别在于：信息管理目前主要是对信息流的控制，知识管理则是对知识应用的管理。具体表现在四个方面：第一，从涉及人类活动的范围来看，知识管理远远大于信息管理。第二，从功能和目标方面看，知识管理是运用知识的共享与创新来解决经营决策问题，而不是占有与吸收多少知识。第三，从实施过程和条件来看，信息管理主要是一种技术问题，以管理理论、信息技术为支撑；知识管理不仅需要以管理理论、信息技术为支撑，而且还需要价值理论、伦理理论、产权理论、交流理论、学习理论等共同构建。第四，从业务来看，信息管理主要是信息的组织、控制与利用过程，是根据规范和指令对信息加以处理。知识管理业务则涉及发现知识、交流知识与信息、应用知识，包括信息管理过程、激励过程、契约构造过程、权利维护过程等。

综合来看，信息管理是一个理论问题、思想问题，它是一种思想方法、思维模式，在它发展到第三个阶段——信息资源管理的时候，表现尤其明显，并且在这一时期，已经发展成为管理理论的一个学派，逐渐引起了人们的重视。在不同历史时期的技术环境、社会经济条件下，信息管理的发展都有着该时期的时代特色。在信息社会的信息资源拉动经济发展的理念下，信息资源管理思想就成为信息管理的重要再现形式，亦使信息管理发展到了信息资源管理阶段；而到了20世纪90年代以后，知识经济取代信息经济，经济增长依赖于知识的拉动，管理的思想也相应发生了巨大变化，此时，信息管理也顺应了时代的要求，发展到了知识管理阶段。因此，对信息管理的认识，需要以全面的、发展的、系统的眼光来看待。

数据管理、信息管理与知识管理之间的关系见表2.5。

表 2.5　　　　　数据管理、信息管理与知识管理的相互关系

类别 项目关系	数据管理	信息管理	知识管理
理解	通过使用电子系统或手工系统管理组织内部和外部数据的过程，遍及数据的生命周期	探讨信息作为一种重要资源必须有效地管理的问题，通过使用信息技术和技巧在不同的组织层次来有效地管理内部和外部的信息资源，遍及生命周期的信息	以多学科方式（multidisciplinary approach）来实现组织的目标，通过人员、技术和知识内容的结构化，使知识更加接近组织中的人员
业务目标	通过对数据的有效利用实现价值最大化；确保数据在任何时候的可获取性；实现组织目标	有效管理和使用各种信息资源和技术；避免信息失真、管理信息过载；完成组织的各种目标	提升全面业务绩效；共享最佳实践；完成组织的各种目标
功能	通过追踪组织内部和外部的数据，并与其他信息媒介以及信息系统整合，促进数据的有效地管理。以数据库的形式有效地管理数据	战略水平：决定战略信息需求；组织水平：决定组织信息和市场需求、信息过程和信息流；运作水平：产生各种信息；个人水平：排序、保护和存储信息	获取内隐知识并使其以文档或知识库的形式成为外显知识；提高知识获取，促进在个体之间的相互转移；创建有利于知识创新、转移和使用的知识环境；管理知识资产并认清知识对组织的价值
关注点	有效地使用数据并传递给相关的使用者	信息技术以及文本与自动化信息的有效管理	组织发展、智力资本管理和能力管理
相关学科	工作流管理、文档管理、数据库技术、数据挖掘	沟通理论、信息科学、信息系统、认知科学、组织科学和文档管理	人力资源管理、组织学习、战略规划、沟通理论、文档管理、信息技术、社会学和心理学等
组织层级	组织层级与个人层级	所有的组织层级	始于企业战略层级，终于所有的组织层级
不同点	提供不同的功能；关注于不同的领域；包括不同的学科；涵盖不同的组织层级		
相同点	有助于提升业务的效率和效益；在某些方面都考虑到了信息的处理过程；都使用信息技术作为促进力；都需要具有技能、知识的工作者		
相互关系	相互交叉		

资料来源：根据苏莱曼·哈迈德（Suliman Al - Hawamdeh，2002）及陈，史尼曼和森达斯（Chen，Snyman & Sewdass，2005）的观点整理。

从表中可以看出，数据管理、信息管理与知识管理之间存在异同点。其不同方面主要表现在：①提供不同的功能：数据管理主要是对来自企业内部和外部的各种数据的处理，遍及整个数据的生命周期。信息管理关注有效管理内外部信息的问题，遍及整个信息生命周期；而知识管理是多学科方式来使得知识和人员更加接近；②关注于不同的领域：数据管理主要是对数据的组织、编目、定位、存储、检索和维护等；信息管理优先关注于信息技术的成本效益管理；知识管理关注组织发展，智力资本管理和能力管理；③包括不同的学科：数据管理主要涉及数据库原理、数据挖掘等。信息管理包含沟通、信息科学、认知科学等；而知识管理关注知识创建、知识应用和人文因素等；④涵盖不同的组织层级：数据管理涉及组织与个人层级；信息管理涵盖组织的所有层级；而知识由于是组织的重要资产，需要进行有效管理和投资，也需要管理层和员工的参与。

而相同方面主要表现在：①有助于提升业务的效率和效益：数据管理能够提升业务效率和效益，通过组织业务数据促进更快更有效检索以及进行相关处理。信息管理有助于业务效率和效益，通过成本效益的管理和使用信息技术和资源。知识管理促进业务效率和效益通过共享最佳实践和成功创新；②在某些方面都考虑到了信息的处理过程：数据管理通过整合数据媒介和数据库有效地帮助潜在使用者有效地获取高质量的数据；信息管理集中于记录和处理信息；而知识管理强调信息（显性知识）的管理，以及具有特殊能力（隐性知识）的个人的管理；③都使用信息技术作为促进力：数据管理将整合新的以及现有的数据处理技术，使得潜在使用者能够实现自身的业务目标；信息管理首先关注于具有成本效益的管理和使用信息技术和资源；而知识管理包括信息技术和以知识或信息为基础的系统，促进人们获取、共享以及分发他们的知识；④都需要具有技能、知识的工作者：信息技术仅是一种工具，能够促进人们更有效地管理任务。为了有效地管理数据、信息或知识，必须需要具有经验丰富、知识渊博的知识工作者，知识工作者必须具有很强的批判性思维能力以及良好的开发能力，从诸多陌生来源中获取有效的、可靠的信息。

三、逻辑关联

亨泽尔（2000）曾指出，在组织内部主要存在两种审计方式：信息审计和知识审计，二者都来自需求分析（数据审计），并共同促使着组织从信息管理迈向知识管理。需求分析是信息使用者为了完成工作或任务需要哪些信息资源或服务，主要分析资源的合理化获取、交付机制和服务水平等问题。信息审计不仅关注上述问题，而且还关注业务单元的目标、关键成功因素、任务和行为，以及信息自身的战略意义来用于支持组织目标的实现。而知识审计的引入主要是用于识别组织的知识资产，在引入信息审计的基础上，知识审计将识别出各种知识资产的战略意义和作用，确保能够了解影响组织成功的关键知识资产所在，并依据其重要程度进行相应管理。三者之间的关系见图2.3。

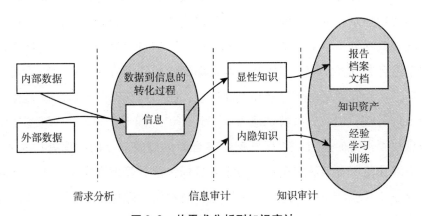

图2.3　从需求分析到知识审计

从以上分析可以看出，数据审计、信息审计和知识审计之间存在同质性以及异质性。同质性主要体现在：①三者所遵循的审计原理和方法论基础较为类似，体现了审计的监督、评价、建议、鉴证等作用；②大多数审计模型都是基于一定的过程、步骤或阶段而展开，在不同的过程中所涉及的内容、侧重点等有所不同，同时也反映出各种审计活动的完成并不是一蹴而就的，都需要经过一些特定的环节；③博塔和布恩（Botha & Boon，2003）特别指出当前在组织中以信息为基础的审计类型包括：沟通审计（Communication audit）、信息地图（Information mapping）、信息系统审计（Information systems audit）、知识审计（Knowledge audit）、智慧审计（Intelligence audit）等。其中特别强调根据信息管理功能的演化路径，知识管理（战略信息管理）是最高水平的信息管理，知识审计在逻辑上将跟随信息管理和信息审计；④成功进行审计的前提条件较为相似，如获取高层管理团队的支持；具有技能的员工需要被引入调查和审计的过程中；完成审计需要一定的时间保证；可以采用调查问卷、座谈会、半结构访谈、焦点小组等方式；对管理研究和报告最终结果的标准方法等（汪建康、肖久灵、李乾文，2012）。

　　数据审计、信息审计和知识审计的异质性主要体现在审计对象、审计方法、审计目标和审计结果上：①从审计对象来看，数据审计的对象是数据表征，信息审计的对象是组织内的信息流和信息资源，而知识审计的对象是组织内的知识、知识工作者和知识环境，正如前面研究所示，三者特性之间存在较大差异，因此导致审计方法也有所不同；②从审计目标来看，数据审计的目标在于促使组织了解内外部数据的位置、条件和价值等特征，同时对数据的收集、传递等进行有效管理，便于数据策划和保存。而信息审计的目标在于确认组织、部门以及成员的信息需求；识别信息重复、信息过载以及信息流的障碍等；对组织内外部的信息资源利用情况进行评估；制定相应的信息政策和信息标准；③从具体审计方法来看，知识审计所采用的方法种类较多，如 KAA、SEKAM、PKMA、Strategi Model 等，而信息审计其次，而数据审计研究方法最少，究其内在原因，还是由各自审计对象的特性决定的；④从审计结果来看，数据审计提供数据审计结果的报告；信息审计除了审计报告之外，还会提供解决问题的优化方案，为组织制定信息战略，为组织将来的信息管理工作提供统一的战略指导和管理指南。而知识审计的最终结果是知识地图，通过知识地图描述出组织的知识结构和知识流，从而了解组织的知识管理倾向和水平，寻找知识差距，并为弥补知识差距制定相应策略（黄亦西，2005）。

第五节　与相关概念的关系

一、与传统审计的关系

传统审计并不是一种具体的审计形态，而是对审计在发展历程中一定阶段的统称，一般与审计制度、审计准则、审计模式、审计方法等有关，是现代审计的对称（郭道扬等，1999）。在不同的场合，传统审计有不同的含义。从审计的内容和目的看，传统审计以财务审计、财经法纪审计和弊端审计为主，即主要通过对被审计单位的财务会计资料的审查，对被审计单位的财务状况和经营成果是否真实、公允提出审查意见，并揭露被审计单位在财务、会计上的错误、弊端和各种违法乱纪行为。而随着经济社会的发展，单纯的财务审计、财经法纪审计和弊端审计已经不能满足审计的现实需求，进而转向对经营及管理各个领域进行审计监督和评价。新的审计概念和审计类型也随之出现，如效率审计，效益审计，综合审计等，这标志着现代审计在性质、内容等方面较之传统审计有了新的变化和突破，主要体现在：从静态审计到动态审计转变；从单位审计向项目审计转变；从财务收支审计向公共资金支出审计转变；从真实合法审计向绩效审计转变；从挖掘内部资源向整合内外资源转变；从多目标审计向优先目标审计转变。

知识审计更多属于现代审计层面，知识审计与其他审计类型最主要的区别在于审计对象的不同，主要是由于知识相对于其他对象的不同特性，导致审计准则、审计模式和审计方法等都有所不同，传统审计，特别是财务审计、舞弊审计的过程虽然非常复杂，涉及范围和领域众多，但发展到现在，已经经历较长时间的实践和探索，逐步形成了完善的法规、制度和方法，而成熟的审计监督体制也确保了这些审计类型的顺利开展。知识审计虽因知识的特性而导致在方法、操作、流程上存在较大不同，但还是可以充分借鉴传统审计的理念，并不断创新审计手段和方法，从而确保知识审计质量。

二、与知识管理审计的关系

许多学者（如 Lauer & Tanniru，2001；Marianne，2002；Biloslavo & Trnavcevic，2007）还提出并使用知识管理审计（Knowledge management audit）的概念。根据庄和李（Chong & Lee，2005）的观点，知识审计不同于知识管理审计，但这两个术语在实践中却经常被学界和业界交替使用。一方面，韦格（Wiig，1993）指出，通过知识审计，审计人员能够确定组织了解相关信息的能力，同时也能更好地了解如何获取特殊领域的专业知识。而另一方面，希尔顿（Hylton，2002）指出，知识管理审计是对显性知识资源与隐性知识资源的科学与系统评价和评估，回答组织中存在哪些知识，位于何处，如何使用，被谁拥有等问题。劳埃尔和特尼鲁（2001）认为通过知识管理审计，可以更好地理解知识流程以及相互关系，分析知识流程对组织以及知识工作者的知识目标的实现程度。

知识审计强调的是对组织中现有的和缺失的组织知识（Organizational knowledge）的识别和确定，同时也对知识的流动与知识网络进行评价。而知识管理审计是指对制度知识（Institutional knowledge）的创建、获取、保持、分发、转移、共享和再使用等系列过程的审计，即组织的知识是如何被有效管理的。知识管理审计还将涉及组织战略、领导阶层、学习文化等，以及在不同知识流程中的技术基础以及合作团队的人员。可以看出，知识管理审计集中反映了在更大扩展范围内的知识，考虑了更多的信息系统的组件（Gloria，2008）。

可以看出，知识审计和知识管理审计都是知识管理过程中的重要内容，但二者并不完全相同，知识审计所强调的审计是针对知识资源而进行的分析研究活动，而知识管理审计属于管理审计的范畴，是知识管理责任机构或人员按照一定的程序和方法，以知识管理的管理活动和管理的对象资源为主要审计对象，查明问题并提出解决问题的方法，以改善管理品质，从而促进知识管理绩效提高而进行的一种审计和知识管理相结合的活动。二者在研究角度、出发点和研究内容等方面有所不同，但在实践应用中，两种审计类型都属于广义知识审计的范畴，可以交替使用，在此将不作严格区分。

三、与知识管理的关系

在一般意义上，知识审计仅是知识管理的一个组成部分或重要环节，但知识审计的重要地位和作用使之与知识管理形成一种较为特殊的相互关系。首先，知识审计包含在知识管理之中，且知识管理以知识审计为基础。蒂瓦纳（2004）在《知识管理十步走：整合信息技术、策略与知识平台》中，将知识审计作为知识管理的重要步骤，并阐述了知识审计在知识管理中的重要作用与意义，如制定企业知识战略、构建知识管理蓝图、规划建立企业的知识管理系统，寻求已知的市场进入与退出的方法与手段、找出摆脱企业衰落的原因和途径、努力克服自身的竞争劣势，敢于面对在学习曲线上领先的知识密集型竞争者的竞争等；而马丁、海森格和沃贝克（2004）在《知识管理——原理及最佳实践》一书中，也强调了知识审计对知识管理的作用，能够揭示企业对知识进行实际管理的优势与劣势，分析知识管理的环境、障碍以及促进因素，设计未来知识管理方法路线图等。

其次，知识审计是保证知识管理成功的关键因素之一。知识审计是企业实施知识管理项目的首要步骤，也是企业知识管理战略的重要组成部分。通过知识审计能够了解企业在知识管理过程中所遇到的各种瓶颈，并能够提出诊断性和咨询性的报告，为瓶颈的解决提供决策参考，从而确保知识管理的成功。

再次，知识审计从战略视角为企业知识管理提供全面审计。知识审计不仅针对企业知识管理活动，而且还对企业知识管理过程中所涉及的多个方面，如知识流程，管理制度、知识政策、知识结构、知识环境以及知识管理文化等方面进行全面审计，从战略视角对知识管理提供全方位审视，是企业成功进行知识管理的重要前提。

最后，知识审计是不断往复的过程，贯穿于知识管理活动的始终。知识审计不是一次性的活动，为了能够不断进行鉴证与评估，需要从初始规划阶段开始实施，了解知识管理项目的合规性，知识管理活动的效率性和效果性，并针对所出现的问题提出建议。

第三章

知识审计的依据

第一节　知识审计的思想来源

知识审计是知识管理与现代审计的交叉研究领域，其思想主要源于知识管理以及审计领域，但由于知识审计所针对的对象，如知识资产等处于动态发展变化之中，还体现出了成熟度的思想。

一、审计的思想

1. 审计的内涵与外延

审计作为一种监督机制，其实践活动历史悠久，但对审计的认知存在不同观点。《中华人民共和国审计法实施条例》对审计的定义是："审计是审计机关依法独立检查被审计单位的会计凭证、会计账簿、财务会计报告以及其他与财政收支、财务收支有关的资料和资产，监督财政收支、财务收支真实、合法和效益的行为。"也有学者认为，审计是客观地获取和评价与经济活动和经济事项认定有关的证据，以确认这些认定与既定标准之间的符合程度，并将审计结果传达给有利害关系的用户的系统过程（秦荣生、卢春泉，2017）。

具有代表性且被广泛引用的还是美国会计学会（AAA）1972 年在其颁布的《基本审计概念公告》中给出的审计定义，即"审计是指为了查明有关经济活动和经济现象的认定与所制定标准之间的一致程度，而客观地收集和评估证据，并将结果传递给有利害关系的使用者的系统过程。"其中所包含的核心概念包括：①经济活动和经济现象的认定。经济活动和经济现象是审计的对象，也是审计的内容；②收集和评估证据。收集充分、有力的审计证据是审计工作的核心。从一定意义上说，审计就是有目的、有计划地收集、鉴定、综合和利用审计证据的过程；③客观性。审计人员只有客观地收集和评估证据、作出审计结论、报告审计结果，才能达到审计目标，也才能使审计工作令审计意见的利害关系人信服；④所制定的标准。所制定的标准是审计的依据，即判断被审单位的经济活动合法合规与否、经济效益如何、经济现象真实公允与否的尺度，如国家颁布的法律、规章和标准，职业团体制定的会计准则，企业制订的各种消耗定额、计划、预算等；⑤传递结果。向依赖和利用审计意见的组织和人员传递结果是通过编制审计报告进行的。编制审计报告是审计工作的最后步骤；⑥系统过程。审计须按照公认的规范要求，遵循一定的程序进行，以保证审计的质量，提高审计的效率。

审计产生的客观基础是受托经济责任关系。受托经济责任关系是受托者即财产的经营管理者受财产所有者的委托，代其行使经营管理权，并通过法则、合同、组织原则等手段所形成的责权利相结合的责任关系。审计产生和发展的社会条件是两权分离或者经营管理者内部分权制。内部分权制是一个大规模的组织内部，在集中领导下实行多层次的分权管理或分权经营，财产所有者对财产经营者负有经济责任的履行情况，无法直接进行经常性的监督检查，客观需要独立于他们的第三者进行检查监督，这是审计产生和发展的直接原因。

总体而言，审计是一项具有独立性的经济监督活动，独立性是审计区别于其他经济监督的特征；审计的基本职能是监督，而且是经济监督，是以第三者身份所实施的监督。审计的主体是从事审计工作的专职机构或专职的人员，是独立的第三者，如国家审计机关、会计师事务所及其审计人员。审计的对象是被审计单位的财政、财务收支及其他经济活动，即审计对象不仅包括会计信息及其所反映的财政、财务收支活动，还包括其他经济信息及其所反映的其他经济活动。审计的基本工作方式是审查和评价，即搜集证据，查明事实，对照标准，做出好坏优劣的判断。审计的主要目标，不仅要审查评价会计资料及其反映的财政、财务收支的真实性和合法性，而且还要审查评价有关经济活动的效益性。

2. 审计的类型

对于审计可以从不同角度进行分类。对审计进行合理分类，有利于加深对审计的认识，从而有效地组织各类审计活动，充分发挥审计的积极作用。按审计活动执行主体的性质分类，审计可分为政府审计、独立审计和内部审计。

（1）政府审计（Governmental audit）

政府审计是由政府审计机关依法进行的审计，在我国一般称为国家审计。我国国家审计机关包括国务院设置的审计署及其派出机构和地方各级人民政府设置的审计厅（局）两个层次。国家审计机关依法独立行使审计监督权，对国务院各部门和地方人民政府、国家财政金融机构、国有企事业单位以及其他有国有资产的单位的财政、财务收支及其经济效益进行审计监督。各国政府审计都具有法律所赋予的履行审计监督职责的强制性。

（2）独立审计（Independent audit）

独立审计，即由注册会计师受托有偿进行的审计活动，也称为民间审计、社会审计或注册会计师审计。我国注册会计师协会（CICPA）在发布的《独立审计基本准则》中指出："独立审计是指注册会计师依法接受委托，对被审计单位的会计报表及其相关资料进行独立审查并发表审计意见。"独立审计的风险高，责任重，因此审计理论的产生、发展及审计方法的变革基本上都是围绕独立审计展开的。

（3）内部审计（Internal audit）

内部审计是指由本单位内部专门的审计机构和人员对本单位财务收支和经济活动实施的独立审查和评价，审计结果向本单位主要负责人报告。这种审计具有显著的建设性和内向服务性，其目的在于帮助本单位健全内部控制，改善经营管理，提高经济效益。在西方，内部审计被普遍认为是企业总经理的耳目、助手和顾问。国际内部审计师协会（IIA）理事会（1999）指出："内部审计是一项独立、客观的保证和咨询顾问服务。它以增加价值和改善营运为目标，通过系统、规范的手段来评估风险、改进风险的控制和组织的治理结构，以达到组织的既定目标。"

3. 管理审计是内部审计的发展趋势

从我国企业与跨国公司的管理经验来看，加强和改进企业内部审计方法，对于确保资产的安全和增值，保持企业的持续健康快速发展有着十分重要的意义。内部审计的工作目标定位是"管理、效益"，这表明传统的查账式的内部审计应向管理审计转型。管理审计是审计组织采用特定的审计程序和方法，对企业管理活动的效率性、管理能力和水平进行审查和分析，通过对管理现状的评价，谋求改进管理，从而促进企业提高经济效益的审计活动。管理审计的出现是审计自身随着社会经济的发展而发展的必然结果。审查一个单位的管理组织是否合理、管理机能是否健全、管理制度是否完善、管理工作是否有效，着眼于整个管理制度和方法的改进。

管理审计的内容主要体现在以下两个方面：第一，内部控制管理审计。内部控制管理审计主要检查内部控制的健全性、合理性、有效性，通过符合性测试和实质性测试对组织机构的职责分工、授权审批、会计控制、经营管理等环节进行检查，评价经营管理秩序是否规范、严密、有效等。第二，管理效益审计。效益审计包括经济、效率、效益三个方面的审计内容。经济审计是从各个经济活动的经济目标着眼，审查评价被审计单位对各项经济资源的利用是否节约、合理。效率审计是审查被审计单位各项计划和目标的执行结果，将其与预期结果进行比较，分析产生差异的原因，为以后编制计划和制定目标提供参考依据。效益是企业的生命，是各经营主体追求的最终目标，因而内部审计工作应该突破传统的审计思路，工作重心应从单纯的查错防弊转移到以管理、经营、效益审计为主的服务方向，向促进提高企业管理水平转变，从事后审计向事前、事中审计方向发展。

通过以上分析可以看出，管理审计是以改善企业的管理素质和提高管理水平为目的，审查被审计事项在计划、组织、领导、控制、决策等管理职能上的表现，促使被审计单位提高管理水平以提高经营活动的经济性，效率性和效果性的一项管理活动，是现代企业内部审计的发展趋势。而知识审计是指对企业当前的知识管理成效、知识环境以及隐性知识和显性知识资源利用情况的评估。知识审计是系统化的探究、分析、量度和评估企业知识资产的过程。当知识审计过程完成后，所形成的审计报告可以使得企业更加了解知识管理项目中的风险、机会、威胁和优劣势，并针对所存在的问题提出针对性的策略与建议。因此可以看出，知识审计属于内部审计中的管理审计范畴，不同于传统的财务审计。

二、知识管理的思想

在知识工程领域中存在两种不同的思想可用于知识审计：硬思想和软思想（Checkland et al.，1999）。在知识管理背景下，硬思想主要涉及知识工程（Schreiber et al.，2000），包括知识建模方法（Knowledge modeling methodology），如 PROTEGE（Tu et al.，1995），MIKE（Angele et al.，1998）以及 CommonKADS（Schreiber et al.，2000）。这些建模方法所涉及的知识工程，与信息系统的发展相关，在此知识扮演着重要的角色。软思想起源于对社会现象分析的定性建模技术，如 Ethics（Mumford, 1995), SSM (Soft System Methodology) (Checkland et al., 1999) 以及 Multiview (Avison et al., 1998)。

纵观知识管理领域的文献，存在两种系统建模方法：硬思想和软思想，二者的有机结合可以揭示隐含在知识获取、分发和共享中的最重要因素 (Hildreth et al., 2002；Gillingham, 2006；Sahin, 2007)。硬方法涉及正式的知识建模，包括知识过程、结构和技术。软方面涉及非正式的知识，包括组织文化和员工行为，这些都是非常重要和复杂的组件 (Gillingham, 2006)。根据丹尼斯等 (Dennis et al., 1993) 的观点，知识管理业务模型将在正式知识和非正式知识之间维持一个良好的平衡，反映出不同的业务分析模式。基于硬思想的知识管理实现业务流程中正式知识库的文档化和分析。基于软思想的知识管理在提取组织知识资源和资产的非正式方面具有重要作用。

1. 硬思想相关的知识管理

知识工程被认为是硬的知识管理方法，目标在于信息系统的知识建模，在此知识扮演着关键的作用 (Schreiber et al., 2000；Kerth, 2001)，特别是知识工程涉及知识获取、形式化、精炼，以及知识的正式表达，用于满足最终客户的需求 (Schreiber et al., 2000)。近年来，各种知识工程方法被陆续提出，如 CommonKADS、PROTEGE 和 MIKE，每种方法都有着自身独特的建模方式，如 PROTEGE (Tu et al., 1995) 包括一系列工具用于设计知识为基础的系统，它提供了软件为基础的建模工具，对组织知识进行本体分析。安吉拉等 (Angele et al., 1998) 开发出 MIKE 方法，用于开发知识为基础的系统，在此知识被知识获取和表达语言 (Knowledge Acquisition & Representation Language, KARL) 所呈现。CommonKADS 提供了知识建模和方案设计工具，包括知识资产的本体地图。CommonKADS 的建模组件分为三个层级 (Schreiber et al., 2000)：关系层级 (Context level)，提供一种方法论和九种工作表格，用于分析组织知识环境和获取知识解决方案。概念层级 (Concept level)，表现出业务过程中知识与沟通的结构和类型。制品层级 (Artifact level)，提供软件方案的描述，包括结构、平台、软件模型和执行特征等。

在各种知识工程方法中，MIKE 使用非常专业的建模语言和工具，主要用于学术研究，较少进行行业应用。PROTEGE 支持知识为基础的设计思想，但对知识审计不能提供实用、结构化的工作表。CommonKADS 在欧洲已经成为知识工程的实际标准，用于知识建模和知识系统设计（Zhang，2004）。它提供了在组织业务流程方面的知识建模开发工具。这些工具能够应用于知识审计的研究。在此主要应用关系层级，关系层级包括组织模型（Organization model）、任务模型（Task model）和代理模型（Agent model），其中组织模型主要分析各种知识导向的业务流程中的核心知识行为，瓶颈以及所存在的问题。任务模型能够更详细地描绘被组织模型所识别的各种任务，包括各种知识资产的特性。代理模型集中于特别任务的行动者，包括人员、系统以及其他实体，需要详细描绘代理者的能力、标准、偏好和许可，以帮助对各种行动者的能力和技能的理解。

2. 软思想相关的知识管理

软方法论通过定性建模对社会现象进行分析，主要是基于分类与标准以及人员行为系统建模（Clancey，1993）。社会分析模型描绘出人们的行为和相互作用；通过观察和问题问询收集证据；口头和书面情境的思考，在自身环境中的行为计划等（Clancey，1993）。法恩根（Finegan，1993）指出，对于知识分析的适当方式是定性建模（Qualitative modeling），使用图片、文字和图表定义和表达知识的结构、逻辑、思想和关系。在过去多年发展中，许多软方法论被不断提出，每种软方法论都具有自己的定性建模方式，如 Ethics methodology（Mumford，1995）提供了一个特殊的图表方法用于技术系统设计流程、描述社会和文化因素。软系统方法论（Soft Systems Methodology，SSM）（Checkland et al.，1999）提供"丰富图"定性建模技术（Rich picture qualitative modeling），用于描绘人们在审计过程中对各种情形的沟通路径。SSM 是一种基于定性分析的方法，对于解决复杂、非结构化的问题。SSM 允许不同的兴趣小组了解彼此的观点，表达各自的想法和建立共识或妥协的解决方案。该方法论是基于一个七级的过程，从非结构化或"混乱"情形开始（Checkland et al.，1999），通过设计一个概念性的解决方案以利于改善这种情况，然后将这些概念模型与初始问题情景进行比较，以确定理想的和可行的改变。这种方法体现了一种整合思想，将情况改进与社会和政策的可行性相结合。

诸多文献都提及可以将 SSM 作为一种知识管理工具，用于设计和执行有效的组织学习。在知识管理领域应用 SSM 的主要优势在于，分析具有相互依赖的人员和技术组件的组织流程（Fennessy et al.，2000）。加奥等（Gao et al.，2002）指出，SSM 对于知识管理研究，是一种非常有用的研究方法，价值之一是能够激发如何持续和有效学习的灵感。瓦尔克等（Walker et al.，2003）也提出，SSM 的丰富图技术可以用于知识建模，SSM 可以作为知识审计的组件之一，特别是 SSM 具有三个阶段。第一阶段是问题表达，能够帮助识别组织领域、流程或特别的情形，需要进行情景和问题分析。在第二阶段是 SSM 提供的丰富图技术可以用于探究问题情景。丰富图提供了一种"杂乱情境建模分析方法"（Messy-situation modeling methods），用于表示在各种情境中社会交互的程度，能够快捷地从不确定、不调和以及相互冲突的行为之中提取带有各种目的的行为。丰富图的图表能够表达出除了正式信息之外的感知和态度。第三阶段是通过 CATWOE（客户、参与者、转换过程、世界观、所有者和环境约束）表达出相关行为的根源。在 CATWOE 中，客户（Customer）作为工作者从行为实施中获利或损失；参与者（Actor）作为工作者去实施行为；转换过程（Transformation process）描述行为的输入和输出；世界观（Worldview）描述了一个广泛的符合情境的行为范围；所有者（Owner）作为工作者有权改变或停止这种行为；环境约束（Environmental constraint）由一些更普通的问题组成，如组织文化、伦理限制和规则。

三、成熟度的思想

成熟度模型（Maturity model）主要用于描绘一个实体（Entity）随着时间的推移而不断发展的过程。自成熟度模型被提出之后，在诸多领域进行了实践和推广，特别是在软件领域得到充分应用和体现，能力成熟度模型（CMM）的提出即是成熟度模型思想在软件领域的主要应用。由于软件领域和知识管理领域具有许多共通之处，因此，知识审计也可以借鉴成熟度模型的思想。在此，将以能力成熟度模型为代表，对成熟度模型思想进行论述。

1. CMM 的成熟度水平

1984 年，在美国国防部的支持下，卡内基梅隆大学（Carnegie Mellon University）成立了软体工程学院（SEI）；1986 年 11 月，在 Mitre 公司的协助下，开始发展一套帮助软件开发者，改善软件开发流程的流程成熟度（Process Maturity Framework）架构，并于 1991 年发表了 CMM 模型。CMM 提供了软件工程组织的指导，对于开发和维持软件，如何去增加控制流程，以及如何去促使软件工程的文化和管理卓越。CMM 既是确定组织的软件过程成熟度的参考模型，也是标准化模型，帮助软件组织沿着演化路径发展，从初始、混乱的软件过程，到成熟、有纪律的软件过程（Herbsleb et al.，1997）。在 CMM 中，成熟度的五个层次被定义，每个水平描述唯一系列的特性，每个成熟度水平均定义了不同的关键过程领域（KPA），每个 KPA 更进一步描述出关键实践，见表 3.1。

表 3.1　　　　　　　CMM 的成熟度水平（Paulk et al.，1993）

成熟度水平		特性	关键业务领域（KPA）
1	初始级（Initial）	初始级软件过程是混乱无序的，对过程几乎没有定义，成功依靠的是个人的才能和经验，管理方式属于反应式	无

续表

成熟度水平		特性	关键业务领域（KPA）
2	可重复级 （Repeatable）	重复级建立了基本的项目管理来跟踪进度、费用和功能特征，制定了必要的项目管理，能够利用以前类似的项目应用取得成功	需求管理、项目计划、项目跟踪和监控、软件子合同管理、软件配置管理、软件质量保障
3	已定义级 （Defined）	已定义级将软件管理和过程文档化，标准化，同时综合成该组织的标准软件过程，所有的软件开发都使用该标准软件过程	组织过程定义、组织过程焦点、培训大纲、软件集成管理、软件产品工程、组织协调、专家评审
4	已管理级 （Managed）	收集软件过程和产品质量的详细度量，对软件过程和产品质量有定量的理解和控制	定量过程管理、软件质量管理
5	优化级 （Optimizing）	软件过程的量化反馈和新的思想和技术促进过程的不断改进	过程变更管理、技术变更管理、缺陷预防

自从 1991 年 SEI 发布 SW－CMM（V1.0）以来，SEI 逐渐开发了多种 CMM，其中最有影响的包括：系统工程（SE－CMM）、软件工程（SW－CMM）、软件采办（SA－CMM）、人力资源管理（P－CMM）以及集成化产品和过程开发（IPPD－CMM）等。虽然模型对许多组织是有用的（有助于改善组织过程，以构造更好的产品，提高质量，减低成本），但是许多模型的共存逐渐显露出弊端，出现了所谓的 CMM 的"架构泥潭"（龚波，2003）。

SEI 计划逐步用 CMMI 取代现行的 SW－CMM 和 SA－CMM 在内的多个的成熟度模型。CMMI 的目的在于提高组织过程和管理产品的开发服务的开发、采办和维护的能力而提供指导。CMMI 在有助于评估组织成熟度和过程域能力的结构中增加经过验证的实践，建立改进优先级，并且指导这些改进的实现。2000 年，CMM 被一体化至软件成熟度模型整合 CMMI 项目，用于提供一个简单的整合系列模型，对于不同的原则，包括系统工程、软件工程和整合的产品和过程开发，IPPD 不同于以前的 CMM，CMMI 将能力成熟度的特性赋予两种方式：阶段式表式和连续式表式。

2. CMMI 的表示方法

（1）阶段式表示

阶段式模型为组织改进提供了预定义的路线图，适合于组织范围内的全面过程改进。术语"阶段"是一种模型描述方法，该方法将路线图描述成称为"成熟度等级"的一系列阶段，见图 3.1。每个成熟度等级包含一组过程域，制定组织应该关注于何处以改善其组织过程，每个过程域用满足其目标的实践来描述。连续式模型在改善次序上没有专门的指导。在连续式模型中，过程域的实践以支持单个过程域增长和改善的方法进行组织，大多属于过程改进相关的实践都是共性的：它们是单个过程域的外部形式，并可应用于所有的过程域。

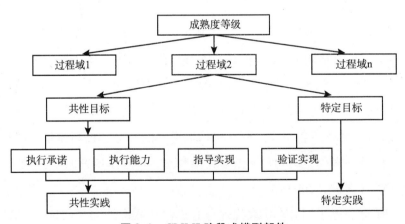

图 3.1　CMMI 阶段式模型部件

阶段式表示集中于组织可以用于改进过程的最佳实践。在开始使用 CMMI 模型改进过程之前，必须首先将自己的过程映射到相应的 CMMI 过程域。通过跟踪与 CMMI 模型对应关系，这种映射可以帮助控制组织的过程改进。但不要求每个 CMMI 过程域都逐一映射到组织过程。阶段式成熟度等级总共包括五个等级，分别是初始级、已管理级、已定义级、定量管理级和优化级。其中每个等级都是相互依赖的，上层包含下层的目标和实践。每个等级是连续的，不存在隔阂，进行持续过程改进的组织不能跨层进行，即不能不经过成熟度等级 2 直接跳到成熟度等级 3，这样给组织进行过程改进提供了路标。

（2）连续式表示

连续式表示使用 6 个能力等级、能力剖面、目标等级和等价等级作为模型部件的组织原则。连续式表示根据亲和关系对过程域进行分组，并指定每个过程域中过程改进的能力等级。能力剖面确定过程改进的路径，说明每个过程域的改进变化。等价等级可以把过程域的能力等级和阶段式表示的成熟度联系起来，见图 3.2。

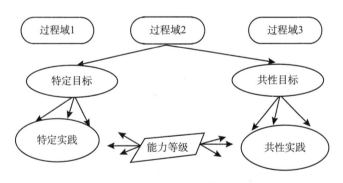

图 3.2　CMMI 连续式模型部件

能力等级有 6 个，编号从 0~5，分别是未完成级、已执行级、已管理级、已定义级、定量管理级和优化级。能力等级由能够改进组织过程的过程域的相关特定实践和共性实践组成。能力等级用适用于一个过程域的特定目标和共享目标的实现程度来度量。如果某组织达到的某过程域内能力等级 n 为止的所有共性目标，且该过程中的特定目标均被满足，则可以说达到该过程域的能力等级 n，如果某过程域不满足能力等级 1 的全部要求，则说它是等级 0。对于每个过程域的能力等级而言，不能跨越能力等级进行改进，前一个能力等级的目标和实践是更高一层能力等级的基础。能力等级逐层依赖，彼此之间没有间隔。

（3）两种表示法关系

阶段式和连续式表示使用的组件都是过程域、特定目标、特定实践、共性目标、共性实践等，从内容结构上而言二者是完全相同的，连续式采用能力等级，而阶段式采用成熟度等级。两种不同等级类型的表现形式和应用方式不同：能力等级应用于组织为每个过程域所进行的过程改进实现。能力等级包括 6 个等级（从 0~5），每个能力等级对应于一个共性目标和已定义的一套共性实践。成熟度等级隶属于阶段式表达法。应用于组织的全体过程能力和组织成熟度，每个成熟度等级是用定义的一套过程域和共性目标所组成，共计 5 个成熟度等级。对应关系见表 3.2。

表 3.2　　　　　　　　连续式和阶段式表达的等级对应关系

等级	能力等级	成熟度等级
0 级	不完全级	N/A
1 级	已执行级	初始级
2 级	已管理级	已管理级
3 级	已定义级	已定义级
4 级	定量管理级	定量管理级
5 级	优化级	优化级

在此需要注意的是，能力等级可以独立应用于任何单独的过程域，而成熟度等级制定一组过程域，这组过程域包含一组必须达到的目标。虽然，成熟度等级 2~5 的名字和能力等级 2~5 的称法相同，但二者之间还是存在本质区别。此外，阶段式表示法中共性目标和实践所遵循的规则与其在连续式表示方法中所遵循的规则也不相同。对于阶段式表示

而言，连续式表示有更多的特定实践，原因是连续式表示有两种类型的特定实践——基础的和高级的，而阶段式表示仅有一种类型的特定实践。在连续式表示中，特定实践存在于能力等级 1 ~ 5 中，而在阶段式表示中，仅有成熟度等级 2 和 3 有共性实践；成熟度等级 1、4、5 都不存在共性实践。区别见表 3.3。

表 3.3　　　　　　　　　连续式表示和阶段式表示的区别

连续式表示	阶段式表示
过程域按照过程域分类进行组织	过程域按照成熟度来组织
使用被用于度量组织范围内特定过程的成熟性的能力等级来度量改进	使用被用于度量组织范围内过程集合的成熟性来度量改进
存在 6 个能力等级 0 ~ 5	存在 5 个成熟度等级 1 ~ 5
存在 N + 个高级实践，原因是存在两套特定实践：基本实践和高级实践	存在 N 个实践，原因是只存在一种特定实践。没有使用高级实践的概念
使用能力等级来组织特定实践	使用公共特性来组织特定实践
能力等级 1 ~ 5 存在共性实践	成熟度 1 ~ 3 存在共性实践
概述性文档被用于描述连续式表示	概述性文档被用于描述阶段式表示
存在描述分级等价的附录，使得可以在阶段式和连续式之间进行比较	不存在到连续式表示的等价性概念

第二节　知识审计的标准来源

企业知识审计活动的有效展开，离不开审计标准。审计标准是企业进行审计时判断审计事项是非优劣的准绳，也是提出审计意见、作出审计决定的依据。审计标准依据不同的分类依据，具有不同的标准，如按照来源不同，可以分为外部制定的审计标准和被审计单位内部制定的审计标准；按照审计标准按性质、内容不同，可以分为法律、法规；规章制度；预算、计划、合同；业务规范和技术经济标准等。此外，审计标准具有如下特性，一是层次性，指审计依据因管辖范围和权威性大小不同而有不同的层次，如国家法律，国务院颁布的行政法规，地方性法律、法规，主管部门制定的规章制度，被审计单位制定的规章制度等。二是时效性，指审计依据不是永远有效的，它的效力受时间限制。三是地域性，指有的审计依据受地域限制，只在一定地区内发挥效用。

对于企业知识审计而言，也需要针对具体的知识活动，依据国家标准，行业标准以及企业内部制度等对被审计部门知识资源或知识流程进行审计，以揭示企业知识活动的合理性、合规性、效率性和效果性等。总体而言，企业知识审计的标准来源主要有国家标准，行业标准和企业标准等。

一、国 家 标 准

在知识经济时代，知识正逐渐成为当今组织获取竞争优势的关键性因素。对知识的有效管理是一个组织取得成功和可持续发展的关键。为了更好地为我国组织开展知识管理实践提供指南，增加对知识管理的概念、知识活动、参考模型、系统功能构件等方面的统一认识，由国家质检总局、国家标准委等部门相继联合发布了知识管理的系列国家标准（GB/T 23703）（岳高峰等，2014）。

2009 年 8 月，中华人民共和国国家标准批准发布了 2009 年第 6 号公告（总第 146 号），其中颁布了 GB/T 23703.1 - 2009 知识管理第一部分：框架的国家标准，该标准于 2009 年 11 月 1 日开始实施。第 1 部分提供了知识管理的标准参考模型，为我国组织开展知识管理实践提供指南。

2011 年 1 月，国家质检总局、国家标准委又联合发布了 2011 年第 2 号公告，颁布了知识管理的 5 项国家标准，分别为：第 2 部分——术语（编号 GB/T 23703.2 - 2010），第 3 部分——组织文化（编号 GB/T 23703.3 - 2010），第 4 部分——知识活动（编号 GB/T 23703.4 - 2010），

第 5 部分——实施指南（编号 GB/T 23703.5 - 2010），第 6 部分——评价（编号 GB/T 23703.6 - 2010），此 5 项标准于 2011 年 8 月 1 日开始实施。第 2 部分界定了知识管理的基本概念，给出了知识管理的基本术语、缩略语和中英文词汇对照表等，也对知识管理的基础研究、应用实践等奠定了概念基础。第 3 部分界定了基于知识的组织文化的概念、特征，与知识管理之间的关系，并提供了基于知识的组织文化建设的有关内容，为组织开展适用于知识管理的组织文化建设提供指导和依据。第 4 部分明确和界定了知识的鉴别、创造、获取、存储、共享和应用六个参考知识活动的概念和相关内容，为知识活动的研究、培训和学术交流等提供参考和借鉴。第 5 部分为知识管理的实施提供了可供借鉴的阶段划分和工作内容，为组织实施知识管理提供参考和指导。第 6 部分在提供知识和知识管理评价的参考模型基础上，为开展知识管理评价、评估和评测工作提供指导和借鉴。

2014 年 5 月，颁布了第 7 部分——知识分类通用要求（编号 GB/T 23703.7 - 2014），该标准于 2014 年 11 月 1 日开始实施。该部分界定了知识分类的相关概念，提出了组织进行知识分类的原则、方法、步骤，并提供了知识型组织的知识分类示例，为组织开展知识的鉴别、获取、创造、存储、共享、应用等活动奠定基础，促进组织的知识管理实施。

2014 年 9 月，发布了 2014 年第 21 号公告，颁布了第 8 部分——知识管理系统功能构件（编号 GB/T 23703.8 - 2014），该标准于 2015 年 2 月 1 日开始实施。知识管理系统作为支撑知识管理实施的重要技术设施，该部分规定了知识管理系统的功能框架和功能构件，可以促进知识管理系统的有序发展。

知识管理的国家标准具体内容见表 3.4。总体而言，该国家标准为知识审计提供了借鉴和参考，具体体现在：①界定了知识管理框架，明确了概念模型和过程模型，明晰了知识流程和活动（知识鉴别、知识创造、知识获取、知识存储、知识共享和知识应用）以及知识管理的支撑要素（组织结构与制度、组织文化、技术设施），为知识审计提供了架构指导，指明了在知识审计过程中需要关注的重点；②提出了评估框架。明晰评价对象知识还是知识管理，即评价最终结果（结果态）或评价在达到最终结果的过程中的某一状态（中间态）。针对知识的中间态主要评估知识掌握度、知识扩散度、知识编码度；针对知识管理的中间态主要评估成熟度、实施过程评价；针对知识的结果态主要评价知识资产；针对知识管理的结果态主要评价财务、客户、流程、成长以及产品和服务，为知识审计明确了审计客体，充分结合中间态和结果态；③提出了知识分类的原则和维度。其中维度主要体现在专业维度、业务维度、组织维度、产品维度、类型维度等方面，为知识审计界定了范围和界限。

表 3.4　　　　　　　知识管理的国家标准（GB/T 23703）简介

标准编号	内容	标准简介
GB/T 23703.8 – 2014	知识管理系统功能构件	规定了知识管理系统的功能框架及功能构件 适用于知识管理系统的选型、分析、设计、开发、测试、部署以及验收
GB/T 23703.7 – 2014	知识分类通用要求	规定了对组织中的知识进行分类的一般原则、方法和步骤。适用于知识的鉴别、获取、创造、存储、共享、应用等活动；知识库和知识地图的建设
GB/T 23703.6 – 2010	评价	规定了对知识和知识管理评价的参考模型，界定了知识资产的概念，并给出评价方法的相关概念 适用于开展知识管理的组织对实施结果的评估；对知识的评价；知识型、创新型组织的评审；知识管理的教学、培训、科研、应用等
GB/T 23703.5 – 2010	实施指南	规定了大多数组织机构实施知识管理的一般原则，以及项目实施过程中一般适用的实施过程和基本活动。包括以下方面：实施原则；实施准备；实施阶段；评估与改进；制度化
GB/T 23703.4 – 2010	知识活动	规定了知识管理中六个主要知识活动的相关内容，为组织实施知识管理提供参考和依据 适用于各类组织机构开展实施知识活动，以及有关知识活动的科研、教学、培训等

标准编号	内容	标准简介
GB/T 23703.3 – 2010	组织文化	给出了知识管理与组织文化之间的关系、基于知识的组织文化特征，并提供了若干开展基于知识的组织文化的方法与工具 适用于以组织文化为基础推进知识管理的实施
GB/T 23703.2 – 2010	术语	规定了知识管理领域的常用术语、缩略语和词汇 适用于知识管理的研究、实施、系统开发、教学培训、评价等领域
GB/T 23703.1 – 2009	框架	规定了知识管理的基本框架，为组织提供通用的知识管理参考模型 适用于通过实施知识管理提高竞争力的组织；评价组织知识管理的机构；为组织知识管理提出服务的机构

二、行业标准

在知识管理具体实践过程中，还比较缺乏相应的行业标准，但有一些研究机构或协会等，如中国知识管理中心（Knowledge management center）、香港理工大学知识管理与创新研究中心（Knowledge management research centre）等，致力于发展有关知识管理方面的研究、培训及顾问服务，为工商界、政府及公营机构提供有效的知识管理方案，鼓励各个机构有效地提升智力资本，从而达至可持续的知识型经济发展。同时还有一些组织或机构通过设置一些奖项，用于奖励那些在知识管理领域做出特别贡献以及通过知识管理提升组织价值的企业或机构，如 MAKE 奖。以上这些研究机构或协会组织等所提出的评价标准，已经在一定领域或范围内成为企业推行知识管理项目或方案的行业标准，特别是 MAKE 奖所提出了衡量标准，也将逐渐发展成为知识审计乃至知识管理的行业标准。以下将详细论述 MAKE 奖的发展以及衡量标准。

（一）MAKE 奖概述

最受尊敬的知识型企业（The Most Admired Knowledge Enterprise，MAKE）始于 1998 年，是由 Teleos 公司联合 KNOW 网络共同发起，在全球范围内甄选出那些善于利用企业的显性或隐性知识以及智力资本来为股东创造价值的组织。

MAKE 奖目前设有国家/地区级奖项（如中国内地、中国香港、印度、印度尼西亚、日本等）、洲际区域级奖项（如亚洲、欧洲、北美）以及全球级奖项。自 2010 年开始，全球级奖项又细分出两种类别：

①全球 MAKE 奖（Global MAKE），包括父系组织（含旗下所有公司、业务板块、业务单元及机构），集团或控股组织等；②全球独立运营机构 MAKE 奖［Global Independent Operating Unit（IOU）MAKE］，包括私人公司、业务部门、业务单元等。

MAKE 奖主要采用德尔菲方法进行评选，评价主体是由全球财富 500 强企业的领导人以及知识管理、智力资本、创新或组织学习等领域的知名专家组成。评价程序共计三轮：第一轮由专家小组（Expert Panel）直接提名全球范围内的某个组织，该组织可以是营利性的、非营利性的或公众部门，被提名的组织进入"提名名单（Nominations）"。第二轮每个专家将从提名名单中最多选择出 3 家组织，那些至少被 10% 的专家选择的组织会晋级"决赛名单（Finalists）"。第三轮专家将基于个人经验以及可获取的公共信息，对所有晋级决赛名单的组织从八个方面进行综合评定（评分标准从 1～10 分，表示从最差到最优）、排序并最终确定获得获奖者（Winner）。

（二）MAKE 奖的评价指标

MAKE 奖的评价指标体系共有八个方面：①营造知识驱动的企业文化（Creating an enterprise knowledge-driven culture）；②高级管理层领导的知识工作者培养（Developing knowledge workers through senior management leadership）；③开发和销售知识型产品/服务/方案（Developing and delivering knowledge-based products/services/solutions）；④企业智力资本

最大化（Maximizing enterprise intellectual capital）；⑤营造协作性的企业知识共享环境（Creating an enterprise collaborative knowledge sharing environment）；⑥营造学习型组织结构（Creating a learning organization）；⑦基于客户或其他利益相关者的知识来交付价值（Delivering value based on customer/stakeholder knowledge）；⑧将企业知识转化为股东价值或利益相关者价值（Transforming enterprise knowledge into shareholder/stakeholder value）（DeFond et al.，2013）。以上八个方面构成了 MAKE 研究的一个框架，见图 3.3。

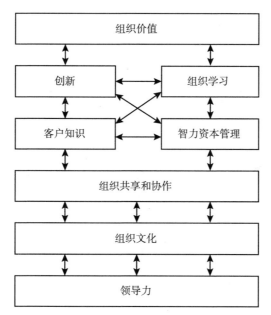

图 3.3 MAKE 奖八个方面的相互关系

依托此框架识别那些比竞争对手在创造智力资本更快的组织或机构。以上八个方面的具体内容见表 3.5。

表 3.5　　　　　　　　　　**MAKE 奖评价标准和具体内容**

评价标准	具体内容
营造知识驱动的企业文化	• 开发和部署知识型企业的愿景和战略 • 确定企业的核心能力（知识资产） • 设计知识驱动的企业结构和企业单元之间的关系 • 开发和管理企业的知识价值 • 开发和管理企业的知识行为 • 开发和管理企业的知识体系/过程 • 创建和管理以知识为基础的人力资源战略
高级管理层领导的知识工作者培养	• 开发和部署企业管理风格，鼓励知识获取、共享和应用并用于企业价值创造 • 提供财务或非财务企业支持用于管理知识 • 鼓励和支持企业知识战略和方法 • 开发和训练知识领导者 • 通过企业知识战略，建立良好的企业治理 • 承认/奖励知识领导者
开发和销售知识型产品/服务/解决方案	• 开发和部署企业知识创造和创新的策略 • 开发和培训员工在创意和创新方面 • 吸引客户/利益相关者和供应商，用于开发知识型产品和服务 • 增加/扩大企业的知识 • 管理知识和创意的转移到行动点 • 识别/奖励创新者 • 管理知识型商品或服务的生产和/或维修 • 测量来自知识创造和创新的价值
企业智力资本最大化	• 开发和部署企业智力资本的策略 • 开发和培训企业员工有关智力资本概念和工具 • 开发工具和技术来管理和衡量智力资本 • 管理和扩大员工、客户/利益相关者和结构性智力资本 • 保护智力资本 • 识别/奖励员工为提高企业智力资本
营造协作性的企业知识共享环境	• 开发和管理知识的获取、分类和使用 • 映射整个组织中的知识资源 • 个人隐性转换成企业的显性知识 • 创建系统机制用于共享现有内部和外部的知识和最佳实践 • 使用协作工具知识共享（包括 Wiki 和社交网络） • 发展实践社区（COP） • 从协同知识共享中转化最佳实践 • 有效识别和访问内部和外部的专业知识 • 建立以知识为基础的奖励和识别系统

续表

评价标准	具体内容
营造学习型组织结构	• 开发知识驱动的企业学习战略 • 开发协同/伙伴用于快速学习 • 开发和/或获取学习方法、工具和技术 • 转化个体的隐性知识到企业的外显知识 • 开发实践社区 • 干中学 • 辅导和指导 • 开发组织学习基础，如企业局域网用于内部和外部学习经验的交流 • 从个体学习转变为组织学习
基于客户或其他利益相关者的知识来交付价值	• 开发和部署一个企业知识的利益相关者价值的策略 • 创建和管理利益相关者价值概要文件和地图 • 创造利益相关者价值链 • 开发和/或获取工具和技术用于收集和增进来自利益相关者知识的价值 • 开发和管理利益相关者的数据库 • 开发工具和技术来提取来自利益相关者知识的价值 • 测量利益相关者价值链的改变
将企业知识转化为股东价值或利益相关者价值	• 开发和部署企业知识战略增加利益相关者和股东的价值 • 映射和发展知识价值链 • 管理和测量知识价值链 • 测量企业利益相关者/股东价值的变化 • 沟通/报告以知识为基础的价值创造

（三）MAKE 奖在亚洲的发展

1. 亚洲 MAKE 奖的发展态势

亚洲 MAKE 奖于 2002 年设立，主要用于奖励那些成立或总部设在亚洲，能够成功将新的或现有的知识转化为产品、服务或解决方案，创造股东价值的组织（含营利性/非营利性）。其评估框架、评价程序、评价标准与全球 MAKE 奖一致。获得该奖的组织是知识经济时代的先锋组织，通过系统性利用知识获得竞争优势的成功组织。2011～2016 年亚洲组织获得提名、晋级决赛以及最终获奖的数量变化态势见图 3.4。

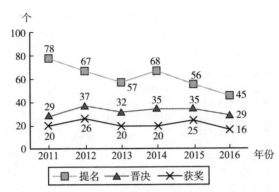

图 3.4　亚洲 MAKE 奖的发展态势（2011 ~ 2016 年）

可以看出，2011 ~ 2016 年，获得提名组织数量最高为 78 个（2011 年），最低为 45 个（2016 年）；晋级决赛的组织数量最高为 37 个（2012 年），最低为 29 个（2016 年）；最终获奖数量最高为 26 个（2012 年），最低为 16 个（2016 年）。

2. 亚洲 MAKE 奖的国家分布

亚洲 MAKE 奖企业的国家（或地区）分布见表 3.6。从表 3.6 中可以看出，印度是近些年来晋级决赛以及最终获奖数量最多的国家。而泰国仅在 2012 年有 1 家企业（国家石油管理局）晋级决赛，但最终没有获奖。伊朗自 2012 年起每年晋级决赛的企业数量有 3 家，但仅在 2015 年有 1 家企业（伊斯法罕国家钢铁公司）最终获奖。在此需要说明的是，亚洲开发银行（ADB）作为区域性金融机构仅在 2011 年、2012 年晋级决赛并最终获奖。

表 3.6　亚洲 MAKE 奖企业的国家（或地区）分布（2011 ~ 2016 年）

国家 （或地区）	2011 年		2012 年		2013 年		2014 年		2015 年		2016 年	
	晋决	获奖	晋决	获奖	晋决	获奖	晋决	获奖	晋决	获奖	晋决	获奖
中国	4	3	5	5	3	2	8	2	3	3	3	2
中国香港	3	1	4	3	3	2	3	2	4	4	3	2
印度	9	6	10	7	8	4	9	6	12	8	10	7

续表

国家（或地区）	2011 年		2012 年		2013 年		2014 年		2015 年		2016 年	
	晋决	获奖	晋决	获奖	晋决	获奖	晋决	获奖	晋决	获奖	晋决	获奖
韩国	4	4	6	4	4	4	4	3	5	3	4	2
新加坡	1	1	1	1	1	1	1	1	2	1	1	1
印度尼西亚	3	3	3	2	5	4	5	4	3	3	3	1
澳大利亚	2	1	2	2	2	2	1	1	2	1	1	0
日本	2	0	1	1	3	1	1	1	1	1	1	1
伊朗	0	0	3	0	3	0	3	0	3	1	3	0
亚洲（区域）	1	1	1	1	0	0	0	0	0	0	0	0
泰国	0	0	1	0	0	0	0	0	0	0	0	0
共计	29	20	37	26	32	20	35	20	35	25	29	16

3. 亚洲 MAKE 奖的行业分布

由于 MAKE 奖参评范围较为广泛，不仅包括不同性质的企业，还包括一些政府机构、学校、私人机构等。这些组织分布在不同的行业之中，亚洲 MAKE 奖的行业分布见表 3.7。

表 3.7　　亚洲 MAKE 奖企业的行业分布（2011 ~ 2016 年）

行业分布	2011 年		2012 年		2013 年		2014 年		2015 年		2016 年	
	获奖	占比	获奖	占比	获奖	占比	获奖	占比	获奖	占比	获奖	占比
A	0	0%	0	0%	2	10%	1	5%	1	4%	0	0%
B	5	25%	8	30.77%	7	35%	5	25%	5	20%	1	6.25%
C	0	0%	0	0%	0	0%	0	0%	1	4%	0	0%
D	1	5%	1	3.85%	1	5%	1	5%	1	4%	1	6.25%
E	2	10%	2	7.69%	1	5%	2	10%	3	12%	2	12.50%
F	1	5%	1	3.85%	1	5%	2	10%	1	4%	1	6.25%
G	0	0%	1	3.85%	0	0%	0	0%	0	0%	0	0%
H	6	30%	6	23.08%	4	20%	6	30%	8	32%	6	37.50%

续表

行业分布	2011 年		2012 年		2013 年		2014 年		2015 年		2016 年	
	获奖	占比	获奖	占比	获奖	占比	获奖	占比	获奖	占比	获奖	占比
I	2	10%	3	11.54%	1	5%	0	0%	0	0%	0	0%
J	1	5%	2	7.69%	1	5%	0	0%	4	16%	1	6.25%
K	2	10%	2	7.69%	2	10%	1	5%	1	4%	2	12.50%
L	0	0%	0	0%	0	0%	2	10%	0	0%	2	12.50%
共计	20	100%	26	100%	20	100%	20	100%	25	100%	16	100%

注：分类标准采用联合国经济和社会事务统计局《全部经济活动国际标准行业分类》，其中B—采矿和采石；C—制造业；D—电、煤气、蒸气和空调供应；E—供水；污水处理、废物管理和补救；F—建筑业；G—批发和零售业；汽车和摩托车修理；H—运输与存储；J—信息和通信；K—金融和保险。

4. 亚洲 MAKE 奖的 ROR/ROA

现代企业越来越意识到，成功进行知识管理可以带来巨大收益，正是注重基于知识的组织建设、核心能力培育，智力资产的管理，知识型产品和服务开发，知识型文化的营造等，企业获得了高额的投资回报。2011～2016 年，亚洲获奖企业的平均收入回报率（ROR）最高达到 14.5%，最低为 9.1%，是"财富 500 强企业"收入回报率中值的 2.2～3.9 倍；平均资产收益率（ROA）最高达到 14.8%，最低为 6.5%，是"财富 500 强企业"资产收益率中值的 2.5～5.9 倍，见表 3.8。

表 3.8　　亚洲 MAKE 奖企业的 ROR、ROA（2011～2016 年）

项目	2011 年	2012 年	2013 年	2014 年	2015 年	2016 年
平均收入回报率（ROR）	12.2%	14.5%	9.1%	13.4%	13.7%	13.2%
与"财富 500 强企业"ROR 中值比较	2.2	3.9	2.8	2.2	3.5	3.2
平均资产收益率（ROA）	11.1%	9.7%	6.5%	14.8%	15.2%	13.1%
与"财富 500 强企业"ROA 中值比较	2.5	3.8	3.1	3.3	5.9	5.5

（四）MAKE 奖在我国内地的发展

当亚洲、欧洲、印度、印度尼西亚和北美地区都陆续设有国家级或洲际区域级的 MAKE 奖后，MAKE 奖于 2008 年进入中国香港，由香港理工大学知识管理与创新研究中心组织评选，而 2010 年之前中国内地企业一直无缘 MAKE 奖，虽然期间偶有企业被提名，如 2010 年联想和海尔进入亚洲 MAKE 提名目录，但最终未能获奖。直到 2011 年，香港理工大学知识管理与创新研究中心邀请知商网作为内地唯一的授权承办单位，开始举办中国 MAKE 奖（China MAKE）的评选。

1. 中国 MAKE 奖获奖企业概况

自 2011 年 MAKE 奖进入我国内地，先后有青岛啤酒、招商证券、宝钢股份、招商银行、华夏基金、CCDI 悉地国际、广东省中医院、天华建筑等机构凭借在知识管理领域的卓越成就荣获中国 MAKE 奖。其中宝钢股份连续 4 届获得中国 MAKE 奖并 3 次获得亚洲 MAKE 奖；招商证券于 2013 年成为国内首家获得全球级 MAKE 奖（独立营运单位，IOU）的组织。2011～2016 年中国 MAKE 奖的获奖企业见表 3.9。

表 3.9　　　　　中国 MAKE 奖获奖企业（2011～2016 年）

年份	获奖数量	获奖企业
2011	7（3）	宝钢股份、招商银行（＊）、招商证券、福建网龙（＊）、西门子（中国）（＊）、青岛啤酒、用友软件
2012	7（5）	宝钢股份（＊）、华夏基金、招商银行（＊）、招商局、招商证券（＊）、金蝶软件（中国）（＊）、西门子（中国）（＊）
2013	5（2）	宝钢股份（＊）、招商证券（＊）、CCDI 悉地国际、天华建筑、广东省中医院
2014	9（2）	宝钢股份（＊）、招商银行、青岛啤酒（＊）、天华建筑、广州越秀集团、远东控股、中国人保、中粮营养健康研究院、安永华明
2015	3（3）	中粮营养健康研究院（＊）、远东控股（＊）、安永华明（＊）
2016	6（2）	新东方（＊）、中粮营养健康研究院（＊）、上汽通用、安永华明、华夏基金、建发房地产集团

注：＊表示当年获得亚洲 MAKE 奖。
资料来源：作者根据相关资料整理。

2. 中国 MAKE 奖的类型

为了更好地体现中国 MAKE 奖特性，中国 MAKE 奖还设置了中国 MAKE 卓越大奖、中国 MAKE 大奖，中国 MAKE 最佳知识科技应用奖以及中国 MAKE 最佳知识分享文化奖等奖项，见表 3.10。这一方面说明，国内企业经过不懈努力，正在逐步改变企业形象并开始得到 MAKE 奖评委以及组织者的认可，另一方面也预示着，国内企业还需要深入思考，如何通过知识创造价值，更好地利用科技、文化更好地服务于知识型企业的构建。

表 3.10　　　中国 MAKE 奖的类型与获奖企业（2011～2016 年）

年份	中国 MAKE 卓越大奖	中国 MAKE 大奖	最佳知识科技应用奖	最佳知识分享文化奖
2011	西门子（中国）、宝钢股份、青岛啤酒、福建网龙公司	宝钢股份、招商证券、用友软件	宝钢股份	青岛啤酒
2012	宝钢股份、西门子（中国）、招商证券	招商银行、招商局、华夏基金、金蝶软件（中国）	宝钢股份	招商证券
2013	宝钢股份、招商证券、广东省中医院	CCDI 悉地国际、天华建筑	宝钢股份	广东省中医院
2014	青岛啤酒、宝钢股份、招商银行	广州越秀集团、天华建筑、远东控股、中国人保、中粮营养健康研究院、安永华明	招商银行	青岛啤酒
2015	中粮营养健康研究院	安永华明、远东控股	—	—
2016	新东方、中粮营养健康研究院、上汽通用	安永华明、华夏基金、建发房地产集团	华夏基金	新东方

可以看出，MAKE 奖作为知识管理领域的一种行业标准，能够为企业进行知识审计提供评价标准，其所采用的八个方面：组织文化、领导

力、创新、智力资本管理、组织共享与协作、组织学习、客户知识以及组织价值等都是知识管理的关键成功要素，也是企业进行知识审计应该关注的重点方面。

三、企业标准

企业标准主要来自一些著名管理咨询公司、企业内设的知识管理机构或部门等所提出了一些标准，在具体实践过程中，这些标准逐渐发展并被同行认可，企业也逐渐发展成为行业标杆，如西门子公司的KMMM、微软公司的 IT 管理顾问、AMT 的"KMM"和"KMMM"、蓝凌公司的"KM3"等。

1. 西门子公司的 KMMM

西门子公司的知识管理成熟度模型是一种评估组织在知识管理中全面地位的结构化模型。这个成熟度模型包括分析模型，发展模型和一个评估流程。分析模型有助于企业的知识管理者充分考虑知识管理的各个重要方面，并揭示将要发展哪些关键领域和要素。发展模型提供了关于那些关键领域和要素是如何最好发展而达到下一个成熟层次的信息。评估流程构建了从评估的定义到结果的解释等所有相关步骤。

分析模型评估知识管理的八个关键领域：策略和知识目标；环境和合作伙伴；人员、能力；合作、文化；领导、支持；知识结构、知识形式；科技和架构；流程、角色、组织。发展模型定义了知识管理的五个成熟层次：①初级阶段：知识管理的行为是非系统的和比较混乱的。不能从知识的角度来描述组织的现象；②重复阶段：用指引性的项目和单一行动来标榜知识管理；③定义阶段：标准的工作流程使知识能有效的创造，分享和使用；④管理阶段：创造、分享和使用知识的过程能有组织性的结合起来，并持续发展；⑤最佳化阶段：知识管理持续发展并能够自我完善。评估流程包括：定位及规划，激励及资料收集，强化及准备，回馈及共识，解决方案及活动提案，报告及展现。

2. 微软的知识管理 IT 顾问

微软在其 IT 系列中依赖于"知识管理地图"。通过一个软件工具，描述了一个从对知识管理的"无知"到成为知识管理"领导者"的八个层次的成熟度模型。微软奉行的哲学是：KM 模型框架建立在，假设组织能通过运用知识管理工具和技术来达到一系列阶段，从而取得显著进步的基础上。在这个过程中，知识管理的最大关注点在于从效率到效益再到成长的过程。同时，通过学习其他组织的经验和做法，企业的技术基础也会得到充分的发展。为了合理地确定企业在模型中的位置，微软给出了在现有层次上的 77 种评判标准。每一个标准都从差到优分为四个等级。这些标准可以归为二十个类，分别属于三个领域。通过标准规则的评价，企业被标定在了"地图"的特殊位置，并说明了评判的理由。微软提供的软件工具允许个人对已进行的实践进行标记。而且，支持对这种标记进行整合。因此，软件工具的应用使企业管理者能够共享他们的观点。

3. AMT 的"KMM"与"KMMM"

AMT（上海企源科技股份有限公司）是中国领先的"管理＋IT"咨询服务机构，在多年知识管理实践中，经过不断摸索和总结提炼，提出了知识成熟度模型与知识管理成熟度模型。

（1）知识成熟度模型（KMM）

知识成熟度模型包含五个等级，见图 3.5。

①特殊的知识。其主要特征是知识的社会化，实现了从隐性到隐性的转化，这表现为个人之间的信任关系；②重复的知识。其主要特征是知识的外在化，实现了从隐性到非结构化显性的转化，表现为文档传输和分享，E－mail 和团队学习等"文字交流"方式；③定义的知识。其主要特征是知识的结构化，实现了从非结构化显性到结构化显性的转化，表现为制定数据、文档等各类知识的规范化标准；④组织的知识。其主要特征是知识的结合化，实现了从结构化显性到显性知识库的转化，表现为文档、内容的有效管理，最佳实践的有效应用和项目经验的

成功总结等；⑤创新的知识。其主要特征是知识的内隐化，实现了从结构化显性到结构化隐性的转化，表现为知识应用和创新已成为日常工作的有机组成部分，并使企业保持旺盛的竞争力。

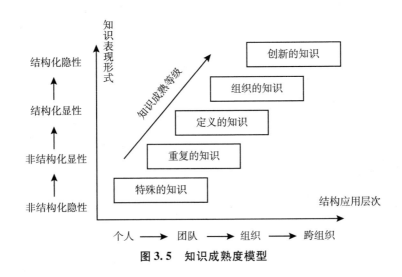

图3.5 知识成熟度模型

（2）知识管理成熟度模型（KMMM）

知识管理成熟度模型分为知识无序、知识反应、知识意识、知识确认和知识共享五个阶段，见图3.6。

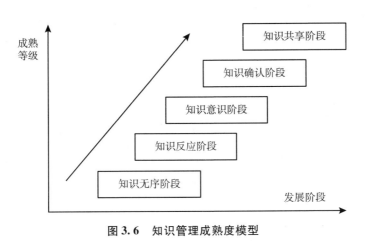

图3.6 知识管理成熟度模型

①知识无序阶段：没有有关知识管理的明晰概念和认识，即使有知识管理通常也是一种无意识的行为；组织的知识是零碎的，很难得到共享；缺乏必要的技术手段；②知识反应阶段：人们对知识管理有所认识，认识到知识必须加以管理才能充分发挥作用；对日常所用知识已经文本化，但知识创新仍属于特殊行为；技术上存在基本的知识记录系统，但数据格式仍然不规范，数据集成层次比较低，知识浪费现象比较严重；③知识意识阶段：有专门的组织推进知识管理建设；有透明的知识管理和维护机制，存在逻辑化的知识内容结构，知识内容不断增长并得到有效的维护；在技术上具备了基本的信息系统，实现了对知识的单点访问能力，但知识仍没有得到有效集成；④知识确认阶段：人们能够随时随地地使用和学习知识，知识应用和共享给业务带来了明显的收益；技术上建立了整合的知识基础结构，知识内容与业务过程得到了有效集成；⑤知识共享阶段：共享文化已经制度化；组织在决策、管理和运作的各个层次都和知识紧密结合，知识过程持续改善，知识内容不断创新；知识管理技术具备了知识表示、知识挖掘和商业智能的能力，技术在某种程度上已经成为组织的一种核心力量。

4. 蓝凌公司的"KM立方"

蓝凌公司认为，任何组织中的知识都遵循"沉淀""共享""学习""应用""创新"5个重要运转环节，这些知识运转环节组合成一个螺旋上升的闭环，称为"知识之轮"。①知识沉淀，又称为知识编码，是指提高知识显性化程度，将知识从无序到有序、隐性到显性的过程；②知识共享，是指知识能够为更多组织成员所学习和应用的过程；③知识学习，指的是组织成员对组织内的隐性和显性知识的吸收和消化过程，它与共享环节一起改善知识在组织内的扩散程度；④知识应用，是指将所学知识应用于工作实践从而创造价值的过程；⑤知识创新，是指组织成员获取外部新知识或提升内部知识层次，改善对知识的掌握程度，使该部分知识能在应用中产生直接的价值。

根据"知识之轮"，从知识运转的沉淀、共享、学习、应用、创新环节及技术、管理、文化要素入手，通过这两个维度来分析企业的知识管理水平，根据企业现实状态来衡量达到哪个级别。一般设有 5 个级别，从高到低分别是"初始级（Initial）""认知级（Aware）""重用级（Reusable）""协作级（Collaborative）""优化级（Optimal）"。蓝凌公司通过反复筛选和不断修订，最终确定了 15 个问题来设计问卷，并以此基础构成了知识管理成熟度问卷：员工养成了及时总结工作经验和教训的习惯；员工愿意将经验和知识共享给公司其他同事；员工学习积极性很高并能付诸行动；员工在工作中具备了充分利用过去经验和知识的意识；员工经常能积极提出创新方案以解决工作中未遇到过的难题；具备相应的管理机制和组织模式来保证有效积累知识；具备相应的管理机制以保障员工采用各种正式和非正式的方式共享经验和知识；经常组织员工参加内外部培训、读书会等活动，并建立了导师、传帮带等机制；具备相应的流程和制度来保证积累的知识得到充分利用；具备相应的流程和制度来保证知识创新；具备（或能够使用）有效积累知识的 IT 系统；具备（或能够使用）有效共享知识的 IT 系统；具备（或能够使用）有效的 IT 系统支持员工学习；具备（或能够使用）检索、获取知识以及协同工作的 IT 系统；具备（或能够使用）有效支持创新的 IT 系统。

第四章

企业知识审计架构与特性

鉴于知识审计对企业具有非常重要的作用和意义，国内外学者和研究机构基于知识审计理论以及企业知识管理的实践，提出了各具特色的企业知识审计架构，并在不同组织类型中进行广泛应用，如 FKM – Audit、KAA，HyA – K – Audit、KMAT、KMMM、SEKAM、Strateg*i* Model 等。根据各种知识审计架构所具有的特征，将其划分为概念性架构、过程性架构与测量性架构等，不同性质的架构具有不同的特性。

第一节　概念性架构的特性与比较

一、概念性架构简述

概念性知识审计架构是依据战略管理、知识管理等方面的基本原理，探讨知识审计在知识管理领域以及其他相关领域的作用与地位所提出的，目的在于确定知识审计模型中的构成要素以及描述不同要素之间的相互关系，重点在于明确构成要素之间的各种关联机制，从而能够有效揭示出知识审计的运行机理与相互作用关系。

（一）Fraunhofer

弗朗霍夫（2000）所提出的知识管理审计模型（FKM - Audit）共分为三层，见图4.1。第一层是知识管理活动的中心——增加价值的业务流程。知识使用于业务流程，流程又产生新的知识。第二层是知识管理的核心流程。知识管理的核心流程主要包括产生知识，存储知识，传递知识，应用知识。这些核心活动构成了一个完整的知识流程，这些流程融入业务流程之中。这四个核心活动是同等重要的，这有助于将知识看作是应用的资源、存储的资产、制造出来的产品和从一个流程流向另一个流程的某种事物。单独的某项知识管理活动将毫无价值。第三层由六个知识管理设计领域构成，包括组织流程、信息技术、领导力、企业文化、人力资源管理和控制（马丁，海森格，沃贝克，2004）。

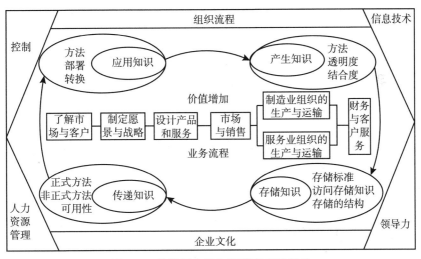

图4.1 弗朗霍夫的知识管理审计架构

弗朗霍夫的知识管理审计架构主要实现业务流程和设计领域两个层面的整合。在业务流程层面，确定知识的相关类型，每类知识的要求及可用性。而且还对知识流程中的知识产生、存储、传递和应用方面进行分析，有助于业务流程中的知识管理活动得到有效实施。而在设计领域，确定了总体情况、促进因素以及知识管理的障碍。其中在组织流程方面，涉及角色和知识要求；在信息技术方面，涉及满意度和收益等；领导力方面，涉及按范例行事与反馈等；在企业文化方面，涉及价值和社会行为等；在人力资源管理方面，涉及动机和能力等；在控制方面，涉及评估系统、指标等。

弗朗霍夫的知识管理审计模型执行方案主要是实现业务流程和设计领域的逐步整合，具体执行方案见表4.1。

表4.1　　　　　　　　　　**弗朗霍夫的知识管理审计执行方案**

审计阶段	具体内容
初始状态（准备）	分析流程的相关文件、程序和结构，如流程模型、结构示意图、工作说明、产品规则等
确定重点	选择目标小组（如整个公司、某个部门、某个团队）和相关流程
调整库存	按照企业的要求定制审计方法
调查	收集数据；向所选目标小组发放调查问卷，与流程负责人面谈
分析与评估	分析数据；为描述程序进行业务流程建模，制定关于进一步行动建议的路线图
反馈座谈会	通过座谈的方式，将结果向审计对象报告，并对建议的方法进行排序（路线图和行动计划）
项目实施	计划并实施路线图中推荐的项目

（二）Lauer & Tanniru

劳埃尔和特尼鲁（2001）认为，在知识管理系统中存在两种模式：知识库模式（Repository model）与网络模式（Network model）。在知识库模式观点中，知识作为一个客观对象可以被收集、存储、组织和分发。因此，知识管理系统侧重于管理显性知识，其流程主要集中于创建和存储（或检索）方面。网络模式支持知识管理流程，这些流程包括社会互动以及个人之间的直接沟通。相对于知识库模式，网络模式包含知识转移的个人——知识库以及知识库——个人模型。当两种模式在社会——技术进行交互时，知识库模式将偏向于技术系统，而网络模式则强调社会系统。为了开发知识管理系统，需要理解知识流程及所具有的特性以及相互之间的关系，以更好地定位知识管理系统来支持知识工作，确保战略的目标和实施能有效衔接。为此需要引入知识管理审计的思想，分析知识流程对组织以及知识工作者的知识目标的实现程度。通过知识管理审计所发现的缺乏和差距以促使社会——技术知识管理系统的开发，使用知识库模式和网络模式的混合方式以支持组织知识工作。

　　因此，知识管理审计的目标在于正确理解知识流程以及相互之间的关系，来更好地实现知识目标。而在知识流程划分上，主要借鉴普罗布斯特等（Probst et al.，2000）的观点，见图4.2。

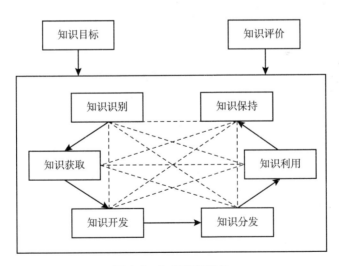

图4.2　知识管理架构

（1）知识目标

知识目标为知识管理提供指导，清晰的知识目标将提供许多洞察 105

力，特别是对于新的管理行为产生。普罗布斯特等（2000）识别了三个层级的知识目标：标准目标（Normal Goal）在于提高知识知晓度以及促进知识共享的氛围；战略目标（Strategy Goal）定义组织的核心知识以及识别所需要的技能。运作目标（Operational Goal）关注知识管理方法的实施，并促进标准目标和战略目标的实现。

（2）知识评价

知识评价的方法选择必须依据知识管理战略。不同于财务管理和质量管理，在此没有设置知识管理评价的系列指标。但有些创新类的指标需要考虑，以用于测量知识目标是否实现以及它们如何有助企业使命的实现。

图 4.2 中所描述的架构以行为为导向，能够促使知识流程的实施，使用不同的工具来实现知识目标。另外，架构将促使企业更加明确知识目标，与企业战略目标一致并用于支持知识工作，是开发测量成功的标准。知识管理行为也将被进一步明确，作为一系列流程，被用于实现一系列规定目标，知识管理审计主要关注这些知识流程如何实现知识目标。此外，对于企业而言，其主要挑战在于设计社会——技术系统（Socio – Technological system）用于确保知识工作者能够有效实施各种知识流程。

总体而言，实施此架构首先需要明晰知识管理目标，包括标准、战略和运作三个层面；其次需要考虑每个知识流程，以及它们与组织结构、人员、技术和任务因素（社会——技术环境）之间的相互关系；最后对当前环境中每个知识流程进行评价，并进行流程变革以实现知识管理目标。

（三）Choy

乔伊等（2004）提出了知识审计分析的系统方法，整合了知识库、知识地图、知识流分析，将知识审计分为事前审计准备（Pre-audit preparation）、事中审计过程（In-audit process）、事后审计分析（Post-audit analysis）三个阶段，见图 4.3。

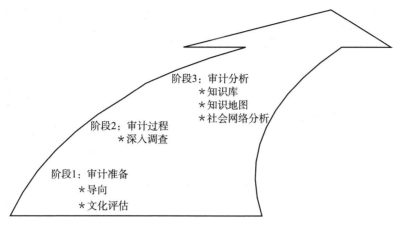

阶段3：审计分析
＊知识库
＊知识地图
＊社会网络分析

阶段2：审计过程
＊深入调查

阶段1：审计准备
＊导向
＊文化评估

图4.3　乔伊等的知识审计路标

其中事前审计准备包括文化测量（Culture assessment）和确定导向（Orientation）；事中审计过程是通过结构式访谈获取流程中重要的知识，而知识库、知识地图和知识流分析构成事后审计分析。事前审计准备的首要任务是评估组织文化的准备程度，可以使用知识管理文化评估工具（Knowledge Management Culture Assessment Model，KMCAT）来揭示组织文化在管理水平（Management level）和运作水平（Operational level）之间的差距。而确定导向的目的在于：一方面告知审计的相关信息，从而消除员工的疑虑和担心，另一方面明确知识审计的具体内容，同时获取管理层的支持。结构式访谈主要用于获取过程知识。而在事后审计分析中，知识库被用于盘点知识资产，知识地图显示知识交换的主体和路径，此外知识流分析用于显示当前知识流的优势和劣势。

在此需要指出的是，知识管理文化评估工具是基于以往诸多文化研究工具的基础上所提出的，此模型具有五个组件：控制（Control）、一致性（Coherence）、信息和合作（Information and collaboration）、联盟与伙伴（Alliance and partnership）以及创新（Innovation）。这五个组件由19个维度构成（Choy et al.，2005），其中控制包括认可、监视、评价与奖励；一致性包括授权、加强沟通、能力培养、相互信任；信息与合作包括有用性、信息技术、有效性、沟通技术；联盟与伙伴包括整合、网络化、持续改进；创新包括创造力、柔性、开放性和适应性。这些维度都由三个封闭式问题构成，并采用李克特 1 ~ 5 分法进行衡量，共有 57 项问题。

对于分析结果主要用雷达图加以表达，以显示管理水平和操作水平之间的差距，同时结果可以进一步划分为五个不同区域，指出组织文化是否适合知识管理项目，如果分值小于 26 分，则说明组织对知识管理是无准备的。如果分数超过 26 分，则可以分为 4 个区域，每个区域包含 6 个分值的间隔，如 27 ~ 32 分表示勉强接受，组织将特别关注于文化议题，否则将很容易陷入无准备的区域。33 ~ 38 分则表示可以接受，文化为知识管理实施已经准备好，然而，绝大部分的注意力仍然需要关注于变革管理。39 ~ 44 分表示准备充分，组织改变自身价值并不需要太多努力，对知识管理项目的实施已经准备就绪。45 ~ 50 分表示准备变革，在此阶段需要付出努力，主要集中于维持和利用自身的知识资产。

（四）Perez – Soltero

1. 基于核心流程的知识审计模型框架

该框架主要由战略基础（Strategic elements），组织核心流程（Core processes）、知识性质（Knowledge nature）、KM 流程（KM process）和以本体（Ontology）为基础形式来表达知识审计结果（KA outcome）等组件，见图 4.4。

模型框架的第一个组件表达了组织中的不同要素：从战略到结构。战略组件包括使命、愿景和组织目标，结构组件包括知识工作者、流程和技术。

模型框架的第二个组件是在组织中最重要的流程：核心流程。它们是跨职能行为的集合，也是实现外部顾客满意以及实现组织使命的实质。这些行为整合了人员、物质、精力、能力和信息。为了完成有效的知识审计，识别并确定组织的核心流程是非常重要的。在核心流程中具有最有价值的知识，对于识别、评价和归类知识非常重要。而识别那些拥有知识的人员，以及确定组织内部的流动效率也是同等重要的。

模型框架的第三个组件是考虑到知识性质和核心流程的知识审计流程。知识审计流程与识别参与到核心流程的工作者、知识库获取以及决定在组织中的知识流等行为有关。因此，需要考虑到知识管理流程：获取与学习、存储与维持、应用与开发、分发与转移以及知识创建。知识审计结果的部分之一是评估哪些知识被识别、维持、使用、共享和创建。另外，需要了解知识性质。测量标准需要考虑主观和客观知识价值，以评价在核心流程和知识管理流程中的重要性。

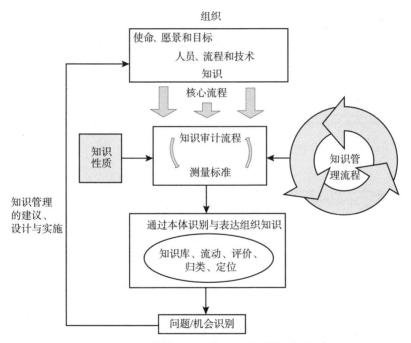

图 4.4　考虑核心流程的知识审计模型框架

模型框架的第四个组件是利用本体来识别与表达组织知识——知识审计结果可以通过本体来加以表达，而不仅仅是使用包含知识库、知识地图和知识流的最终报告。仅利用最终报告对知识审计结果进行表达的缺陷是：搜寻特殊知识资产信息的低效率以及难以重复使用。

　　2. 基于核心流程的知识审计方法

　　基于核心流程的知识审计方法见图 4.5。从图中可以看出，该方法依据企业的发展使命、愿景和目标，识别组织流程，并在此基础上识别出核心流程，如获取与学习、存储与维持、应用与分发等，这些核心流程的识别将有利于知识审计的顺利开展。

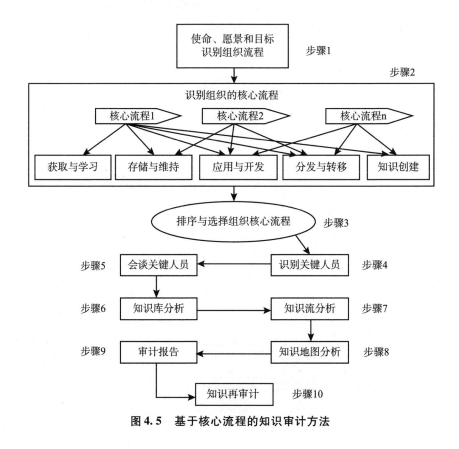

图 4.5 基于核心流程的知识审计方法

　　基于核心流程的知识审计方法包含 10 个步骤，每个步骤描述出各个阶段的流程、目标及支持工具等内容，见表 4.2。

表 4. 2 基于核心流程的知识审计方法的具体内容

序号	流程	目标	支持工具
1	获取组织战略信息和识别组织流程	在考虑环境，文化和惯例的基础上，识别出愿景、使命和组织的目标	访谈，组织战略手册，企业的一般性文件，直接调查，WEB 站点，报刊信息等
2	识别组织核心流程并构建测量标准	识别组织核心流程并管理其中的有用知识，并测量核心流程中知识流程的绩效	探索性问卷，企业的一般性文件，定量数据（包括收入、销售额和顾客的信息）
3	排序和选择组织的核心流程	根据在第二阶段所确定的标准来选择和区分组织的核心流程	先前阶段所获取的信息，以及在核心流程的优先表格的信息
4	识别关键人员	识别参与到所挑选的核心流程的关键人员	组织的一般性文件，人事咨询课程，探索性问卷
5	会见关键人员	给予关键的人员有关知识审计和知识管理流程的信息	知识审计和知识管理主题的材料
6	获得知识库	查找和获取组织内部已有的知识资产	深度调查问卷和深度会谈
7	分析知识流	分析组织内部的知识流	深度调查问卷和深度会谈
8	知识地图	组织知识的可视表达，地图包括组织中的知识库和知识流	图表、曲线图、表格、知识地图软件等
9	知识审计报告	给组织的管理者提供知识审计的结果	知识地图
10	持续的知识再审计	分析和选择其他的核心流程完成知识审计；更新知识库、知识流和知识地图与知识流程	—

（五）Bright

布赖特（2007）认为，知识审计是知识管理战略的重要组成部分，知识审计可以在组织的不同层级进行，通常知识审计的方式包括调查、会谈或业务流程与文档分析。为此提出基于工作组的知识审计方法（Workshop-based approach），见图 4.6。该方法已经在英国核能集团塞拉菲尔德公司（BNGSL）进行应用，主要用于审计环境，健康，安全和质量（EHS&Q）等方面。

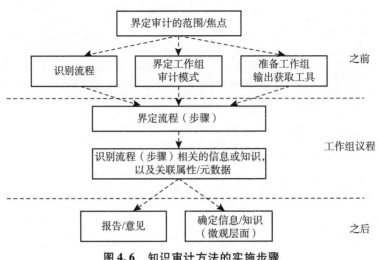

图4.6　知识审计方法的实施步骤

此模型的关键点主要包括：一是业务或技术流程专家的介入。原因在于专家介入能够提供必需的信息来源，也能确保对整个项目或计划的长期支持。二是依据评估范围界定预定义信息的属性与流动。获取信息需要事先进行定义，并作为一个框架指导后续工作或信息获取，例如有些信息的"创建者"与"用户"，以及信息的格式和位置等，审计模型见图4.7。

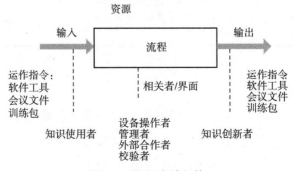

图4.7　知识审计架构

此模型的基本前提是技术和业务行为（Technical & business activity），将由一系列流程构成，流程又由一系列步骤所构成。每个步骤具有输入（Input）形式和输出（Output）形式。步骤的输入和输出由一些特定的形式组成，如以文档的形式（如程序、手册和技术报告），或是数据，或是在员工脑海中的隐性知识等。

此模型的基本目的在于识别与流程相关的输入和输出的行为，以及输入和输出的形式和性质。以上这些特性一经确认，适当的策略或方法将被确定，用于适合所识别知识的特殊性质。同时，每个流程或许具有一些直接和间接的利益相关者包括在实施过程中。识别这些利益相关者对于实现知识管理战略具有非常重要的影响。

此模型的关键特性在于提供了一种结构性方法来评价和获取知识，这些知识与特定的流程或者系列流程相关。通过知识审计，知识流可以被重新设计以适应特殊的审计领域；同时还具有可选择的特性，该方法可以被结构化数据工具所支持，用于帮助促进审计实践，报告发现和审计输出的长期管理。

（六）Handzic

知识管理模型主要具有以下类型：一是基于知识导向的模型，主要来自智慧资本研究以及厄尔（Earl，2000）分类法中的经济流派等。二是基于流程导向的模型，如 SECI 模型以及知识周期模型等。三是侧重知识流程的社会和技术使能因素的模型，如吧（Ba）以及厄尔（Earl，2000）分类法的技术流派等。四是知识管理的权变模型。五是知识管理的演化模型。在综合比较这些模型优缺点的基础上，汉迪克等（2008）提出了知识管理审计架构，拓展了核心知识——流程——使能因素架构（Core knowledge-process-enabler framework），增加了驱动（Driver）和结果（Outcome）组件以及关系权变因素（Contingencies），见图 4.8。

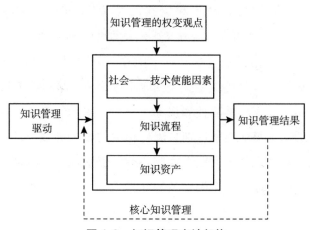

图 4.8 知识管理审计架构

从模型中可以看出，知识管理被外部环境的诸多因素所驱动。通过战略手段，企业可以获得其所需要的结果，驱动优先项目以争夺有限的资源。根据以往经验研究（Won Krogh et al.，2000），知识管理的驱动因素主要包括风险缓解、卓越运营和创新。这些驱动因素导致了对现有或新的知识以及知识流程或内容等不同的管理方法。因此，企业需要清晰地认知到，知识管理的目标是什么，以及考虑如何通过有效管理去支持这些驱动因素。

模型还考虑到知识管理结果的组件。考虑到知识管理能够在改进生产力、创新、敏捷性等方面创造价值，但却很难识别所有来自知识管理项目的直接利益，因此，企业需要得到有关驱动因素对知识管理作用程度的反馈。

模型还提供了知识管理的权变观点。在实践中没有最优的解决方案能够适用于所有的环境。不同的知识任务、环境以及员工都会影响到选择的正确性。企业需要在多种路径进行选择，以契合自身的特殊环境。

模型包含了知识管理解决方案的基本组件，强调社会和技术因素在促进知识流程中的重要作用。组织结构、文化和技术是紧密相连的，具有很强的交互作用。当重新设计和变革组织时，需要在这些组件中找到正确的平衡。

模型还考虑到知识流程的动态性。为了企业绩效的最大化，知识需要不断流动与增长。因此，需要在知识开发和知识探索之间进行权衡。企业如果集中开发，可能产生能力陷阱；如果集中探索，可能会导致失败。

最后，模型有效结合知识存量组件。企业中哪些知识是有价值的？这些知识位于何处？有价值的知识块需要被识别并促进在组织中进行流动。考虑到隐性知识具有粘性，相比于显性知识很难模仿和移动。这对于避免陷落到能力陷阱是非常重要的，不仅需要了解各种规则和程序，而且还需要了解企业特性。

（七） Lopez – Nicolas & Merono – Cerdan

洛佩斯－尼古拉斯和蒙若诺－塞尔当（2009）提出了 Strategi 的知识审计架构，见图 4.9。知识审计架构主要由三部分组成：第一部分是知识库分析，包括业务层面的战略分析和知识管理实践分析。其中业务层面的战略分析包括成本领先、差异化战略分析和识别关键成功要素；而知识管理实践分析，主要体现在编码化策略和个人化策略方面；第二部分是内外部环境的战略分析，其一是外部分析，包括一般环境和特定

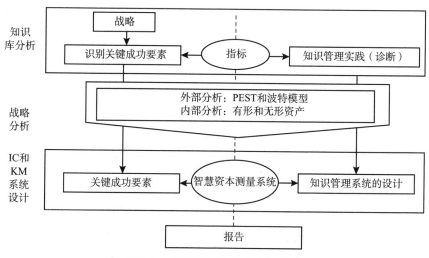

图 4.9 智慧资本和知识审计模型

环境；其二是内部分析，包括各种无形资产和资源等；第三部分是设计智慧资本和知识管理测量系统，目的在于使企业了解自身无形资产和知识管理实践的状态，以实现企业的战略目标。

Strategi 模型主要基于两种前提：①知识管理与无形资产需要同时兼顾。假定企业无形资产评估是存量变量（Stock variable），而知识管理是流量变量（Flow variable）；②依据战略归类知识管理方法。分析企业战略与知识管理战略之间的关联，除了战略关联，国家文化、产业、创新水平、地理距离等均需考虑。

1. 知识库分析

知识库分析的主要目的在于清晰地了解企业无形资产和知识管理实践的初始状态。知识库分析被认为是 Strategi 模型中审计流程的初始步骤。知识审计的首要任务必须提供企业在知识管理方面的基本情况。

（1）业务层级的战略

首先是进行战略描述。依据不同文献的研究观点，主要采用迈尔斯和斯诺（Miles & Snow，1978）划分的四种战略（防御者、探索者、分析者和反应者），并咨询高层管理者对其进行归类。其次是采用多题项量表（Multi-item scale）进行战略测量，量表将包含两种通用策略：成本领先策略（Cost leadership），包括竞争性定价、成本降低、运营效率、生产过程创新以及人员经验等；差异化策略（Differentiation），包括地理细分、新产品开发、分销渠道、客户服务能力、品牌识别等。

（2）识别关键成功因素

首先进行问卷调查，企业必须评估每个因素对企业成功的重要性。在人力资本方面，包括员工满意度，员工类型，员工知识和能力，员工激励他人的能力，员工的创新能力，团队合作的能力等；在结构资本方面，包括共享愿景，流程设计以及战略规则的界定和修正，任务、责任和决策的分配，专利许可，生产和销售行为，辅助性行为，产品/服务设计和开发，知识或信息共享机制，创新流程规则，组织文化等；在关系资本方面，包括顾客类型，顾客忠诚，顾客满意度，顾客服务和关怀，顾客需求变革，品牌知名度，与顾客的合作关系，与竞争对手的关系，与供应商的关系等。

（3）知识管理实践被企业用于增加智慧资本的调查

包括个体学习、实践社区、培训、外部知识来源；知识转移机制；业务处理应用；数据库以及电子信息系统等；每个知识管理实践将集中于编码化策略以及个人化策略（Hansen，Nohria & Tierney，1999）。编码化策略集中于知识编码，通过使用人员——文档的方式，主要包括决策支持系统、群件技术、文档库、知识地图、工作流和共享数据库等；个人化策略主要集中于个体之间的对话，采用个人——个人的方式共享知识，包括自发的知识转移行为，导师制，团队/实践社区，视频会议，黄页、论坛等。

（4）审计人员需要建立一些指标用于监测智慧资本和知识管理的测评

2．战略分析

（1）外部分析

外部分析的目的在于识别哪些因素对企业产生影响，且并不为企业所控制。外部分析包括：一般环境分析（General environment analysis）和产业环境分析（Industry environment analysis）。

一般环境分析包括：国家的政治情况，区域经济，国家经济，经济法律，财政法律；产品需求量的增加；生产要素的预期，国家经济政策；人力资源市场；社会状况；贸易联盟行为；社会群体；种族群体；宗教群体；价值观、态度、生活方式和信任；消费者保护；研发国家政策和预算；生产流程的创新；新技术的开发；新技术的政策支持以及科学技术基础等。产业环境分析包括：新企业的建立；企业之间的竞争力；顾客表现出的讨价还价能力；供应商表现出的讨价还价能力；生产类似产品的销售情况等。

（2）内部分析

基于企业的资源观，内部资源和能力是竞争优势的主要来源，尽管竞争优势的来源主要是能力，分析的基本单元却是资源（Grant，1991）。因此，有 13 种无形和有形资源需要进行评估，并与竞争对手进行比较，由高层管理者进行回答。为了完成战略分析，将采用开放式问题咨询高层管理者，主要包括：债务能力、获利能力、规模经济、技术资源、生产柔性、设备灵活性、员工经历、员工适应性、员工忠诚和承诺、专利、创新资源、声誉等。

3. 设计无形资产和知识管理测量系统

此阶段的目标在于设计一种系统允许企业去了解无形资产以及知识管理实践的状态，从而促使企业逐步实现自身的战略，需要遵循以下步骤：

（1）识别企业未来战略并评价关键成功要素

充分考虑来自人力、组织、关系和财务等方面的无形资产模型的观点（如 Edvinsson，1996；Bontis，1996；Brooking，1996；Roos & Roos，1997；Kaplan & Norton，1992），对于每种观点都需要探寻被认为是实现所选择战略的实质性因素，在被选择的因素之间存在因果连接；设置一系列测度指标，测量企业目标的完成程度。

（2）定义知识管理实践

知识管理实践将基于企业战略被提出，也需要构建系列指标评价知识管理实践的状态。知识管理指标以及主要关键成功因素，都将成为智慧资本测量和控制的重要方面。

二、概念性架构特性比较

从上述分析可以看出，各个概念性知识审计架构基于不同研究视角，侧重于企业知识管理的不同方面，揭示了知识审计的研究边界和具体内容，以及各个内容之间的相互逻辑关系，对企业在知识管理项目实施过程中具有一定程度的指导意义。这些模型在基本架构、研究视角、逻辑基础和方法性质等方面存在一些差异，见表4.3。

表 4. 3　　　　　　　基于概念性架构的知识审计模型比较

学者或机构	基本架构	研究视角	逻辑基础	方法性质
Fraunhofer（2000）	知识管理活动；知识管理核心流程；设计领域	IPK 参考模型	业务流程和设计领域结合	定性与定量
Lauer & Tanniru（2001）	任务、技术、组织结构和人员；知识管理流程	社会——技术系统	结果和目标的对比	定性
Choy et al（2004）	知识管理文化评估；知识库、知识流、知识地图	文化与技术	测评指标确定管理水平与运作水平的差距	定量与定性
Perez – Soltero et al（2007）	核心流程、知识类型、KM 流程和审计结果	战略管理	核心流程	定性与定量
Bright（2007）	输入和输出、使用者、界面	技术和业务行为	投入产出	定性
Handzic et al（2008）	驱动、结果以及关系权变因素	知识——流程——使能架构	关系权变	定性
Lopez – Nicolas & Merono – Cerdan（2009）	知识库分析、战略分析、智慧资本和知识管理测量系统的设计	战略管理	知识管理和智慧资本的相互结合	定性

　　在上述概念性架构中，弗朗霍夫所提出的是实践性较强的架构，主要是架构提出者为知识管理领域知名的研究机构，因此在概念性架构设计方面考虑因素较为全面，涉及知识管理的诸多核心要素，如有机结合了知识管理活动——业务流程，以及知识管理核心流程与设计领域，这些设计领域与知识管理的核心领域相互关联，如领导力、信息技术、人力资源管理、控制等。而有些学者所提出的知识审计架构，所关注的是知识管理的局部领域，如劳埃尔和特尼鲁（2001）所强调的是知识管理流程；乔伊等（2004）所倚重的是知识管理文化评估，佩雷斯－索尔特罗等（2007）所关注的是核心流程等。这为知识管理的整体领域设计提供了帮助和借鉴。

　　在研究视角方面，各个概念性架构所强调的也不太一致，如弗朗霍夫（2000）是基于 IPK 的参考模型，劳埃尔和特尼鲁（2001）是基于社会——技术系统，强调任务、技术、人员和结构的连接与平衡。乔伊等（2004）强调文化评估与技术支撑，在文化评估方面涉及控制、一致性、信息和合作、联盟与伙伴以及创新等方面，通过问卷调查进行综合测评，而在技术支撑方面涉及知识库、知识地图和知识流分析等。佩雷斯－索尔特罗等（2007）与尼古拉斯与塞尔当（2009）是基于战略视角而展开，从企业的总体战略到知识管理的业务战略。而汉迪克等（2008）是基于知识——流程——使能架构的视角，布赖特（2007）是基于技术和业务行为的视角。

而在逻辑基础方面，弗朗霍夫（2000）是基于业务流程和设计流程的有机结合。劳埃尔和特尼鲁（2001）是基于知识管理的结果与目标的对比，而乔伊等（2004）是基于测评指标从管理水平与运营水平的对比，佩雷斯－索尔特罗等（2007）是基于组织的核心流程：获取与学习、存储与维持、应用与开发、分发与转移以及知识创建；洛佩斯－尼古拉斯和蒙若诺－塞尔当（2009）则是基于知识管理和智慧资本的相互结合。从以上分析中可以看出，这些概念性架构都强调了知识流程这个重要元素，因此这是知识审计需要重点关注的，同时还需要兼顾业务流程。

第二节　过程性架构的特性与比较

一、过程性架构简述

过程性知识审计架构主要是指具有明晰流程、阶段和步骤的审计模型，主要包括：一是针对知识管理流程，包括知识产生、知识分享、知识转移和知识使用等。二是依据知识审计活动开展的具体流程，包括背景研究、数据收集、数据分析和数据评价等。由于基于过程性架构的知识审计模型较为普遍，在此主要选择具有代表性的架构进行介绍。

（一）Cheung

张等（2005）提出的知识审计架构见图4.10，由八个步骤所组成：①导向及背景研究，组织需要全面了解审计目标和界定组织的知识管理目标；②知识管理准备程度评价，其目标在于测量组织为了有效执行知识管理的准备情况，包括知识共享、管理动机、沟通渠道、组织学习能力及组织障碍等方面；③调查和面对面访谈。调查可以通过问卷形式进行，而面对面访谈，可以收集更多问卷之外的详细信息；④建立知识库，知识库是资产存储的形式，用于识别和查找组织的知识资产和资源；⑤知识地图，一般有两种方法：一是简单的知识资源的表示法，表示组织知识位于何处以及如何能够发现它。二是知识流，即关注组织在人员、流程和系统中的知识如何从现有位置流向所需要的地方；⑥审计结果分析，关注人员在知识共享和转移中的态度、习惯、行为、关系和技能等；⑦知识审计报告。依据上述阶段所获得的各种信息，提出有利于知识管理战略方案执行的建议和策略，并指出知识资产的现有状态，知识差距以及组织在实施知识流程中的效能等；⑧持续的知识再审计。

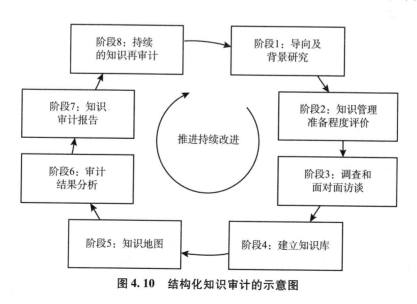

图4.10　结构化知识审计的示意图

随后，张等（2007）在先前研究的基础上，将上述八个步骤整合为四个部分，第一部分是导向及背景研究（阶段1），第二部分是知识审计的流程（阶段2~5），而第三部分是配置知识管理战略（阶段6~7），最后是知识再审计（阶段8），目的在于推动组织持续地不断改进，见图4.11。

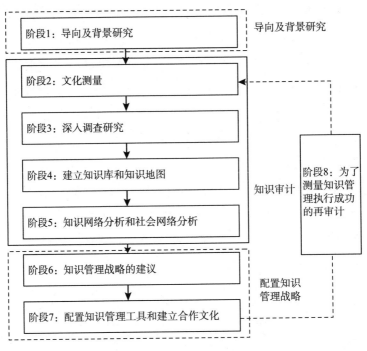

图 4.11　知识审计架构

（二）Sharma & Chowdhury

沙玛和乔杜里（2007）认为，知识不同于信息，具有不一致性（Incongruous）和异质性（Heterogeneous）。学界和业界对于知识的理解存在多种观点，主要在于知识具有多个维度（Feldman & Sherman，2001），只有将获取的知识转化为一种适当形式时，才可以被理解、索引、访问、参考、搜索、链接，才能促使利用效率最大化，否则将毫无用处，因此需要引入知识审计，提供一种证据帮助企业知晓哪些知识是需要的，以及如何管理它们，但并不仅限于知识管理领域，还可以包括战略规划等，二者在企业和业务单元层级用于增进竞争优势。

为了更好地理解知识审计的性质，还对知识审计的类型进行了划分：当涉及评价在整个知识周期中所开发的组织内部的显性和隐性知识的数量，以及当人员和业务流程增加到这些知识之中时（Hylton，2002），可以称为详细知识审计（Exhaustive K-Audit）。当知识审计更趋向于一种结果导向，并确保组织在关键业务流程中的知识获取、编码和转移的效率和效益时（Liebowitz et al.，2000），可以称为原料知识审计（Material K-Audit）。不管是详细知识审计还是原料知识审计，都需要核查知识资产的健康状态，以及在组织中的利用情况，并对被审计单元提供一种架构，增进现有的知识和潜在知识的价值测量（Gilchrist，2001）。

加拿大知识管理协会（CIKM）提出了FRID架构，不仅用于分析知识存量和流量的差距，而且还能针对差距性质弥补差距而做出诊断。相对于传统的审计概念，知识审计更多的是进行定性评估，实质是对组织知识的健康状况进行全面调查。FRID架构对于组织的作用主要如下：识别知识需求有哪些？哪些是组织资产和资源，拥有多少且位于何处？存在哪些知识差距？对知识流有哪些障碍，如人员、流程或技术当前是否支持或妨碍了知识的有效流动？从战略层面来看，相对于竞争对手和最佳实践，组织的知识创建、共享和再利用的情况如何？哪些知识流使得组织变成可持续发展的学习型组织，并能够保持领先地位？

沙玛和乔杜里（2007）依据FIRD架构，提出知识管理的诊断架构，可以诊断出为了支持组织目标和个体、团队的行为需要哪些知识，明确知识流动的情况，并使其可度量和可统计，还用于分析在知识存量和知识流量中的各种差距，也可帮助组织制定各种措施来弥补这些差距。此架构的最终目的在于保护现有、识别和构建新的智慧资本来提升或改进智慧资本的质量。此外，还提出了知识审计技术，并结合波士顿矩阵和知识管理成熟度模型在五个不同的公司验证该架构的可行性，见图4.12。

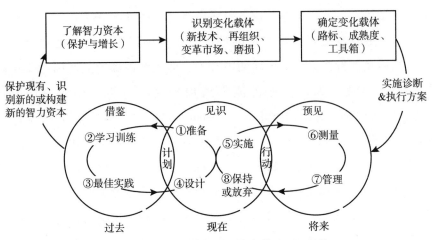

图4.12　加拿大知识管理协会的 FRID 架构

（三）Shek

尽管在知识审计领域提出了不同类型的方式，具有不同的涵盖范围和详细水平，但没有系统的知识审计方法，而实际情况会随着产业和企业而有所不同，而且现有绝大多数的知识审计集中于（as-is）显性知识，如我知道我知道什么和不知道什么（I know what I know and what I do not know）以及隐性知识，如我不知道我知道什么（I do not know what I know），而对于 to-be 知识，如我不知道我不知道什么（I do not know what I do not know）却很少得到关注。为了弥补这种差距，舍克等（2007）提出了一种系统的方法用于审计 to-be 知识，见图4.13。

（1）知识流研究

知识审计的第一步是了解组织和定义审计的范围。知识管理团队通常是为了提供组织相关信息给审计小组以及监控审计项目。收集工作流中的背景信息对审计显得尤为重要。在工作流程中文档与人员、任务过程相关。工作流程图的目的在于描述业务流程。

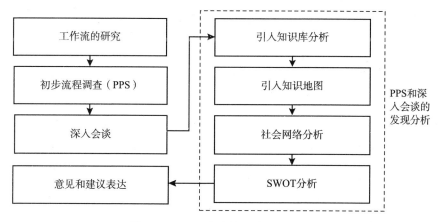

图 4.13 知识审计的系统方法架构

（2）初步流程调查

初步流程调查（Preliminary Process Survey，PPS）是为了下一阶段选择受访者。PPS 的目的是对流程进行概览，收集有关人员、知识和活动的信息并在深度访谈中使用。

（3）深入访谈

访谈是一种重要的手段，用于找出隐藏的知识和知识交流网络。在得到受访者同意的情况下可以记录整个面试过程，以避免遗漏任何重要的问题，对于不清楚的细节需要跟进但也需得到受访者的确认。在设计访谈大纲中，与任务、信息、知识和人员相关的问题需要被重点关注。

（4）知识库分析

知识库是对知识资产的内在表达，在被访者处收集的信息，可以构成隐性和显性知识库。对知识库的编译不仅是开发全面的知识资产库，同时也是优化当前知识资产，通过定位、描述和归类现有的知识。

（5）知识地图

知识地图作为一个可视化的知识表达，将表明知识的所有者、来源者和使用者，揭示在知识条目、知识工作者和业务流程之间的关系（Geisler，2006）。在不同员工个体之间的知识交换路径将被表达。这种所需信息的可视表达以及知识地图之间的关系，将试图识别和定位知识来源。

（6）社会网络分析

从知识地图中，个体交换或同其他部分或系统的连接可以被可视化。为了提高社会网络分析的效果，需要对人员沟通和交互作用进行精确分析。社会网络分析可以用于评价行动者在网络中的角色（如知识供应者、知识顾客和知识中介者），通过提供一些具有科学价值的比率描述有关群体的沟通关系。

（7）SWOT 分析

SWOT 分析能有效识别优劣势，并揭示机会和威胁。优势是发现有经验的员工，冗余或备份，频繁地交流和水平传播。劣势包括缺少的知识，模糊记载或检索过去记录的非正式程序，这将会阻碍知识共享。机会可以充分利用优势、消除劣势。威胁可以寻找现有的障碍，或过程或业务的缺陷。

（8）建议及意见表达

基于知识审计结果和发现，可以提出提升流程绩效和知识管理的建议，包括知识创建、共享和保持行为。目标是消除劣势和降低差距，帮助改进当前的知识共享和评估信息价值。

（四）Aviv

社会工程知识审计方法（Socio – Engineering Knowledge Audit Methodology，SEKAM）的目的在于提取和分析企业终端客户的知识管理需求，提出知识解决方案能够满足客户期望，并嵌入组织业务流程中。SEKAM 是一种组合方法，整合了 CommonKADS 与 SSM 的原理。这种组合方法能够开发出实用的、以业务价值导向的知识管理方案。

• 社会工程知识审计方法的具体流程

基于知识工程中的建模技术，阿维夫等（2008）提出了社会工程知识审计方法，见图 4.14。SEKAM 支持组织知识的分析，通过识别和分析知识资产的问题、机会、影响，以及在业务流程中的形式和位置。此外，SEKAM 能够评估当前的知识使用和交换水平，知识管理活动的识别和分析，评价企业内部知识价值的感知。SEKAM 由五个阶段组成，每个阶段包含一些实施步骤。

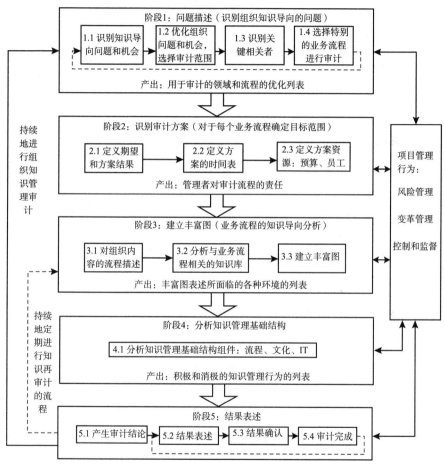

图 4.14 社会工程知识审计方法

（1）第一阶段：问题表达

确定知识导向的问题和机会。识别组织中知识导向的问题和机会，涉及战略、使命、目标、愿景和组织目标，同时还考虑到环境、文化和权力。作为一个审计工具，CommonKADS 的工作表 OM-1（Schreiber et al.，2000）将用于识别知识导向的问题和机会。在此建议对组织不同层级的管理者进行访谈，以确定审计范围。与组织目标和行为相关的有用数据，可以通过审查组织文件，网站和其他可用的组织资源获取。

优化组织问题和机会，选择审计范围。根据优化结果确定审计的具体范围。应用一些技术进行分析，包括清单，问题集和分析模型。通常可以采用头脑风暴技术、决策矩阵或力场分析（Stratton，2004）。

确定关键利益相关者。识别出审计范围内的关键利益相关者，重点在于进行核心业务流程的审计。通过与管理者和焦点小组的会话、访谈和头脑风暴，可以确定审计范围内的关键利益相关者。

识别核心流程，选择一个具体的业务流程审计。识别知识导向的活动和过程，根据组织的要求优化并选择特定的核心业务流程进行审计。在此建议与利益相关者一起选择最合适的流程进行审计。

（2）第二阶段：确定审计项目

为了提供连续审计，需要将预期成果、时间表、资源需求和预算等作为项目进行管理，可以应用项目管理的原理，如风险管理、变革管理和监控。具体而言，风险管理包括识别和评估知识管理项目的风险，并提出应对这些风险的方法和手段。变革管理需要对过程进行持续控制，对管理者和员工、环境、业务流程进行变革。此外审计分析师还需要监视和控制项目进度。

（3）第三阶段：丰富图

此阶段提供知识与人员的相关分析，包括流程、知识库，边界、结构、信息流和沟通渠道等，主要包括：

过程描述。主要描述高阶作业过程，包括过程流、过程环境与特征。通过审计分析深入探索环境，人员，流程以及文化元素。审计工具是改编工作表（Adapted worksheet），整合 CommonKADS 的 OM-2 工作表以及 SSM 的 CATWOE 清单。改编工作表提供了一个强有力的分析工具，用于详细描述知识管理审计业务流程。审计分析师应该提供被审计流程在任务方面的详细描述，使用工作表 OM - 3。工作表 TM - 1 是一个任务分析，包括在目标流程中的任务的精确描述，在此来自 OM - 3 的任务也将详细描述。结合 OM - 3 和 TM - 1 将产生过程流程图。

分析业务流程的知识库存。审计分析师应当深入分析业务流程中的知识资产，利用知识资产分析工作表 OM - 4 以及工作表 TM - 2（Schreiber et al.，2000）。明确过程任务中的知识条目，缺乏的知识，知识来源以及存在的瓶颈。此外，分析师可以通过代理模型工作表（AM - 1）探讨隐性知识来源。将以上分析进行整合，分析人员还可以使用工作表 OTA - 1 分析组织知识活动的影响。

构建丰富图。在此步骤中，将通过丰富图对过程流中的各种情景进行表达，包括硬元素，如过程流程图；以及软元素，如文化或社会网络分析。结合 SSM 丰富图与工程过程流程图的方法，能够对之前识别的每个问题和机会产生丰富图，包括过程流、社交网络、组织文化，与过程有关的分歧和冲突。

（4）第四阶段：业务流程的知识管理基础设施分析

斯万（Sivan，1999）定义了组织知识基础设施三个主要组件：文化、流程和信息技术。为了实现有效的知识管理计划，需要对组织文化、流程和技术进行整体认知（Roberts，2000）。通过 SEKAM 法进行知识审计的一个重要任务是理解知识管理基础设施组件，需要深入了解现有的技术平台和功能。在此存在一些方法：

流程知识分析（Process knowledge analysis）可以在知识管理基础设施审计中使用。例如，麦克罗伊（McElroy et al.，2003）提出的知识政策，程序和实践（KPPP）模型，开发出一个调查问卷用于分析组织知识流程，其中包括三个主题：背景因素、知识生产和知识集成。另一个是艾利斯（Ellis et al.，2003）提出的组织学习机制（Organizational learning mechanisms）的方法，也是采用调查问卷，提取组织知识流程，如正式学习过程、信息传播、培训、信息收集、存储和检索。

文化知识分析（Culture knowledge analysis）也可以使用，例如基于学习的文化分析方法（Ellis et al.，1999）。这种方法通过学习价值量表进行分析，其中一些问项与问题导向、责任、有效的信息和透明度等相关。

IT 知识分析（IT knowledge analysis），为了学习如何支持组织的知识流程，必须要进行 IT 知识分析，如内容管理、门户、客户关系管理、搜索引擎功能、系统和数据集成等。

（5）第五阶段：结果呈现

在此阶段，知识管理分析师与业务经理一同评价与审批审计结果。审计总结可以使用适应 OTA－1 工作表进行构建，为解决方案的可行性提供检查清单，并提出可能的改进。建议将 SEKAM 作为一个迭代模型（Iterative model），为组织提供了持续审计，并不断加以改进与聚焦，扩展到更广泛的业务流程和范围之中。

（五）DAF－KAF

知识审计架构（Knowledge Audit Framework）是由英国爱丁堡大学，社会技术复杂系统研究所（Institute of Socio Technical Complex Systems，Edinburgh UK）于 2010 年所提出，是在数据资产架构（Data Assets Framework）与数据审计架构（Data Audit Framework）的基础上进一步发展而来，由一系列过程和模板所构成，用于指导知识审计的计划编制和实施，主要针对组织所拥有的各种知识资源，特别强调知识共享，能够促使组织发现哪些知识资源是和项目相互关联的，以及如何更好地进行共享。目前存在两个版本：KAF－G 针对通用、独立领域（Domain independent），KAF－SE 则针对系统工程领域（Systems engineering）。DAF－KAF 知识审计架构主要包括五个部分：知识审计流程、审计模板、在线知识库用于收集和分析审计项目中的数据；与项目团队与其他组织的沟通表格；使用知识审计架构的指南。

1. 知识审计流程

通过电子邮件和其他手段开展远程审计，每个审计项目从开始到结束的时间根据具体情况而定。知识审计架构包括四个主要阶段，见图4.15。

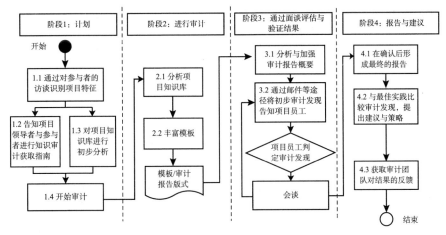

图 4.15　DAF – KAF 的审计流程

2. 模板

KAF 知识库模板用于盘点知识资源。通常的知识库模板可以符合绝大部分企业组织的知识审计需求。虽然知识资源在文献中得到较好定义，但没有普遍可重用的指南存在，用以满足它们的各自的特性。而 KAF 知识库模板可以通过优化设计，有利于知识资源在系统工程中的重用，同时也能作为在其他领域构建知识库的指南。

KAF 知识库模板的设计选择，可以根据特性进行改进，以满足不同的目的和目标。系列知识资源可以依据不同的标准被整合，如在确定 KAF 范围时，可以区分出系统的（Systemic）和概念的（Conceptual）知识，将转化为程序性和陈述性的知识。KAF 也可以被整合到项目资产维度中，包括三个方面：第一，范围。包含基本概念和关系以较高的语义水平来描述工程资产的内容。第二，产品。包含构件的概念和关系类型以及相关信息模型。在系统工程领域，系统描述情景、动态、静态、功能等系列观点。通过域概念中正式的建模元素，可以提供系统和语义描述的工程解决方案。第三，流程。包含概念以及关联，对工程决策的目的、可选方案、论证等，描述工程行为，任务、行动者以及设计原理概念。

3. 在线数据收集工具

原型在线收集工具用于收集每个项目的数据，并作为可以提交的成果满足相关目标。其主要内容包括：项目信息、每个知识资产的信息、对每个项目的知识审计报告等。

4. 沟通表格

提供简单模板用于与项目团队成员的沟通，主要如下：第一，告知项目参与者有关审计的任务，描述目标、范围和流程。第二，告知项目团队或领导者并获取支持和指导。第三，通过电子邮件等多种途径，让项目团队领导者核实与查证，审计报告的正确性。第四，沟通最终的审计发现并提出策略建议。

5. 使用知识审计架构的指南

KAF 可以独立或远程完成，不依赖于项目团队成员的合作或时间适应性，同时，最终的审计报告可以被项目团队成员进行确认和修正。值得关注的是，KAF 模板是结构化的，可以表达出有关被审计项目的信息，如项目名称，参与者，关键团队成员、持续时间以及出版物。并对共享知识进行盘点，明确表达程序性和陈述性知识，横跨认知、组织和技术维度。

（六）奉继承、赵涛

奉继承与赵涛（2005）按照审计理论，认为知识管理审计模型包括知识管理审计的对象，审计团队和审计内容等要素，见图 4.16。具体实施步骤主要有：

1. 计划阶段

计划阶段要清楚了解企业现状，定义知识审计的目标，识别各种限制条件，制订知识审计的计划，确定知识审计的指标体系，选择审计方法和协作策略，取得管理者的支持等。定义审计目标是为了规范审计的目的、审计的对象和范围。识别限制条件和制订计划是为了在知识审计的实施过程中，把成本控制在预算之内。限制条件包括财务预算上的限制、组织内部基础设施的限制、时间限制等，确定知识审计的指标体系是为知识审计提供比较的基准。

2. 数据收集阶段

数据收集阶段是要根据审计目标收集数据，可以通过问卷、个人面谈或集中群体面谈、从知识管理软件系统中统计数据等方式收集。通过问卷或面谈的方式中非常关键的是设置合适的问题。

3. 数据分析阶段

数据分析可以由企业内部专家完成，也可以通过外聘专家来分析。这取决于内部可以利用的资源及收集的数据的容量和复杂性。对于收集的数据一般有三类分析：一般性分析、策略重要性分析、数据流分析。

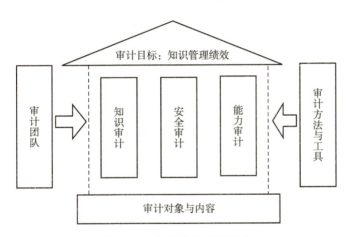

图4.16 知识管理审计模型

4. 数据评估阶段

数据分析完成后，可以对数据所产生的问题和机会进行解析和评估。识别存在的问题，并且有机会进行不断的改进，使得知识质量不断得到优化。

5. 推荐沟通阶段

在此阶段要整理和评价知识审计完成后得到的数据，形成审计的意见和建议，编写知识审计报告。一般而言，需要绘制知识地图，描述组织的知识流，找出组织的知识差距，然后与相关部门或人员进行交流和沟通。

6. 实现建议阶段

如果知识管理审计形成策略，通过此策略生成的建议报告被充分沟通和认同，就必须制订落实建议方案而改进的行动计划。

7. 持续优化阶段

知识管理审计的目标就是持续优化管理过程，达成最佳管理实践，因此知识管理审计不是目的，而是改进知识管理绩效的一种措施。

（七）Jafari & Payani

贾法利和帕亚尼（Jafari & Payani，2013）提出了系统的知识审计方法，见图 4.17。

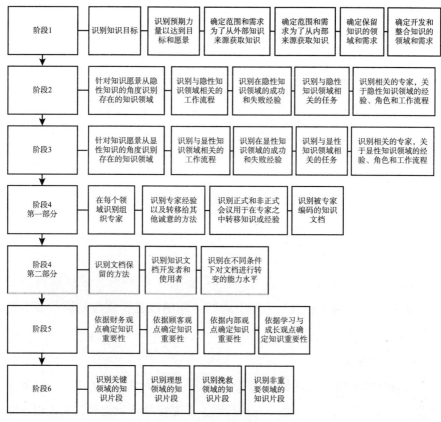

图 4.17 系统的知识审计方法

第一阶段：识别组织的知识目标。知识审计与组织的目标产生联系时，其结果将会使组织适应所面临的环境、约束和条件。识别组织的知识目标将会导致有目的的知识审计，避免考虑非关键因素。因此，此阶段应确定符合组织的目标和愿景的必要知识水平。知识水平显示了组织达到和管理所需的战略知识的预期效力。

第二阶段：识别知识专家。此阶段需要识别最有经验的知识专家。在确定组织知识目标之后需要了解知识状态。在战略性知识领域中的专家是确定知识状况最重要的来源之一。基于适当的评估标准，专家能够对知识状态进行有效评估。

第三阶段：识别知识文档。为了发挥知识的潜力，需要组织人员或群体有一定的经验积累。在识别组织知识目标之后以及进行知识审计之前，在组织内部存在的各种知识文档需要被识别。知识文档不仅记录组织不同发展阶段中的成功经验，而且还可以进一步学习和借鉴。根据知识的特性和条件，知识文档可以被组织创建或开发。

第四阶段：确定组织知识的合意水平。知识审计将从显性和隐性两个部分展开。第一部分了解每个领域专家的知识利用状况。需要考虑：专业经验和组织角色，在该领域中的事件、危机和损失情况，成功的机会，预置的知识文档等。知识文档可以是技术文档，会议论文或杂志、经验手册或工作程序等。第二部分，从知识文档（显性知识）的角度评估组织知识状态。基于组织经验或研发，调查组织从知识文档获益水平。因此，组织需要进行局部或全局性的变革，确定专家的数量以及文档创造者，知识文档的使用水平、组织知识的使用状态等。

第五阶段：确定知识重要性。知识审计的结果之一在于揭示组织知识的优势和劣势，制订系统的计划以实现组织知识状态的改进，针对组织愿景确定组织知识的合意水平以及重要性。因此在此阶段，根据专家的意见和基于合适的知识标准，确定出知识领域的重要性，知识的角色需要符合组织目标，在此可以利用平衡计分卡（BSC）来确定知识重要性的选择标准，见表4.4。

表 4.4　　　　　　　　　　知识重要性的选择标准

方面	重要性选择标准
财务	创造和维持新的价值；创建新的产权与提高生产力；增加盈利（每股收益）；降低采购成本；节约生产成本
客户	开辟新的细分市场；在与客户合作的过程中建立新型关系并持续改进；改进服务并提高客户关怀；发展组织的可用性、力量和扩张；便于组织向更加智能组织发展和生产智能定制的产品；在管理品牌、知名度和无形实例中提升更新专业水平的可能性
内部运营	提高生产力和有效性；增加合作和协调；增加组织在调整、响应、动态和柔性等方面的能力；增加组织变革管理的潜力
学习与成长	促进组织持续增长；决策的改进；新的业务模式开发和实现；加速创新；表达新思想和创造力；更好地准备和对未来的预测；改善和加速学习；促进知识工作者更好地应对日益增长的信息；转换程序如何更好地保护组织所有权

第六阶段：审计组织知识状态。为了了解组织在每个领域的知识状态，可以使用知识状态评估矩阵（Knowledge situation assessment matrix）。评估矩阵由一个二维平面构成：水平轴显示在每个领域中知识的得分（组织知识的合意水平）和垂直轴显示知识块权重（知识的重要程度）。这个矩阵有四个区域：关键区域。知识的权重高但得分较低。在这一领域的知识组织必须优先进行改进和提高；理想区域。知识的权重和得分很高。在这一领域的知识是组织较为理想的情况；挽救区域。知识的权重很低但得分很高。在这一领域的知识可以通过适当的策略提升到理想区域；非重要区域。知识的权重和得分较低。在这一领域的知识不太重要，可以不予关注。

二、过程性架构特性比较

从以上论述可以看出，这些过程性架构所包含的审计活动，无论是基本内容以及具体数量，还是活动称谓和活动逻辑等都存在不一致性，即这些过程型架构基于不同的审计目标，依据不同的审计活动，利用不同的审计资源来完成知识审计。以往学者对过程性知识审计架构进行比较，有代表性的主要有：

勒文塔基斯等（Levantakis et al.，2008）利用方法工程学（Method engineering）的元建模技术，在分析 13 种知识审计模型（包含信息审计模型）的基础上，挑选出符合标准的 5 种架构，并利用洪等（Hong et al.，1993）所提出的比较方法进行深入比较，分析了各种方法片段（Method Fragment）的构成与特性，在此基础上提出了知识审计的参考方法（Reference method），这种参考方法涵盖 8 个主要活动以及 26 个子活动，见表 4.5。

表 4.5　　　　　　　　知识审计参考方法的活动与子活动

1. 审计准备	5. 分析数据
1.1　组织摘要	5.1　建立知识库
1.2　观测目标领域	5.2　建立知识地图
1.3　设置审计目标	5.3　执行社会网络分析
1.4　设置审计范围	5.4　执行差距分析
2. 明确审计利益	6. 评价数据
2.1　确保管理者支持	6.1　识别瓶颈与差距
2.2　培养与员工的协同	6.2　优化问题
3. 调查目标领域	6.3　建议解决方案
3.1　识别业务流程	6.4　解决方案排序
3.2　识别关键人员	6.5　开发行动计划
3.3　识别知识需求	7. 审计结果
3.4　识别知识流程	7.1　撰写审计报告
4. 收集数据	7.2　呈现结果
4.1　会谈关键人员	7.3　批准行动计划
4.2　进行调查	8. 再审计

莱维等（Levy et al., 2009）利用方法特征架构（Method Characteristics Framework）（Hackathorn，1998）来挑选可以比较的知识审计模型。此方法主要是依据两个维度展开研究：宽度维度（Breadth dimension）和深度维度（Depth dimension）。其中宽度维度主要支持主要研究领域特性的识别，主要包含5种特性：①组织分析，包括识别领域和业务流程，具有知识导向的问题；②在知识导向业务流程（KIBP）中的知识库；③知识流程；④知识文化；⑤IT。这5种特性会影响知识导向业务流程情境下的知识审计质量。而深度维度支持每个相互比较方法的分析：①描述性方法（Descriptive）——该方法仅提供了一个理论框架的描述；②程序性（Procedural）——该方法提供了一个结构化的逐步（Step by step）分析框架；③实践性（Practical）——该方法提供信息抽取和分析工具。利用方法特征架构，在比较了20种知识审计模型的基础上，并挑选了5种符合标准的架构，主要包括：亚佐利诺和彼得兰托尼奥（2005）、佩雷斯－索尔特罗等（2006）、布赖特（2007）、汉迪克等（2008）、勒文塔基斯等（2008）。选择原因在于：五种方法提供了知识库分析，或至少分析了知识管理基础设施三个组件（文化、流程和IT）的一个。此外，所有被选择的方法提供结构化的实践框架和框架组件的理论描述；还有些也提供了实用的分析工具（Handzic et al., 2008；Perez－Soltero et al., 2006）。在此基础上提出了社会工程知识审计方法（SEKAM）的雏形，涵盖5个阶段和20个子过程，见表4.6。

表4.6　　　　　社会工程知识审计方法的阶段与子过程

阶段1：组织分析	1.5　对核心流程进行优化排序，并选择特殊流程进行审计
1.1　识别具有知识导向问题及机会的领域	阶段2：对特殊业务流程定义审计目标
1.2　对领域进行优化排序并选择其中之一进行审计	2.1　定义结果
1.3　在所选择的领域中识别关键利益相关者	2.2　定义时间
1.4　在所选择的领域中识别核心的业务流程	2.3　定义资源

续表

阶段3：业务流程的知识库分析	4.2　分析知识流程
3.1　识别所选择业务流程中的核心人员	4.3　分析知识相关的IT
3.2　识别流程环境	阶段5：结果批准
3.3　定义过程流程图	5.1　撰写知识审计报告
3.4　分析在流程中的正式知识库	5.2　从决策者处获取解释
3.5　分析发生在流程中的非正式的知识交互	5.3　进行结果确认
阶段4：业务流程的知识管理基础设施	5.4　审计完成
4.1　分析知识相关的文化	

德鲁斯和谢里夫（Drus & Shariff，2011）利用生命周期的方法（Life cycle approach）来分析比较知识审计模型，认为审计生命周期（Audit Life-cycle）是通过系统设置相关的审计活动，并将审计的范围、目标和标准转化成审计发现和结论，并将其分为三个阶段：先前阶段（Prior）、实施阶段（During）、后续阶段（After）。具体如下：先前阶段包括组织分析（Organizational analysis）——被审计组织的背景调查，包括目标、使命、组织结构、基础设施、行业标杆分析等；知识审计基础工作（Knowledge audit ground work）——审计目标、团队成员、时间、成本、限制、数据收集方法和审计工具、审计程序等的准备。实施阶段包括知识资产（knowledge asset）——识别现有可利用和不可利用的知识资产和评估其影响组织的当前和未来的需求；知识流程（knowledge process）——识别知识流动、来源、目的地、目的、当前知识资产的临界水平；知识审计产出（Knowledge audit output）——知识审计所产生的结果输出。后续阶段包括持续改进（Continuous improvement）——包含任何持续改进实现和评估活动；知识管理实施计划/策略（KM implementation plan/strategy）——基于知识审计的发现和成果制订新的实施计划或改进的知识管理计划/策略。通过比较发现，绝大部分架构提供对流程的程序性或描述性解释，仅有少数架构引出知识审计流程的活动细节。

因此期望从业者能够选择合适的模型，以有益且有效的形式加以使用，如为了持续改进需要监督审计的结果领域，促进知识审计结果对知识管理项目实施的影响。需要更多关注知识审计的基础，使得审计流程变得切实可行和更加有效。

第三节　测量性架构的特征与比较

测量性架构主要是基于知识管理项目的实施过程和效果，依据所制定的审计标准，利用评价指标、测量量表等定量分析手段所进行的效率性和效果性审计，用于评估企业知识的成长状态，以及企业知识管理的关键领域的成熟程度，从而衡量企业在知识管理方面所取得的进步以及所存在的不足之处。

一、测量性架构简述

（一）KPMG

1. KPMG 的知识管理框架评估体系

KPMG（1999）提出了知识管理系统导入的模型，称为知识旅程，它是以经验为主的模型之一，曾作为知识管理评估工具被广泛应用于世界范围内 400 多个组织之中（Chatwin，2002）。知识旅程模型从人员，过程，内容和技术四个方面定义了知识管理，并涵盖了知识管理的十个关键领域（感悟和承诺、战略、文化、外部聚焦、激励、IT 支持、维护、持续评估、组织、知识运用），其在每一个领域都有一定的事项要完成。企业可以通过评估这些事项的执行情况来判断当前知识管理所处的水平。

2. 知识旅程模型的五个阶段

（1）知识混乱期（Knowledge ad-hoc）

企业在此阶段没有觉察到知识对企业目标的重要性，企业存储或管理知识的活动并不是很平常的事情，而是在很特别的时候才会去存储或管理知识。员工获取知识是非常困难和耗时的，因为很难知道所需的知识在哪里。系统可能与知识管理的概念不相容。收集信息的渠道和流程是无效的，或者根本不存在。此时，企业的人员分享知识的态度是非常勉强的，或者根本没有时间和动机去分享知识。

（2）知识自觉期（Knowledge aware）

企业在此阶段开始觉察到知识的重要性，并且开始运用知识的活动。企业的知识流程和知识资源开始被定义出来。且将这些定义用文件记录下来。员工可利用已经建立好的知识流程，通过知识资源的目录来检索所需要的信息。但是此时期企业对知识管理的自觉及建立并非全体都能达成共识。知识的所有权和知识分享是需要讨论的议题。

（3）知识集中期（Knowledge focused）

企业在此阶段开始因为知识管理而获利，企业使用标准化程序和工具来获取信息，知识资源被有效的编码、衡量和分析，并且有维护知识资源的程度，但此时仍然还有一些文化和科技上的障碍需要突破。

（4）知识管理期（Knowledge managed）

企业在此阶段已有整合性的程序和工具，以发现、创造、维护及检索信息，且科技和文化上的问题已经得到有效解决。此外，企业持续地改善及检讨其知识策略。

（5）知识中心期（Knowledge centric）

企业在此阶段的使命是应用和提升其知识库，知识库使企业拥有并维持其竞争优势，知识管理程序成为企业或个人流程中不可或缺的部分，知识管理工具高度整合进企业的科技架构中，知识环境的评估及改善已经是标准作业程序的一环，知识所产生的价值已经有了评价标准，此评价标准会被企业的市场价值所影响，且企业的利益相关者会知道此评价结果，此时知识价值已经被视为企业的智慧资产。

3. 知识旅程模型的四个关键过程领域

KPMG（2000）提出了知识旅程基准（Knowledge Journey Benchmark）的概念，并关注于知识旅程模型的四个过程领域：人、过程、内容和技术，还定义了每个层面的基准，企业可以据此架构审查自身的知识管理系统的构建情况，四个过程领域的特性见表4.7。

表4.7　　　　　　　　知识旅程模型的四个过程领域的特性

人	流程	内容	技术
认知知识管理的重要性，导入知识管理训练 建立知识长的角色，建立知识中心 激励知识性的工作 建立或开发实务社区 建立正式的知识管理网络	建立流程基准或监督流程状态 创造知识管理战略 为实践社区导入新系统 设计其他的知识管理流程	创造知识地图；产生以知识为内容的政策；测量智慧资本	以技术来实现知识系统的监督和评价 以技术来使企业能分享最佳实践 使用知识管理软件

企业可以根据自身知识管理的建设情况，与上述四个层面中的15个基准进行比较，以此了解和衡量企业自身的知识管理建设的情况，以及所达到的成熟阶段，见表4.8。

表4.8　　　　　　　　知识旅程模型的成熟水平判断

成熟阶段		描述
1	知识混乱期	如果企业符合3项以下，则属于第一阶段
2	知识自觉期	如果企业至少在两个层面中，符合4项以上，则属于第二阶段
3	知识集中期	如果企业至少在三个层面中，符合6项以上，则属于第三阶段
4	知识管理期	如果企业在每个层面中，都至少符合2个基准，则属于第四阶段
5	知识中心期	如果企业符合全面基准，则属于知识中心期

（二）Skyrme

● 知识管理评估架构

David Skyrme Associates（2000）在探究全球最佳知识管理实践报告——《创造以知识为基础的企业》（*Creating the Knowledge-based Business*）的基础上，发展出一套知识管理评估架构。通过分析一些最成功的知识管理实施方案，发现有一些共同因素出现，包括与企业有力的连接。知识管理明显增进企业绩效，如顾客的服务、新产品上市的时间以及生产力的改进；具有吸引力的愿景和结构。知识方案是以对所有员工均有意义的方式来进行描绘的，通常会有一些有效且看得见的事务与信息来协助沟通；知识领导力。知识角色的完全了解和对知识方案的强烈支持；知识创造与分享的文化。行为、组织奖励、认可及时间分配会鼓励知识的自由流动，而非私藏为个人所独自拥有；持续学习。企业的一个重要焦点是个人与组织学习，人员会受到鼓励进行实验和学习，而非陷入于分析停顿（Analysis Paralysis）之中；良好发展的信息与通信基础设施。显性知识（信息）是通过企业的网络（如内部网络）而容易进入利用的；人对人沟通是直接的（如电子邮件）；基础建设是普遍可利用的、可靠的以及有响应性的；系统性的知识程序。创造、收集、组成及储存、传播、使用、利用和维护知识是以系统的方式来完成，通常企业也有着清晰的政策、实务及指南。

依据企业所展现出的系统性具体实务与前述因素相互比较的结果，开发出一个知识管理架构成为评价问题的基础。在以行动为焦点的架构内所出现的因素共有三个层次，见图4.18。

（1）支撑因素（Enablers）

在此层次上的高分数显示知识已被视为一种策略性资源，以及对于企业的贡献是清晰的；企业结构、文化、环境会鼓励知识的发展与分享。与支撑因素有关的问题包含在第一、第二部分。

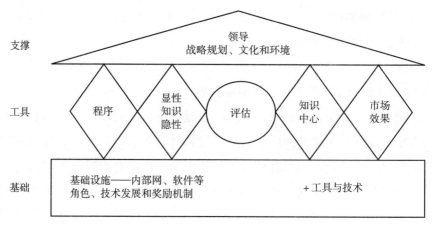

图 4.18 David Skyrme Associates 公司的知识管理评估架构

（2）工具（Levers）

这些因素扮演增进者的角色，不同的知识方案执行结果存在较大差异。工具包括促进知识流动的过程，知识中心提供较为快速的进入，以利用知识并成为掌握隐性知识的较佳方式。与工具有关的问题包含在第三部分至第八部分。

（3）基础（Foundations）

主要提供将知识深植于企业基础设施中的能力与功能。它们代表可被开发出的最终能力。具有两类互补的因素：一类是支持知识合作的"硬性"的信息与通信基本设施；另一类是发展知识增强的角色、技术及行为的"软性"的人文与企业的基本设施。此两类的基本设施包含在第九部分至第十部分。

因此，David Skyrme Associates 提出的架构中主要包括 10 个部分：领导，文化环境，流程、显性知识、隐性知识、知识中心、市场效果、评估、人员和技术、基础设施，具体含义见表4.9。

表 4.9 知识管理评估架构中 10 个部分的含义

层面	具体含义
领导	是否拥有行政主管积极宣扬且引人注目的知识愿景与策略,是否清晰描述了知识管理如何有助于实现组织的目标
文化环境	跨越部门边界的知识共享是否积极奖励?工作场所的设置与会议形式是否鼓励非正式的知识交流
程序	是否有系统的流程用于收集、组织、利用和保护核心知识资产,甚至包括外部来源
显性知识	是否拥有一个严格维持的知识目录,具有结构化的知识树或分类法,能够清晰识别知识拥有者以及易于访问
隐性知识	对于不同领域的核心知识,是否知道谁是最好的专家?是否具有合适的机制用于获取他们的隐性知识并转化为显性形式吗
知识中心	是否有专业信息管理人员协调知识存储库,作为提供信息的焦点用于支持关键的决策
市场效果	是否将知识或能力打包为产品或服务,用于提升组织的市场绩效
评估	是否以系统方式测量与管理智慧资本(IC),并定期向外部利益相关者发布 IC 报告
人员/技术	是否有特定的知识角色被确认和分配,培训高管与专业人员一些基本的知识管理技术
基础设施	所有重要的信息是否能够被新用户在内部网/门户中三次鼠标点击之内被快速发现

(三) KMAT

1995 年,APQC & Arthur Andersen 联合开发出知识管理架构与评量工具。知识管理架构包括知识管理流程(KMP)与支撑因素(KME)两个层面。其中,知识管理流程包括 7 个流程,而支撑因素包括 4 个因素,以此为基础开发出的评量工具(Knowledge Management Assessment Tool,KMAT)包含 5 个构面,即知识管理程序、领导、文化、技术、评估。

1. 知识管理架构

知识管理架构见图4.19，其核心是从知识管理流程本身出发，而且这些流程是动态的，通常始于创造、辨别并收集组织的内部知识和最佳实践，然后开发和分享这些实践，使得可以有效加以利用，还包括组织和应用这些实践至新的情境。为了发挥知识管理的效果，组织必须具有强有力的支撑因素。支撑因素是指促进知识管理的能力因子，包括领导、文化、技术与评估等实践领域，具体如下：

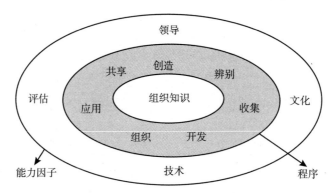

图4.19   APQC & Arthur Andersen 的 KMAT 工具

领导实践（leadership practices），包括广泛的策略问题，以及组织如何界定本身的业务并使用本身的知识资产，来增强组织的核心能力。

文化实践（culture practices），反映出组织如何正视并促进学习与革新，包括组织如何鼓励成员使用增进顾客价值的方式，来建立组织的知识基础。

技术实践（technology practices），专注于组织如何使其成员具备容易与他人沟通的能力，以及使用来收集、储存与传播信息的系统。

评估实践（measurement practices），不仅包括组织如何量化其知识资本，而且也包括如何分配资源来加速组织资本的成长。

2. 评量工具

评量工具的主要目的在于协助组织评量自身知识管理的优势和机

会。此评量工具共二十四项评量基准，见表4.10。评分等级则分为五个程度（评分等级：1＝没有表现，2＝表现不佳，3＝尚可，4＝表现良好，5＝表现优异）。组织可以根据本身获评的表现或与其他相关机构的表现作比较来明确组织自身的位置和未来努力的方向。这种比较大致分为两类：第一类为比较组织自身的知识管理的实际情况与业界其他公司的差异（External benchmarking）；第二类则是比较组织各个部门之间的实际情况（Internal benchmarking）。KMAT 也可通过对组织内部知识环境运作的实际情形进行诊断，以评估知识管理实施的成效与重要性，不仅可以强化服务顾客的能力，也可以提示企业今后的发展方向（Matha，1998）。

表4.10   KMAT 工具的测量层面与问项

构面	问项
程序	1. 组织有系统地指出知识差距，并且会使用正确的程序来消除这一差距
	2. 组织已发展出准确并符合伦理的智慧收集机制
	3. 所有的组织成员均持有传统和非传统的观念
	4. 组织已正式建立转化最佳实践的程序，包括文件制作和经验教训
	5. 隐性知识是有价值的，并且会在组织之中转移
领导	6. 管理组织的知识是组织的核心策略
	7. 组织了解本身知识资产所创造的潜在收益，并发展出营销和出售的策略
	8. 组织利用学习来支持现存的核心能力并创造新的能力
	9. 个人会因为对组织知识的发展作出贡献，而获得聘用、评价与补偿
文化	10. 组织鼓励并增进知识的分享
	11. 开放和信任的氛围弥漫于整个组织
	12. 顾客价值的创造被认为是知识管理的一项重要目标
	13. 弹性和革新的欲望会带动学习过程
	14. 组织成员会肩负起学习的责任

构面	问项
技术	15. 技术联结组织的所有成员，以及相关的外部成员
	16. 技术创造了可提供整个组织运用的组织记忆（institutional memory）
	17. 技术使组织拉近与顾客的距离
	18. 组织信息技术的发展是以人为中心（human-centered）的
	19. 组织成员能快速掌握可用来支持共同合作的技术
	20. 信息系统是及时、整合与智能的
评估	21. 组织已建立联结财务和知识成果的方式
	22. 组织已发展出一套管理知识的特殊指南
	23. 组织的整体绩效评估兼具软性与硬性，并且重视财务与非财务的指标
	24. 组织分配资源用于提升知识基础的努力上

资料来源：O'Dell, Grayson & Essaides（1998）。

（四）Siemenz

恩姆斯和兰根（Ehms & Langen，2002）根据西门子公司的知识管理状况，结合知识管理理论，构建了知识管理成熟度模型，并指出了其模型的三个主要组成部分：

1. 开发模型

开发模型让企业知晓其内部的个别关键领域和主题应该如何最佳地发展，以达到下一个阶段的成熟度，见图4.20。开发模型参考了CMM架构，定义了五个阶段的知识管理成熟阶段，分别是：

（1）初始阶段（Initial）

组织没有自觉到知识流程，并且没有加以控制知识流程，成功的知识管理活动只能被视为一时的幸运，这种成功并不是设定目标并且规划后的结果。知识密集的任务并没有被视为和组织生存和成功有关系，没有适当的语言来描述知识管理方面的现象和问题。

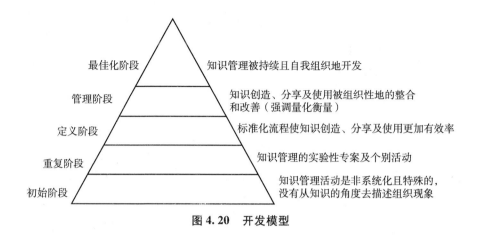

图 4.20 开发模型

（2）重复阶段（Repeatable）

组织开始认知到知识管理活动的重要性，组织流程部分地描述为知识管理任务，并且通过个别的知识管理倡导者的理念，开始有实验性的知识管理计划，这些实验性专案的成功或失败，是组织讨论的主题，如果结果是好的，则这些个别的实验性专案则成为日后整合性的知识管理活动的参考准则。

（3）定义阶段（Fefined）

组织有稳定且熟练的活动来有效支持个人的知识管理，这些活动被整合到日常的工作流程中，组织并且维持其相关的技术系统，个人的知识管理角色是被定义的且被满足的。

（4）管理阶段（Managed）

组织对知识管理的主题有共同的策略和标准化的方法，由第三阶段的个人标准演变成第四阶段的组织性标准，组织利用指标以有规则地测量这些规划完全的知识管理活动的效率，组织性的知识管理角色及相关的社会及科技的知识管理系统会长期地保护这些活动。

（5）最佳化阶段（Optimizing）

组织发展弹性的能力，使其不会在成熟度等级退步，而又能够适应知识管理的新需求，即使在内部或外部环境发生变动时，组织都要能够接受这样的挑战，在第四阶段提出的知识管理测量标准在第五阶段与策略控制的工具一起结合使用。

2. 分析模型（Analysis Model）

分析模型让管理者考虑到所有知识管理的重要层面，并且显示出未来应该开发哪些关键领域（Key areas）及主题（Topic）。KMMM 的分析模型评估八个关键领域，由 EFQM（European Foundation for Quality Management）的知识管理模型架构的促进因素衍生出来的，以表达知识管理的各个方面。分析模型的每个关键领域下特有的主题，这些主题更深入地描述组织的知识管理实务，总共有 64 个主题。分析模型通过空间的配置来表示关键领域之间的关系，相邻的关键领域在内容上是相近的，而对角的关键领域则表示这两个领域是相对立的，分析模型的八个关键领域见图 4.21。

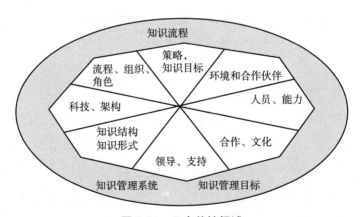

图 4.21　八个关键领域

（1）策略和知识目标（Strategy，Knowledge goals）

描述组织的愿景和目标设定要考虑的知识管理，分析高层管理的行为及预算政策。此关键领域和第二个关键领域的关系是：组织环境和合作伙伴信息的改变，往往是促进策略和知识目标改变的因素。

（2）环境和合作伙伴（Environment，Partnerships）

描述重要的外部参与者，包含顾客及利益相关人，对照其他企业以及使用外部知识的问题。

（3）人员和能力（People，Competencies）

描述软性因素（Soft factors），包括人事议题，如人事选择、发展和支援，以及责任管理和自我管理。

（4）合作和文化（Collaboration，culture）

描述对组织知识管理有重大影响的共同软性因素，包含组织文化、沟通、小组结构或网络以及关系结构。第五个关键领域（领导和支持）是影响合作和文化的重要因素，因为行为的基本原则是被管理者和其他主事者所定义的。

（5）领导和支持（Leadership，Support）

描述领导的议题，如管理模式以及对目标达成共识，包含在知识管理活动中担任支持的管理者角色，及其他参与者的角色。

（6）知识结构和知识形式（Knowledge Structures，Knowledge forms）

描述建构组织的知识管理基础的议题，包含对知识或文件以形式为基础和以内容为基础做分类，此关键领域与科技架构的关系是，知识结构是以一般、特定领域和企业流程为基础的结构，并且利用科技和架构来达成。

（7）科技和架构（Technology，Infrastructure）

描述利用信息科技系统来支援信息管理，包含知识管理空间架构上的功能。此关键领域与流程、角色、组织的关系是：信息科技系统的设计和流程应该源自企业流程和组织知识管理的结构。因此此关键领域处于知识结构、知识形式和流程、角色、组织的中间。

（8）流程、角色、组织（Processes，Roles，Organization）

描述组织结构和知识管理角色安排的议题，强调以流程为基础的组织，目的是发现知识管理活动如何被加到特定的企业流程中。

3. 评估流程

评估流程是一套从评估的定义到结果的解释所有相关步骤的流程，见图4.22。

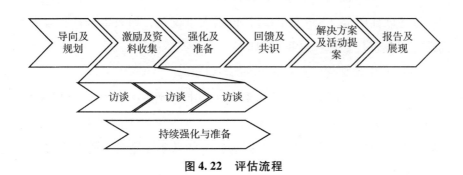

图4.22　评估流程

（1）导向及规划（Orientation & planning）

此步骤组织预期 KMMM 被明确解释，对每个个案的程序都清楚地定义及规划。

（2）激励及资料收集（Motivation & data collection）

KMMM 必须激发，以建构 KMMM 方案或其他后续的活动。为了确保真正形成 KMMM 方案，组织必须收集足够的信息，并且管理者必须与其他成员沟通 KMMM 的重要性，指出方案将唤起组织氛围的改变。

（3）强化及准备（Consolidation & preparation）

为了反映组织的真实状况，需要通过研讨会或访谈获取必要的信息。因此，可以选择组织中的不同成员进行访谈。当收集到新的信息，知识管理顾问就开始将新信息纳入评估准则，并持续地收集更适合的信息，并记录评估意见，作出评论，并将评估结果进行反馈。

（4）回馈及共识（Feedback & consensus）

讨论暂时的评估结果，尽量在顾问和组织成员间对结果达成共识。

（5）解决方案及活动提案（Ideas for solutions & action proposals）

一般而言，细化目标的定义以及更进一步的专案规划并不包括在

KMMM 方案中，但是既然 KMMM 是由活动驱动的，因此理念和建议会因为特定阶层成熟度的知识管理活动而开始出现。

（6）报告及展现（Report & presentation）

形成最终报告，结构化展现结果，也是后续知识管理项目实施的参考资料。

（五）KMD

布克威茨和威廉姆斯（1999）提出知识管理的流程架构，其中知识管理流程更着重于智慧资本的衡量，内容涵盖组织成员日常工作的信息收集、整理，工作任务中的个人学习，知识再利用的价值创造，以及知识流动循环回馈到企业知识管理系统等过程。这些流程的活动之间并没有明显的界限，可视为连续体。依托于知识管理的流程架构，开发出知识管理诊断量表（KMD），帮助指出组织知识管理的不足之处，以及找寻出需要改进的方面。知识管理流程的核心活动主要包括：

（1）取得（Get）

信息的取得是解决问题，执行决策，创新产品与服务的必然过程，但随着信息时代的来临，IT 技术的高度发展使组织成员必须面临的新挑战是：如何由庞大的信息获取需求的数据，以提高企业整体流程的效率。

（2）使用（Use）

信息科技的广泛应用，使得组织变革与创新成为企业日常的口号，组织成员如何应用新的工具，协助跳出原有的思考框架，获得创意的新思维，并配合激励环境的建构，加速组织的知识使用循环。

（3）学习（Learn）

从过去的经验之中进行学习是组织成员自我提升的过程，被认定为组织竞争优势的来源，在面对知识为基础的竞争环境下，有效率的学习程序如何深植于成员的日常业务之中，是知识管理者必须进行思考的方向。

（4）贡献（Contribute）

如何将员工的隐性与显性知识的贡献投入企业知识库，是组织推动知识管理最为困难的步骤。如何结合最佳实践以及信息技术将个人的知

153

识快速转移至组织的其他地方，达到节省成本、提升效率的目标，但如何让组织成员清楚认知这一目的是此阶段的重大挑战。

（5）评量（Measure）

主要是指评估组织是否拥有执行任务的重要知识，通过绘制智慧资本地图，其目的在于与未来竞争所需要的知识进行比较，可清楚了解企业是否继续投资知识资产的必要性，以及投资与获利之间的平衡性。

（6）建立与维护（Establish & maintain）

确保知识管理者能设计出维持组织生存与竞争优势的知识基础资产，通过组织与员工、供货商与顾客等关系，建构智慧资本，促使知识环境等发挥促进功能。

（7）消除（Remove）

知识为基础的资产使竞争优势来源已经成为主流趋势，但未必所有的智慧资本都能对企业产生直接利益，如果以机会成本的观点思考，消除部分的资产而转移给组织外部的人员利用，将可能产生新的使用价值。

（六）Tiwana

蒂瓦纳（Tiwana）在《知识管理十步走：整合信息技术、策略与知识平台》（2004）一书中，详细介绍了知识审计在知识管理发展过程中的作用和意义，特别是提出了知识发展的八个阶段，知识审计与分析流程的步骤，为企业更好地了解自身知识资产以及知识竞争地位等提供了分析思路。

1. 知识发展阶段测度

通常，企业并不清楚自身所拥有的各种知识所处的位置。博恩（1994）的知识增长架构为企业找出自己所处的知识位置提供了一个极好的起点，见表4.11。

表 4.11 知识增长架构

阶段	名称	注释	知识形态
1	完全无知	——	没有任何知识
2	意识	与纯艺术相类似	主要是隐性知识
3	手段	先于技术的	主要是文档知识
4	控制均值	一种科学方法是可行的	文字或嵌入硬件中的知识
5	流程能力	存在局部诀窍	硬件与操作手册
6	流程特性	为降低成本权衡利弊	经验方程（定量）
7	知道原因	建立科学的形式	程序、方法、科学公式和算法
8	完全掌握知识	完全摆脱无知的状态	从未出现过但总是被期望如此

沿着上述路线，当企业从知识的最低阶段——完全无知阶段跃迁到完全掌握知识阶段——第八阶段时，企业日常的行为方式将发生重大改变。对照上表进行比较，将企业排列在表中适当的位置上，将会得到一个较为准确的理念，见表4.12。

表 4.12 按照每个阶段排列的知识工作和流程的特性

知识阶段	1	2	3	4	5	6	7	8
生产性质	基于专业技能				基于程序			
员工的作用	做每一件事		解决问题		学习与提高			
知识定位	隐性知识		文字或口头知识		数据库和软件形式			
解决问题的性质	试错方法		科学方法		表格查询			
自然组织的类型	有机组成		按机制构成		学习型组织			
自动化的适应性	无				高			
转移难易程度	低				高			
产品多样化可行性	高		低		高			
质量控制	分级排序		统计过程控制		反馈			

根据八个知识成长阶段以及各个阶段对知识的效果来对知识工作和

流程排序得到知识阶段排序表，见表 4.13。该表提供了一个参考框架，可以评价以下问题：公司的初始地位，竞争对手的地位，企业在这些阶段所取得的进步，企业移向更高阶段的步骤和方法。

表 4.13　　　　　　知识增长阶段：企业所处的位置

阶段	知识阶段	知识特性	知识定位	工作流程	学习方法
1	完全无知	无法分清状态的好坏	未定义	未定义	未定义
2	意识	纯艺术	在专家头脑中，呈隐性状态，难以表达	依赖试错的方法	不断的重复流程希望出现一些模式
3	手段	列出了某些可能相互关联的变量	在专家头脑中，但专家能够以词汇、图表的形式对此进行有限的表达	专家能够指出运行良好的条件，但仍然存在某种程度的随意性，开始使用早期解决问题的一些方法	专家，而不是其他员工，不断地重复流程，希望某些模式出现
4	控制均值	先于技术的	注意到某些变量与希望的结果之间的关系，人们能够决定哪些变量是重要的	模式开始形成；但是专家们对成功的流程为何成功有不同的看法	人们更加具有创造性地调整流程以看到新的变化
5	流程能力	科学方法的可行性	某些范围的文字或嵌入软件/硬件的知识	某些隐含在流程中的知识被显性化，但仍希望引入诀窍	对于已经做了些什么、又发生什么，以及最后的结果，要保持良好的记录
6	流程特性	局部可重复诀窍	基于经验的局部诀窍开发出来；通常很有效，但并不总是有效。为获得期望结果而遵循的一种流程理念开始出现	高度机械化的；自动化程度高；利用了经过实践检验的方法	使用前一阶段所维持的记录；决定可行的静态模式

续表

阶段	知识阶段	知识特性	知识定位	工作流程	学习方法
7	知道原因	科学自动化可能实现；发展正式或非正式的定量模式	大多数相关知识被文档化；大多数知识转化为隐性知识，几乎所有知识都能被编码；具有较强的处理现阶段出现的偶发事件的知识	编码于计算机软件和流程手册之中	更多的理由上述各种形式；能达到的最好状态
8	完全掌握知识	完全摆脱无知的状态	几乎是不可能的	不再需要知识管理和知识管理者；知识管理变成公司的自然组成部分	此阶段从未出现过，在前一阶段出现的偶然变化将使企业退回第七阶段

2. 知识审计与分析流程

蒂瓦纳所提出的知识审计与分析流程涵盖：初始审计阶段，选择审计方法阶段和执行知识审计阶段，主要步骤如下：

● 定义目标（Define the goals）。知识审计团队要对审计的原因达成一致，确定审计的目标，明确影响审计的财务、组织、个人因素和战略方面的限制，还要明确审计过程的具体目标和知识管理的具体目标。

● 确定理想状态（Determine the ideal state）。从一些最为重要的，而且是知识管理项目所包含的变量开始进行审计。

● 选择知识审计方法（Select the audit method）。可使用一般审计方法中适应公司特定情景的审计方法。

● 实施知识审计并将现有知识资产存档（Perform the knowledge audit and document existing knowledge assets）。提供公司的内部基准管理指标以评价知识管理创新产生的重大影响。

● 持续地追踪知识增长（Track knowledge growth over time）。从初始阶段到后来的每个阶段的进展都容易与理想状态作比较。

● 在技术框架内确定企业自身的战略定位（Determine your company's strategic position within the technology framework）。在早期阶段所选择的每一个区域中进行绘制知识定位图，可以为知识管理方式以及业务战略提供深刻的洞察力，使其二者可以被有效地同步实施。

二、测量性架构特性比较

基于上述分析可知，这些测量性架构绝大部分主要是以积累个案研究的方式，观察大型企业的知识管理运作所形成，具有一定的合理性和实践性。虽然这些测量性架构都具有知识管理架构以及测量量表等评估工具，但这些评估工具并非是通用于某一领域的知识管理评估工具，且其理论依据与层面不尽相同，这些评估工具也没有形成统一的评估标准。为了更好地对测量性知识审计架构进行比较，可以从 KM 架构、逻辑、关键领域、评价大类、评价等级以及评估基准等方面展开，见表 4.14。

表 4.14　　　　　　　　　基于测量性架构的知识审计模型比较

评估基准 ＼ 类别	KPMG	Skyrme	KMAT	Siemens	KMD	Tiwana
基本架构	知识旅程	能力因子 工具 基础	KM 流程 支撑要素	开发模型 发展模型 评估流程	战略流程 战术流程	知识阶段 能力定位
技术逻辑	成熟度	成功要素	知识实践	成熟度	知识资产	知识增长
关键领域	四	—	五	八	七	—
评价大类	15	10	—	—	—	4
评价等级	5	5	5	5	3	8
评价基准（题项）	—	50	24	—	140	—

在基本架构方面，KPMG 公司是基于知识管理系统的发展，并将其比喻为"旅程"，用路标（Roadmap）来表示旅程的目的地和所经过的

路径。Skyrme 公司的基本架构则涵盖了企业知识管理的各个方面，包括能力因子，工具与基础，有效地结合了企业战略，宏观与微观环境，知识流程以及基础设施。KMAT 则结合了知识管理流程和支撑要素（或使能因子）。恩姆斯和兰根（2002）则是基于西门子公司的具体知识管理实践，提出了开发模型（成熟等级）、发展模型（关键过程领域）与评估流程。布克威茨和威廉姆斯（1999）的 KMD 则是关注于智慧资本，涵盖知识流程中的核心活动，其中包括战略流程（核心活动）和战术流程（辅助活动）。蒂瓦纳（2004）提出的与上述架构不同，是基于知识本身的增长或成熟情况。

在技术逻辑方面，KPMG 公司的知识旅程模型与恩姆斯和兰根（2002）的 KMMM 模型都是基于成熟度模型思想，有着明确的成熟等级与关键过程领域，通过关键过程领域的成熟情况来判定企业知识管理所处的成熟等级，每个成熟等级有着清晰的跃迁机理，通过成熟等级指明未来发展方向。此两种架构都是基于企业的知识管理具体实践，有着较强的实践性，在知识管理领域有着广泛的影响。Skyrme 公司主要是依据企业在知识管理过程中所出现的成功要素所提出，围绕这些成功要素的评估来进行知识审计，此架构也是基于具体实践，应用范围也较为广泛。其余架构都是基于知识或知识资产，关注于企业自身的知识或知识资产发展情况，是从动态视角来观测知识在成长过程中所遇到的各种问题，明确差距并制定措施促使知识的成熟。

在关键领域中，除了 Skyrme 公司和蒂瓦纳（2004）所提出的架构没有明确提出的关键领域之外，其余架构都提出了架构所关注的核心领域，如 KPMG 主要关注人员、内容、技术与流程。而 KMAT 关注知识管理程序、领导、文化、技术、评估；恩姆斯和兰根（2002）关注策略、知识目标，环境、合作伙伴，人员、能力，合作、文化，领导、支持，知识结构、知识形式，科技、架构，流程、角色、组织。KMD 关注取得、使用、学习、贡献、评价、建立、维护、消除。这些架构所关注的关键领域，实质也为知识管理所涵盖的重要领域。因此测量性知识审计架构主要是针对这些核心领域进行鉴证与评价，发现其中存在的问题，并制定针对性的建议或措施，促进这些核心领域的提高与完善。

在具体评价过程中，不同架构的评价等级以及评价题项等有所不同，如 KPMG 主要评价 15 个大类（四个关键领域中共计包含 15 个类别），评价等级为 5 个；Skyrme 公司评价大类为 10 个，评价等级为 5 个；KMAT、KMMM、KMD 都无评价大类，但有评价等级，除了 KMD 为 3 个外，其余为 5 个；蒂瓦纳（2004）的评价大类为 4 个，评价等级为 8 个；就评价基准而言，Skyrme 的评价基准为 50 项，KMAT 为 24 项，KMD 为 140 项。

第五章

企业知识审计活动：基于过程展示视角

通过对概念性架构、过程性架构与测量性架构中的代表性审计架构，以及结合文献检索的其他适合性架构进行汇总，从方法基线、审计范围、方法特性、数据采集以及审计输出等方面进行综合比较；基于业务流程优化思想对企业知识审计活动进行优化，同时基于社会网络分析方法对知识审计活动进行聚合与归类，剖析企业知识审计活动的性质以及特性；基于元建模技术——过程展示图，深入揭示企业知识审计活动的内在逻辑关联和相互作用关系。

第一节　企业知识审计架构的综合比较

为了更好地了解企业知识审计活动，在此采用多种搜索方式来获取包含知识审计活动的各种研究构架（见图 5.1）：①按照布林逻辑，检索专业数据库，如 ACM digital Library，SpringerLink，EBSCOhost，Pro-Quest，IEEE Xplore，Elsevier 以及中国期刊全文数据库 CJFD，中国博士学位论文库等，搜索时间范围界定为 2016 年之前，搜索字段为 "Knowledge Management Audit" "Knowledge Audit" "Information audit"

"知识审计""信息审计""知识管理审计"等，并进行主题、摘要和关键词的多轮次搜索；②作为对电子资料搜索的补充，对一些信息管理类、计算机类期刊进行手工检索；③对以往综述类研究论文的参考文献进行深度挖掘，采用文献回溯方式搜索相关文献；④利用"Google Scholar"收集一些未出版的研究论文或会议论文，以及已出版包含知识审计章节的电子书籍。

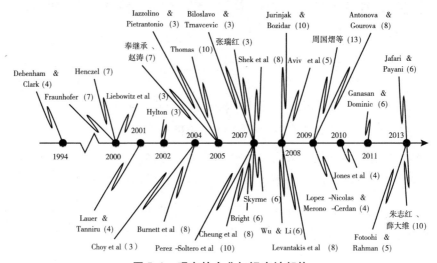

图5.1　现有的企业知识审计架构

为了确保文献研究质量，在此对所收集的文献资料开展内容分析，挑选一些具有审计流程、阶段或步骤，以及审计内容或审计方法等文献，以确保研究对象的完备性（Completeness）、合适性（Appropriateness）、可靠性（Authenticity）。经过归纳和整理，共计筛选出30种知识审计架构（括号数值为审计活动数量）。

通过认真梳理所挑选的研究文献，对文献进行研读，分析和整理，这些知识审计架构所包括的审计活动与内容见表5.1。

表 5.1　　　　　　　　　　　　　知识审计活动与内容

序	作者或机构	时间	审计活动与内容
1	Debenham & Clark	1994	认知组织知识；识别知识库；构建知识地图；结论
2	Henczel	2000	计划；收集数据；分析数据；评估数据；沟通建议；执行策略；再审计
3	Fraunhofer	2000	FKM - Audit 法：准备阶段；确定重点；调整知识库；调查；分析与评估；反馈座谈会；项目启动
4	Liebowitz et al	2000	识别现有的知识；识别缺少的知识；撰写知识管理审计报告
5	Lauer & Tanniru	2001	明确知识管理的目标；识别知识流程；描述知识流程与人员、结构和技术的关系；评估知识流程是否实现知识管理目标
6	Hylton	2002	HyA - K - Audit 法：知识调查；知识库；知识地图
7	Choy et al	2004	事前审计；事中审计；事后审计（包括知识库、知识地图和知识流分析）
8	Burnett et al	2004	预备阶段；学习；制定测量标准；审计会谈；开发知识地图；反馈；制定策略或建议；借鉴与实施
9	Iazzolino & Pietrantonio	2005	KAA 法：组织知识探测；评价知识管理绩效；建议
10	奉继承、赵涛	2005	计划；数据收集；数据分析；数据评估；推荐沟通；实现建议；持续优化
11	Thomas	2005	引入知识审计；明确审计目标；持续关注；制定规则；确定范围；选择适合的方法；确保评估设计以及文化协调；选择正确的合作伙伴；审计结果发挥效用
12	Perez - Soltero et al	2007	获取组织战略信息识别组织流程；识别组织核心流程并建立测量标准；优化与选择组织核心流程；识别关键人员；会谈关键人员；知识库分析；知识流分析；知识地图；知识审计报告；知识再审计
13	Cheung et al	2007	导向及背景分析；文化度量；调查研究；知识库和知识地图；知识网络分析和社会网络分析；知识管理战略的建议；配置知识管理工具和建立合作文化；再审计
14	Biloslavo & Trnavcevic	2007	应用审计工具评估知识管理流程的状态；分析数据；提供建议与借鉴
15	Shek et al	2007	工作流分析；初步流程调查；深入会谈；知识库分析；知识地图分析；社会网络分析；SWOT 分析；意见和建议表达

续表

序	作者或机构	时间	审计活动与内容
16	Bright	2007	定义审计的范围/焦点；识别流程；建立审计模式；定义流程；识别与流程相关联的信息或知识的特征/元数据；报告和建议
17	张瑞红	2007	确定知识审计目标；确定审计对象和范围；选择审计方法；执行审计；编制审计报告（绘制知识地图和知识资产文档化）
18	Skyrme	2007	界定范围和制订计划；调查；分析和解释；结果展示；行动方案；回顾和再访
19	Aviv，Levy & Hadar	2008	SEKAM法：问题识别；定义审计项目；构建详细的方案；分析知识管理基础；结果与建议
20	Jurinjak & Bozidar	2008	PKMA法：项目选择；审计工具选择；知识资产识别；员工知识识别；建立知识地图；知识价值链；初步结果；项目团队测试结果；支持最佳实践；支持知识管理战略目标和优先次序
21	Wu & Li	2008	审计计划；数据收集；数据处理；数据分析；报告；总结
22	Levantakis et al	2008	审计准备；明确审计利益；调查目标领域；数据收集；数据分析；数据评价；审计结果；再审计
23	Lopez – Nicolas & Merono – Cerdan	2009	Strategi Model法：知识库分析；战略分析；设计智慧资本和知识管理测量系统；审计报告
24	周国熠等	2009	分析相关文件、说明；制订审计计划、目标；确定审计指标、内容；选择审计团队；发放调查问卷；数据分析；数据评估；座谈会反馈；提出建议；差距分析；撰写审计报告；建议的采纳；持续优化
25	Antonova & Gourova	2009	知识审计计划；知识审计团队；知识审计方法；问卷调查；知识审计分发；结果分析；审计报告；知识管理地图
26	Jones et al	2010	KAF – SE法：计划；进行知识审计；评估和确定审计结果；报告与建议
27	Ganasan & Dominic	2011	评估组织战略信息与文化；获取和优化组织核心流程；测量当前知识状态；知识审计报告；知识管理战略建议；知识再审计

序	作者或机构	时间	审计活动与内容
28	Jafari & Payani	2013	确立组织知识目标；识别组织专家；组织知识文档分析；组织知识优势；确定知识价值；审计组织知识情况
29	Fotoohi & Rahman	2013	背景分析；准备知识审计工具；进行调查和访谈；知识盘点；构建知识库
30	朱志红与薛大维	2013	获取企业战略信息并确认企业流程；确认企业核心流程并设立评价标准；对企业核心流程进行排序并选择；确认关键人物；与关键人物会谈；获取知识库存；分析知识流；绘制知识图谱；形成知识审计报告；持续开展知识再审计

由于对知识审计的内涵具有不同认知，学界和业界所提出的知识审计架构也各具特色。但总体而言，以上各种知识审计架构的审计活动都体现出符合企业目的性要求的审计目标，需要审计人员参与并充分发挥主观能动作用，存在由一系列审计活动所构成的审计行为过程，即从逻辑上可划分为计划、执行/实施、结果等不同阶段。具体而言，主要特征如下：第一，在审计活动的具体数量方面，从 3 到 13 不等，显示出各种知识审计架构实施的难易程度和操作的繁简程度，其中活动数量为 3、6、8 的分别有 5 个，各自占总数的 16.67%；活动数量为 4、10 的分别有 4 个，各自占总数的 13.33%；活动数量为 5、7 的有 3 个，占10%；而活动数量为 13 的有 1 个，占 3.33%。第二，各种知识审计架构所关注的焦点存在不一致性，有些架构强调知识资产的存量，即关注企业知识资产在某一时点的静态表征，如利博维茨等（2000）、布赖特（2007）等。有些架构则关注知识管理的核心流程或知识管理能力，以促进知识的有效利用，如佩雷斯－索尔特罗等（2007）、吴和李（Wu & Li，2008）、朱志红与薛大维（2013）等。有些架构则是兼而有之，都有侧重，共同促进知识审计目标的实现。第三，在各种架构所包含审计活动的内容或审计技术方面，绝大多数都包含知识库分析、知识地图、

知识流分析、知识网络分析等，这凸显出这些活动或技术在整个知识审计流程中是非常重要的，也是非常值得关注的。第四，在所采用的数据收集方法方面，绝大部分都利用深入访谈（In-depth interviews）、焦点小组（Focus groups）、问卷调查（Questionnaires survey）与直接观察（Direct observation）等方法。第五，在审计活动/审计结果的输出方面，除了提供具有诊断性和咨询性的知识审计报告外，还为利益相关者提供专家目录（Expert directories）、训练需求分析（Training needs analysis）、知识资产（Knowledge asset）、知识交换路径（Knowledge exchange path）与诊断工具（Diagnostic tool）等。

从上述模型和方法的特点可以看出，由于每种模型和方法所强调的重点、步骤、内容，所使用的技术、基础条件等都不尽相同，对知识审计的实践应用和普遍推广造成一定程度的困难。事实上，正如奥尔纳（1999）所指出的，没有普遍接受的知识审计内涵一样，对于知识审计模型，也没有唯一不变、标准或最优的方法，而是需要根据企业的实际情况，如知识基础、知识需求、内外部环境、企业文化、知识管理战略等因素来综合决定。在此根据知识审计模型的方法基线（Methodological baseline）、范围（Scope）、特性（Characteristic）、数据采集（Data Collect）、审计输出（Output）等视角对上述模型与方法进行比较研究，以深入剖析知识审计活动的特性。

一、基于方法基线的比较

对于各具特色的知识审计模型与方法而言，既没有权威的、可供参考的标准模型，也缺乏对每个环节、步骤或阶段的统一要求。布坎南和吉布（2008）认为，对于一般的审计模型与方法，可以采用过程基线的方式进行比较，以考察每种模型与方法的完备性和过程的合理性，并提供一种架构用于指导方法选择和过程比较。

勒文塔基斯等（2008）所提出的知识审计参考方法可以作为方法基

线，主要原因在于该方法是基于信息审计与知识审计领域，在综合比较 13 种模型的基础上，筛选出 5 种代表性的模型进行深入比较，包括奥尔纳（1990）、亨泽尔（2001）、伯内特等（Burnett et al. ，2004）、佩雷斯–索尔特罗等（2006）、张等（2007），提出了知识审计的八个主要活动（含 26 个子活动），得到学界和业界的广泛认可。相比于其他知识审计架构，所包含的八个主要活动遵循了知识审计活动开展的基本规律，涵盖了知识审计活动的主要内容。具体而言，主要有审计准备（Prepare audit）：此阶段需要和企业管理者进行充分会晤，确定审计的范围和目标，调查研究目标领域的各种环境。明确审计利益（Promote audit's benefits）：将和企业组织的高层管理者和员工讨论并明确审计利益，并使其自愿加入。调查目标领域（Investigate targeted area）：识别业务流程、相关利益者和相关的知识流程。收集数据（Collect data）：通过访谈或调查收集数据。分析数据（Analyze data）：有效分析数据，并将最终的结果利用图表描述出知识流、知识库等。评价数据（Evaluate data）：识别存在的问题或瓶颈，提出意见克服这些困难。审计结果（Conclude audit）：主要的产出是审计报告和行动计划。再审计（Re-auditing）：审计过程将持续循环进行。在此可以依据方法基线对上述知识审计模型与方法进行比较，见表 5.2。

表 5.2　　　　　基于方法基线的知识审计模型与方法比较

序号	审计准备	明确审计利益	调查目标领域	收集数据	分析数据	评价数据	审计结果	再审计
1			①	①	②③		④	
2		①	②	②	③	④	⑤⑥	⑦
3	①		②③	④	⑤	⑤	⑥	⑦
4				①	①②	③	③	
5	①		②			③④	④	
6	①		②	②	③		③	

序号	审计准备	明确审计利益	调查目标领域	收集数据	分析数据	评价数据	审计结果	再审计
7	①		②				③	
8	①	①②	③	④	⑤	⑥⑦	⑧	
9			①		①②	③		
10	①			②	③	④	⑤⑥	⑦
11	①	②	③④⑤	⑥	⑦	⑧	⑨⑩	
12	①		②	③④	⑤		⑥	⑥
13	①②		③		⑤		⑥⑦	⑧
14			①	②		③		
15	①	①	②	③	④⑤⑥	⑦	⑧	
16	①		②③	④⑤			⑥	
17	①	②	③	④	④	④	⑤	
18		①	②		③	③	④⑤	⑥
19	①②	③	④				⑤	
20	①②		③④	⑤	⑥	⑦⑧	⑨⑩	
21	①			②	③	④	⑤⑥	
22	①		③	④	⑤	⑥	⑦	⑧
23			①②③				④	
24	①②	③④		⑤	⑥	⑦	⑧⑨⑩	⑪⑫⑬
25	①②		③④	⑤	⑥		⑦⑧⑨	
26	①				②		③④	
27	①	①②			③		④⑤	⑥
28	①	①②			③	④	⑤	⑥
29	①	②	③	③			④⑤	
30	①②	③	④⑤	⑥	⑦	⑧	⑨	⑩

注：表5.2中的序号与表5.1中的序号相对应，下同。

从表5.2中可以看出，绝大部分学者所提出的知识审计模型与方法中所包含的步骤、环节或阶段都可以纳入此方法基线中。通过比较表中所出现的频次可以看出，除了明确审计利益和再审计等基线频次较低外，大部分模型与方法都强调了审计过程中一些较为重要的方面，如调查目标领域、收集、分析和评价数据及对结果进行分析。但这也显示出，很多企业并没有明确引入知识审计的目的，也未指明知识审计在知识管理过程中应该占据的位置或者应该被发起的领域，也并不清楚什么性质的知识需要被有效管理，因此很多企业希望对企业中的任何知识都进行审计，而不管其对于企业是否有意义。而对再审计未引起重视的原因在于很多企业认为知识审计是一次性过程，而实质上知识审计应该是一个持续循环过程，并贯穿于整个知识管理活动的始终，需要不断地往复进行下去。

二、基于审计范围的比较

在审计领域既没有完全接受的模型也没有共同认知的实践，因此当前审计领域存在诸多挑战：对范围管理指导有限；与信息沟通技术（ICT）发展过程联系不明确；缺乏标准的方法路径等（Buchanan & Gibb，2007）。因此，为了全面理解知识审计的范围和角色，需要考虑知识资源的连续谱系，从隐性知识资源到显性知识资源；也需要从整体、系统视角进行思考，从知识管理战略、知识管理系统到知识管理文化等都应该引起重视。对于知识审计的范围在实施之前就需要进行确定，而且还要先于所选择的业务单元的目标，业务单元的选择会受到信息、运作或功能水平的限制（Henczel，2000）。知识战略对组织知识资源的有效管理提供了总体的战术与运作指导，知识审计提供了这些资源的清单，更重要的是，进行了关键组织分析，这就使得知识审计作为知识战略发展的一个重要前导。厄尔（2000）对知识战略的组件进行分类，主要包括管理（Management）、技术（Technology）、系统（System）和内容（Content）。在此可以采用并指导知识审计的范围，依赖于个体环境和知识审计的目的，可以允许关注一个或多个组件。

在此还需要引入组织对知识审计的三种观点：战略观（Strategic perspective）、流程观（Process perspective）和资源观（Resource perspective）。对于战略观主要是通过厘清和分析从组织愿景到知识资源的关系来认知战略目标。而组织愿景到知识资源的关系可以用一个层级模式来进行界定：愿景、目标、目的、关键成功因素、任务/行为、知识资源（Buchanan，1998）。因此战略导向的知识审计的关键产出将是组织的知识管理战略，集中于知识资源的未来战略趋势和能动作用。而流程观是关注于工作流以及组织流程中信息流。流程是由一系列具有输入和产出的行为所构成，而流程又是系统的一个组件，具有系统的特征。对于流程一般可以分为四种重要类型（Ould，1995）：核心流程（Core processes）、支持流程（Support processes）、管理流程（Management processes）以及业务网络流程（Business network processes）。基于流程观的知识审计的关键产出是以流程为基础的知识流和相关知识资源的分析和规划。而资源观是关注于知识资源的识别、归类和评价，主要识别那些与战略目标和运作流程相关的知识资源。而知识资源的重要性也需要根据对任务支持的作用来综合评定。以资源观为导向的知识审计的关键产出是详细厘清和评价组织的知识资源，关注于更有效率和效益的知识资源管理。

基于上述分析，可以将知识管理战略的四个组件以及组织对知识审计的三个观点构成确定知识审计范围的二维矩阵，将上述知识审计架构依据矩阵进行定位，见表5.3。

表5.3　　　　基于审计范围的知识审计架构与方法比较

	管理	技术	系统	内容
战略	1、2、3、14、22	2、3、23	2、5	2、3、5
过程	11、15、21、28、30	6、10、13	7、17、20	13、16、24
资源	2、3、4、27	9、18、26	8、25、29	12、19

三、基于方法特性的比较

每种知识审计架构都拥有自身独特的审计方法体系，强调的中心或重点存在不同。在此，从方法特性对上述知识审计架构进行比较分析。方法特性主要关注如下方面：努力程度、定性与定量方法、全面性、可用性（运用、柔性）、有用性（经验证据、技能需求、工具支持）等。其中：

努力程度（Effort level）主要是指企业组织在采用该模型或方法的过程中，为了达成审计目标而需要投入的资源力度，如人力资源、物力资源和财力资源等，以及各种方法操作的繁简程度等。

定性与定量方法（Qualitative & quantitative methods）是指该审计架构与方法在具体操作过程中是否采用定性研究方法，以及科学合理的评价指标或评估量表等。

全面性（Comprehensiveness）强调每种审计架构与方法在概念，逻辑和结构方面的完备性。

可用性（Applicability）是指各种审计架构与方法的使用范围和应用能力的广泛性，对组织的异质性需求有能力进行快速响应，其中包括：运用（Application），用于评估每个知识审计架构与方法的组件以及观点的能力；柔性（Flexibility），适当删减或增加逻辑步骤和任务，满足指定个别需求的调节能力，以及满足需求的深度和宽度的适应能力。

有用性（Usability）是指对各种审计架构与方法较为容易被使用和实用程度的感知，审计方法的产出范围可以被使用者用于在特定使用情境下实现指定具有效能、效率和满意度的目标，其中包括经验证据（Empirical evidence），主要是这些方法是否已经被应用于实践，产生了社会或经济价值。技能需求（Skills requirement）主要是应用这些模型和方法的过程中，需要哪些方面的知识或技能，一般包括目标管理、战略分析、系统分析、统计学和会计学等方面。工具支持（Tools support）

主要是用于支持知识管理审计过程的工具和技巧，可能会涵盖战略和组织分析、数据聚集和分析、知识流和过程建模，系统分析，成本价值分析，以及报告或表达技巧等。因此，基于方法特性的比较将从上述方面逐步展开，见表5.4。

表 5.4　　　　　　　基于方法特性的知识审计模型与方法比较

序号	努力程度	定性方法	定量方法	全面性	可用性		有用性		
					运用	柔性	经验证据	能力需求	工具支持
1	低	√						√	√
2	中	√		√	√			√	√
3	中	√	√	√	√	√	√	√	√
4	低		√	√	√			√	√
5	高		√					√	√
6	高	√			√	√	√	√	√
7	中	√					√	√	
8	高		√	√					
9	低	√						√	√
10	低	√				√		√	√
11	低	√			√		√		√
12	中	√		√				√	√
13	低			√	√	√		√	√
14	低	√						√	
15	高	√		√		√	√		√
16	低						√	√	
17	低	√	√		√	√		√	
18	中	√					√	√	√
19	中	√		√			√	√	√
20	高	√		√	√		√	√	
21	低	√			√				√

续表

序号	努力程度	定性方法	定量方法	全面性	可用性		有用性		
					运用	柔性	经验证据	能力需求	工具支持
22	高	√		√	√	√	√	√	
23	高	√			√	√		√	√
24	高	√	√	√	√		√	√	
25	高	√	√	√		√	√	√	√
26	高		√	√					
27	中	√			√	√	√	√	
28	中	√		√		√		√	
29	中	√	√		√		√		√
30	高	√		√		√		√	√

四、基于数据采集的比较

企业在知识审计中可以采用多种数据采集方法，如工作流和业务流程分析、内容分析、IT 系统分析等，但较为常用的数据采集方法有深入访谈、焦点小组、问卷调查与直接观察等（Gu，2013）。依据诸多学者（如 Maculay，1996；Goguen，1993；Allen，2000）的观点，每种方法都有着自身的优点和缺点，审计方法的选择将取决于组织资源、资料详细程度、时间限制以及发展阶段等诸多因素。

（1）深入访谈

这是一种开放式面对面的交流方式，审计人员可以获得有关主题的知识、观点、感觉和行为。审计人员有机会直接问询一系列的问题，通过个别交流，能够帮助获得良好的探知与更加定性的结果。但访谈的最终效果需要审计人员具有一些明确、针对性的问题和访谈技巧，不能带有个人观点否则会产生偏见。

（2）焦点小组

焦点小组是一种开放式讨论方法，是由训练有素的主持人以一种无结构的自然形式按照定义的主题列表与小组的被调查者进行交谈，通常由6~12人组成，主要目的在于从挑选的被调查者中获取对相关问题的深入了解。相比于个人访谈，具有更快、更经济和更广的专业知识等特点，但获取信息的深度较为有限，很难探知群体中的个别想法，群体意见可能会抑制原始或少数观点。

（3）问卷调查

问卷调查是通过结构化设置开放式和封闭式问项，用于检验知识、态度和实践。相对于访谈和焦点小组，其优势在于可以获取大量数据且这些数据容易进行编码和分析。但获取信息的深度也较为有限，主要是调查问项存在刚性。伯内特等（Burnett et al.，2013）提出含有50个题项的知识审计调查问卷，涵盖战略愿景、基础设施、结构与环境、文化以及知识管理流程等内容。

（4）直接观察

直接观察也是知识审计中较为常用的方法之一，审计人员主要聚焦于揭示员工在目标审计领域的工作情况，了解员工需要使用哪些类型的信息，以及员工之间相互沟通的渠道和方式，通过参观正式的工作环境，工作全景可以被深刻洞察。其缺陷主要在于审计人员可能会打搅员工的工作，以及员工可能故意按照正规程序工作，从而会导致诱发非正式知识流的局限性。依据上述内容对上述知识审计架构与方法进行比较，见表5.5。

表5.5　　　基于数据采集的知识审计模型与方法比较

序号	作者与机构	深入访谈	焦点小组	问卷调查	直接观察
1	Debenham & Clark	√		√	
2	Henczel		√		

续表

序号	作者与机构	深入访谈	焦点小组	问卷调查	直接观察
3	Fraunhofer	√	√	√	√
4	Liebowitz et al	√		√	
5	Lauer & Tanniru		√		√
6	Hylton				√
7	Choy et al		√	√	√
8	Burnett et al	√		√	√
9	Iazzolino & Pietrantonio				√
10	奉继承、赵涛			√	
11	Thomas	√			
12	Perez – Soltero et al	√	√	√	√
13	Cheung et al	√		√	
14	Biloslavo & Trnavcevic		√		
15	Shek et al	√	√	√	
16	Bright		√		
17	张瑞红	√		√	
18	Skyrme	√	√	√	√
19	Aviv，Levy & Hadar			√	√
20	Jurinjak & Bozidar	√	√	√	
21	Wu & Li		√		√
22	Levantakis et al			√	
23	Lopez – Nicolas & Merono – Cerdan	√	√		
24	周国熠等	√		√	
25	Antonova & Gourova			√	
26	Jones et al	√	√		
27	Ganasan & Dominic	√		√	√
28	Jafari & Payani		√	√	
29	Fotoohi & Rahman	√		√	
30	朱志红与薛大维	√	√	√	√

五、基于审计输出的比较

知识审计输出的主要载体为知识审计报告，主要用于创新知识资产以及经由知识交换路径识别知识流，还可以用于识别企业中的专家及其所拥有的技能（Shukor, Rahman & Iahad, 2013）。知识审计输出有助于确保企业的持续质量改进，能够精确识别、鉴定、测量和评估企业的隐性与显性知识。总体而言，知识审计输出主要表现在如下五个方面：

（1）专家目录

专家目录是指组织中具有各类专业知识的专家列表。知识审计行为能够产生专家目录，确保员工能够及时访问与查询，特别是在解决某些领域日常操作需要专业知识时或当面临更多复杂问题时。

（2）训练需求分析

进行知识审计训练将有助于组织有效规划出专家目录。针对组织一些知识流程，员工拥有或缺乏哪些技能或知识进行审计，这将导致训练需求分析的产生。

（3）知识资产

知识审计过程可以被定义为组织知识的盘点行为。它将提供一份知识库存清单，表明组织所拥有的各类知识资产，凸显组织的知识财富。这也是知识审计活动的主要任务。

（4）知识交换路径

知识审计活动还将帮助组织识别知识使用者、供应者、中介者以及知识流，这些可以被称为知识交换路径，揭示出知识的来源，位于何处、谁在使用以及知识流向等。

（5）诊断工具

从战略管理方面，知识审计输出也常被用作诊断工具。能够帮助组织制订战略规划，报告知识差距，同时还作为有效的评估工具，依据审计标准做出科学、公正评价，并提出策略性建议。

　　知识审计输出的使用非常依赖于组织需求，与组织目标和战略密切相关。知识审计输出将提供详细的知识审计报告让管理者进行思考和决策。知识审计被定义为一个往复循环过程，使组织能够对自身知识资产"健康"状况进行深入了解。此外，还可以帮助组织进行持续改进，如训练需求分析可以帮助管理层评估当前员工所具有的技能以及所缺乏的技能，从而使得组织知识"健康"的连续性得以保证。在此可以依据上述内容对各种知识审计架构与方法进行比较，见表5.6。

表5.6　　　　　　　基于审计输出的知识审计模型与方法比较

序号	作者与机构	专家目录	训练需求分析	知识资产	知识交换路径	诊断工具
1	Debenham & Clark	√	√	√	√	√
2	Henczel	√		√		
3	Fraunhofer		√		√	√
4	Liebowitz et al			√	√	√
5	Lauer & Tanniru		√		√	
6	Hylton	√		√		√
7	Choy et al		√	√	√	
8	Burnett et al			√	√	
9	Iazzolino & Pietrantonio					√
10	奉继承、赵涛	√				
11	Thomas		√		√	√
12	Perez – Soltero et al			√	√	
13	Cheung et al			√	√	
14	Biloslavo & Trnavcevic	√		√		
15	Shek et al		√	√	√	
16	Bright	√		√		√
17	张瑞红		√		√	
18	Skyrme		√	√	√	√

续表

序号	作者与机构	专家目录	训练需求分析	知识资产	知识交换路径	诊断工具
19	Aviv, Levy & Hadar	√	√	√	√	
20	Jurinjak & Bozidar			√		
21	Wu & Li	√		√	√	
22	Levantakis et al			√	√	
23	Lopez – Nicolas & Merono – Cerdan			√		√
24	周国熠等	√	√		√	
25	Antonova & Gourova			√		√
26	Jones et al					√
27	Ganasan & Dominic		√	√	√	
28	Jafari & Payani	√	√	√	√	√
29	Fotoohi & Rahman	√		√		√
30	朱志红与薛大维	√			√	

此外，目前绝大多数知识审计模型本质上是静态的，在某种意义上而言，它们可能不够灵活、敏捷、柔性；不能适应和满足不同需求的审计目标，以及在不同环境中运行。这种刚性可能无法完全满足现代企业的需求，使得知识审计的结果可能不会对企业产生直接价值。因此，知识审计模型需要是动态的，主动适应审计目标，企业的性质和规模以及一些其他定义特征的审计目的，可以提供一些定制的方法，以适合被审计单位的需求和环境变化。这样审计的结果和输出将会更加准确和真实。

第二节　企业知识审计活动优化

基于上述企业知识审计架构的方法基线、审计范围、方法特性、数据采集以及审计输出的比较，较为清晰地揭示了企业知识审计的主要目标、涵盖范围、活动流程等特性。特别是对于知识审计的流程，由于审计流程是企业审计团队履行自身职责以及职能的具体过程和审计目标的实现途径，缺乏合理性和科学性的审计流程，一方面，会使得审计人员无法获取充分、恰当的审计证据而将审计风险降低到可以接受的水平，从而影响审计目标的实现，进而无法有效地履行审计职能与职责；另一方面，势必也会影响到审计质量与效率，浪费有限的审计资源，增加不必要的审计成本。因此，制定和实施有效的审计流程将对提升企业知识审计效率，保障知识管理有序运行具有非常重要的作用。

一、企业知识审计活动优化的思想

知识审计活动优化主要借鉴业务流程优化的思想。业务流程优化是在业务流程再造（Business Process Reengineering，BPR）的基础上发展而来。1993 年，迈克尔·哈默和詹姆斯·钱皮（Michael Hammer & James Champy）在其著作《企业再造》一书中，首次提出了业务流程再造的定义：对企业的业务流程进行根本性再思考和彻底性再设计，从而获得成本、质量、服务和速度等方面业绩的戏剧性的改善。其中：

"根本性"是指突破原有的思维定式，以回归零点的新观念和思考方式，对现有流程和系统进行综合分析和统筹考虑，避免将思维局限于现有的作业流程、系统结构和知识框架中去，以取得目标流程设计的最优。

"彻底性"是指抛弃原有的陈规陋习创造全新的业务处理流程，而非对既存的事物进行肤浅的改良、增强和调整。

"戏剧性"是指通过再造后业务部门竞争力增强，管理方式、手段与整体运作效果达到一个质的飞跃，体现高效益和高回报。

BPR 理论提出后在业界引起了巨大反响并掀起了流程再造的浪潮，然而就应用情况以及实施效果来看，失败率较高并未达到预期效果。究其原因，在于大多数情况下企业所面临的内外部环境变化并不是特别激烈，并不需要进行根本性和彻底性的重组或再造，而更需要的是系统性、持续性的改进。因此，在业务流程再造的基础上提出了业务流程优化的管理理念。

借鉴业务流程优化的思想，知识审计活动优化是一项通过不断发展、完善、整合，从而确保提升知识审计质量、提高知识审计效率与效果的策略。在知识审计活动的设计和实施过程中，需要对知识审计活动进行不断的改进，以期取得最佳的效果。知识审计活动优化不仅是指做正确的事，还包括如何正确地做这些事，其具体内容包括：以优化知识审计活动要达到的目标为基本原则，在现有知识审计活动的基础上，规划、分析和运用一系列设计方法提出优化后的知识审计活动，通过试行进而正式实施并作出评价，针对评价中发现的问题再次进行改进并不断循环。对知识审计活动的优化，无论是整体优化还是部分改变，大多以提高审计质量、提升审计效率、降低审计成本、节约审计资源等为目标。

二、企业知识审计活动优化的步骤

可见，在知识审计活动优化过程中，需要进行规划、设计、实施与评价阶段并不断进行循环，在各个阶段的任务有所不同，具体优化过程见图5.2。

（一）知识审计活动规划

通过对企业知识审计活动现状进行了解和梳理，深入分析其中存在的问题以及需要改善的关键点，这是知识审计活动优化的起点。而关键点是指构成知识审计的诸多活动中对整个审计流程具有决定性作用的活动。通过前面对不同知识审计架构的分析，可以看出各个审计架构所呈现的审计过程不完全一致，但总体而言，审计过程可以大致分为审计计划、审计实施、审计报告以及审计终结等阶段，在不同阶段中包含许多具体的流程，不同流程中又存在不同的审计活动。因此，在知识审计活动规划中可以实施如下步骤：①知识审计活动描述。在此可以采用"活动图"对知识审计各个流程的关系以及不同知识审计活动之间的关系进行表达，通过图形的绘制可以清晰识别待优化知识审计活动的关键所在，以及待优化知识审计活动与其他知识审计活动之间的关系，促进审计人员达成共识；②知识审计活动分析。其主要目标在于识别影响审计质量和效率的关键知识审计活动以及其中的关键点。知识审计团队可以通过调查问卷以及与标杆企业的基准比较等形式，识别诸如当前知识审计活动差距、对知识审计活动的改进建议、优化知识审计活动所需要的资源以及将采取的行动、人员等信息；③知识审计活动诊断。通过对识别关键知识审计活动和关键点的基础上讨论进行优化的可能性。依据当前企业知识审计活动的实际情况，结合其他审计类型的审计流程与标杆企业的基准，综合讨论知识审计活动优化和改进的可行性。

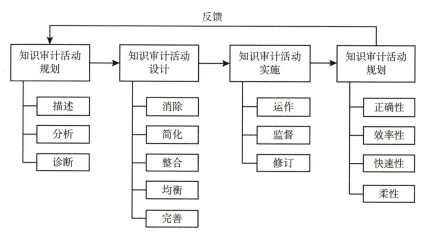

图5.2 企业知识审计活动的优化步骤

（二）知识审计活动设计

根据企业知识审计活动分析和规划的情况，对已识别的可优化关键活动进行优化。知识审计活动设计的基本方法是系统化优化设计，其特点是以现有审计活动为基础，通过对现有活动消除、简化、整合、均衡与完善等来完成重新设计。其中消除是减少不必要的非增值活动；简化是指减少知识审计活动的数量，提高知识审计活动的质量；整合是将具有某种内在逻辑关联关系的审计活动按照一定的内在程序进行归并，使其更加顺畅、连贯与有序；均衡是指根据侧重点控制方式的不同，对审计活动顺序进行调整；完善是指预防可能产生的错误，减少审计活动的失误，提高审计效率与效果（张勇，王小林，2011）。

（三）知识审计活动实施

在新的知识审计活动设计完成之后，需要经过实践运作测试，目的在于检验该活动优化后是否能够真正提高审计质量和工作效率，发挥该审计活动在整体活动中的作用，并达到活动本身的预期效果，并针对所出现的问题对运作方案进行修订。在知识审计活动开展过程中，审计团队需要对审计活动的实际运作情况进行监督或控制，并及时依据审计活动的运作情况进行纠偏处理（修订），使得整体知识审计活动能够发挥出应有的绩效和作用。

（四）知识审计活动评价

在整体知识审计活动运作一段时间后，需要对知识审计活动的实施情况和效果进行综合评价，以检验该知识审计活动在实际运行过程中是否达到设计目标，并总结知识审计活动实施中所出现的问题，继而为进一步分析和改进奠定基础，保障知识审计活动的持续优化。一般而言，对于知识审计活动的评价标准主要如下：①正确性（Right）。审计活动的输出是否能够满足企业知识审计的基本要求，是否按照既定要求对企业知识管理、知识政策、知识流等内容进行有效审计和监督，确保审计活动的合理性、健全性和有效性；②效率或成本（Efficient/Cheap）。审计活动为了实现有效性，资源使用的最小化和浪费消除的程度或能力；③快速性（Fast）。企业知识审计活动的基本周期在保证审计质量的前提下能否得到大幅提升；④柔性（Flexibility）。审计活动在应对环境需求的变化以及满足独特审计需求的能力。如适应环境变化的调整时间，满足独特审计需求的平均时间等。

三、企业知识审计活动优化：基于社会网络分析

（一）社会网络分析的原理

社会网络是由多个节点（社会行动者）和各节点之间的连线（行动者之间的关系）组成的集合。节点可能是一个人、一个组织、一个团体，甚至可能是一个国家，所以社会网络理论可以分析不同的单位，任何行动者都可能成为节点。

社会网络分析（Social Network Analysis）是适应社会结构和社会关系需要而发展起来的一种分析方法，主要是分析各个参与者之间的关系状态，寻找关系的特征以及发现这些关系对组织所存在的各种影响（刘军，2009；罗家德，2010）。社会网络分析的思想主要起源于心理学和人类学的研究，可以追溯美国心理学家雅各布·莫雷诺（Jacob Moreno，1930）所创立的社会测量法（Sociometrics），但这仅属于社会网络分析的一种基础方法。社会网络分析法在前者的基础上发展出了图论、矩阵法等方法，使得社会网络分析法从限于群体内部结构和人际关系等方面的微观网络研究，逐步应用到包括经济社会在内的全部社会领域构成的宏观网络。

社会网络研究早期应用于新产品传播、传染病扩散、情感支持、婚姻配对等，后来增加了很多的经济现象，如消费者行为、网络组织、组织行为等，特别是在20世纪80年代之后，网络研究从社会学进入经济管理领域，成为一种非常有效的分析方法（李平、张庆普，2008）。社会网络分析法提供或开发了许多测量指标，用于研究和解释社会网络的特征、动态性和结构。社会网络分析的理论前提是在互动单元之间存在的关系非常重要，关系是网络分析理论的基础。社会网络分析不仅需要关注参与者（Actor），而且还需要关注参与者之间的关联（Linkage），通过反映参与者之间的关联来研究整个网络的属性。网络中心性（Centrality）分析是解释网络及其参与者之间关联状况的方法之一，主要是反映节点在整个网络中的中心性，决定着节点在网络中的地位和权力大小。

社会网络中心性的重要指标是程度中心性（Degree centrality）、中间中心性（Betweenness centrality）和接近中心性（Closeness centrality）等。其中程度中心性是指节点所拥有的直接联系数量，其值越高，说明在网络中与较多参与者具有关联，而且拥有的非正式权力与影响力也就越大；中间中心性指失去此节点，节点之间将失去联系，中间中心性指数较高，越表明在网络中掌握资源流通的关键性位置；接近中心性是指节点之间距离的远近程度，距离越短，则接近中心性越高，表示其获取信息的速度越快。

在此将各个学者或研究机构作为网络节点，各学者或机构所提出知识审计活动的相互关联定义为网络的连线或边，运用定量方法来分析知识审计活动。同时还采用程度中心性指数来加以衡量，由于程度中心性指标反映的是一个节点对于网络中其他节点的直接影响力，因而程度中心性指标更加能够反映网络全局的结构特性。因此，借用社会网络分析的程度中心性来筛选和评定企业知识审计活动。另外，程度中心性还可以分为内向程度中心性（In – Degree）和外向程度中心性（Out – Degree）。内向程度中心性是指在网络中的行动者在某一事件中，被多少其他行动者认同彼此之间具有联结的关系，是由网络内所有的成员共同决定，具有较高的客观性。而外向程度中心性是指在某一事件中，行动者主观认定自身与其他行动者之间的联结关系，相对于内向程度中心性，客观程度较低。需要指出的是，在此所构建的社会网络已经不是纯社会学研究意义上的社会网络，而是借用社会网络分析中的中心性来分析各个知识审计活动之间的关联情况，从而分析出哪些知识审计活动对企业而言是非常重要。

（二）企业知识审计活动优化过程

将30个知识审计架构中的196项审计活动进行整理、编码，建立关系网络矩阵，利用软件 Ucinet 6.0 进行处理，并使用 NetDraw 功能绘制网络图，见图5.3。

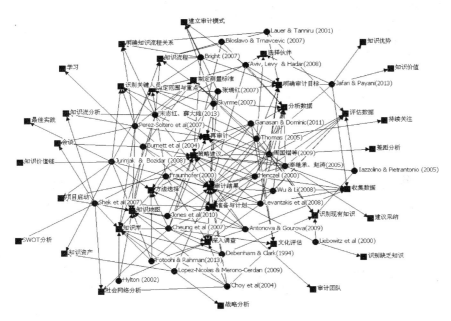

图5.3　知识审计活动的社会网络分析图

在图5.3中圆圈代表各个学者或研究机构，方框代表各个知识审计活动。而整个审计活动的社会网络结构特征见表5.7，可以看出整体知识审计活动所构成的关系网络的网络中心性达到23.56%，异质性为2.14%，标准化系数达到0.68%。各个节点之间的程度中心性平均指数为5.676，标准差达到3.829。说明各个学者和研究机构对于知识审计活动的认知较为统一，仅是在个别审计活动内容上存在差异。

表5.7　　　　　　　知识审计活动的社会网络结构分析

结构指标	绝对中心度 （Degree）	相对中心度 （NrmDegree）	比率 （Share）
Mean	5.676	8.472	0.015

续表

结构指标	绝对中心度 （Degree）	相对中心度 （NrmDegree）	比率 （Share）
Std Dev	3.829	5.715	0.010
Sum	386.000	576.119	1.000
Variance	14.660	32.658	0.000
SSQ	3188	7101.804	0.021
MCSSQ	996.882	2220.722	0.007
Euc Norm	56.462	84.272	0.146
Minimum	1.000	1.493	0.003
Maximum	21.000	31.343	0.054

Network Centralization = 23.56%

Heterogeneity = 2.14%　　Normalized = 0.68%

　　根据社会网络结构分析的分析结果，知识审计活动的基本特征分析见表5.8。

表5.8　　　　　　　　　知识审计活动的基本特征分析

知识审计活动	绝对中心度 （Degree）	相对中心度 （NrmDegree）	比率 （Share）
审计结果	21	31.343	0.054
策略建议	15	22.388	0.039
准备与计划	14	20.896	0.036
知识库	10	14.925	0.026
知识地图	10	14.925	0.026
分析数据	9	13.433	0.023
再审计	9	13.433	0.023
深入调查	9	13.433	0.023
明确审计目标	8	11.94	0.021
确定范围与重点	7	10.448	0.018

续表

知识审计活动	绝对中心度 （Degree）	相对中心度 （NrmDegree）	比率 （Share）
评估数据	7	10.448	0.018
知识流程	6	8.955	0.016
方法选择	6	8.955	0.016
收集数据	6	8.955	0.016
制定测量标准	5	7.463	0.013
文化评估	4	5.97	0.01
识别关键人员	4	5.97	0.01
建立审计模式	4	5.97	0.01
明确知识流程关系	4	5.97	0.01
选择伙伴	3	4.478	0.008
知识流分析	3	4.478	0.008
项目启动	3	4.478	0.008
社会网络分析	3	4.478	0.008
会谈	3	4.478	0.008
知识资产	2	2.985	0.005
持续关注	1	1.493	0.003
识别缺乏知识	1	1.493	0.003
学习	1	1.493	0.003
审计团队	1	1.493	0.003
知识价值链	1	1.493	0.003
最佳实践	1	1.493	0.003
战略分析	1	1.493	0.003
差距分析	1	1.493	0.003
建议采纳	1	1.493	0.003
知识优势	1	1.493	0.003
知识价值	1	1.493	0.003

注：有些知识审计活动没有完全列入。

（三）企业知识审计活动优化的结果

通过表5.8可以看出，有些关键知识审计活动已经得到诸多学者或研究机构的广泛认同，如审计结果（21）、策略建议（15）、准备与计划（14）、知识库（10）、知识地图（10）、分析数据（9）、再审计（9）、深入调查（9）、明确审计目标（8）、确定范围与重点（7）、评估数据（7）等。因此，通过对不同架构中的各个审计活动的程度中心性指标进行综合考量，同时结合知识审计自身的特性，可以归纳凝练为7个主要活动：审计准备、审计辅助、数据收集、审计处理、审计评价、审计结果与再审计。这些主要活动中还包含一些子活动，见图5.4。这些主要活动具有较强的针对性和代表性，能够指导企业知识审计的有效实施，极大地提高知识审计效率和效果，促进知识审计价值的最大化。

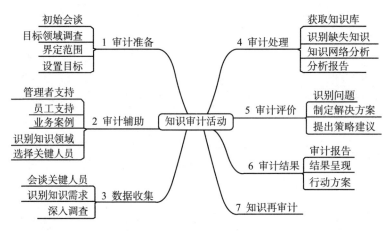

图 5.4　企业知识审计活动与子活动

第三节　企业知识审计活动的逻辑关联

一、过程展示图的基本原理与特性

方法工程学（Method engineering）涉及方法的文档、设计以及适应性（Brinkkemper，1996）。对于记录和描述现有方法的重要技术是元建模技术（Meta-modeling technique）。模型描述构件或系统，元模型则描述模型及其主要特性。过程展示图是源于 UML 建模标准的一种元建模技术，由两种性质的图所构成：基于过程观点的元过程图（Meta-process diagrams）和基于展示观点的元展示图（Meta-deliverable diagrams）。而元过程图是基于 UML 的活动图（Activity diagram），用于描绘活动、子活动以及它们之间的相互关系，一般位于图的左侧。而元展示图则是基于 UML 的类图（Class diagram），用于描绘概念以及可展示成果之间的相互关系，一般位于图的右侧（Weerd & Brinkkemper，2007），左侧活动和右侧概念之间用虚线箭头加以连接。

1. 元过程图

根据布奇、兰宝和雅各布（Booch，Rumbaugh & Jacobson，1999）的观点，元过程图是表达从一个活动到另一个活动流动的图，描述的是动态发展的系统观点，主要由活动（Activity）和转换（Transition）组成。其中，活动可以被分解为子活动（Sub-activity），如有必要，可以创建一个分层活动进行分解。转换主要用于表达对一个活动到下一个活动流动的控制。

元过程图中具有三种不同性质的活动：标准活动（Standard activity）、封闭活动（Closed activity）和开放活动（Open activity）。标准活动是指活动中不包含任何子活动（简单活动），一般用圆角矩形表示（或用两边为弧的条形框表示）。而封闭活动与开放活动都属于复合活动（Complex activity），复合活动表示可以再进一步分解的复杂活动，与简单活动相对。封闭活动与开放活动的区别在于开放活动中的活动（或子活动）是可以扩展的，这种扩展可以发生在同一个图或另一个图中，通常有两种表达方式：一是包含两个或多个子活动的圆角矩形表示，另一种是带有灰影的圆角矩形表示；而封闭活动则表示活动（或子活动）是不能扩展的，活动（或子活动）是未知的或与特定情景无关，一般用带有黑影圆角矩形加以表示。三种活动示意图见图 5.5。

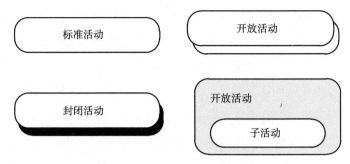

图 5.5　元过程图中的三种活动

　　活动之间具有四种转换形式：顺序式（Sequential）、无序式（Unordered）、并发式（Concurrent）与条件式（Conditional）。其中，顺序式表示活动需要按照预定义的顺序执行。这些活动可以用箭头连接，意味着必须以这样的顺序来执行；无序式表示活动的子活动可以按任何顺序执行，即它们没有预定义的执行序列，特别需要强调的是只有子活动是无序的；并发式表示活动可以同时发生，但需要考虑分劈（Fork）和汇合（Join）。在图中活动与并发条（Synchronization bar）连接，一个活动可以分劈几个活动，这些并发活动后续通过使用一些并发条可以再一次汇合；条件式表示活动仅能在符合预定义的条件下执行。在图中用分支（Branch）进行表达，分支一般用菱形表示，有进入（Income）和流出（Outgo）的转换。每一个流出转换有一个条件表达式，用方括号表示。条件表达式实际为一个布尔表达式，用于表达一个选择方向。活动与子活动可以以顺序式、并发式和条件式进行建模。活动之间的四种转换形式见图 5.6。

　　2. 元展示图

　　元展示图是用图的符号表现出在元过程图中各个活动之间的关系。在元展示图中最为重要的是概念（Concept），根据布奇、兰宝和雅各布（1999）的观点，概念是一组对象享有相同的属性、运作、关系和语义。与活动类似，概念也可以分为标准概念（Standard concept）、开放概念（Open concept）和封闭概念（Closed concept），其中标准概念是简单概

念，开放概念和封闭概念是复合概念，其原理和元过程图类似，但一般
用直角矩阵表示，开放概念采用带有灰影的直角矩阵表示，而封闭概念
则采用带有黑影的直角矩阵表示，见图 5.7。

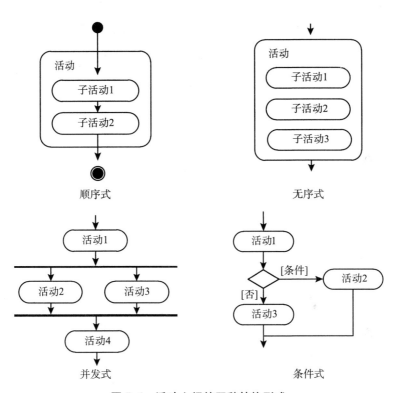

图 5.6　活动之间的四种转换形式

图 5.7　元展示图中的三种概念

　　与元过程图的活动不同，概念之间的关系存在多种形式：第一，泛
化关系（Generalization），表示一个通用概念（General concept）与多个
的特殊概念（Specific concept）之间存在一种继承关系，通用概念将继

承特殊概念的所有行为、关系或功能等。一般用带有空心三角箭头的实线表示，箭头方向由特殊概念指向通用概念。第二，依赖关系（Dependency），表示一个概念使用到了另一个概念，但这种使用是偶然的、临时的，而且被使用概念的变化会对使用的概念产生影响。依赖关系是一种非常弱的关系，也是一种偶然的关系，而不是必然的关系。一般用带有箭头的虚线表示。第三，关联关系（Association），表示概念与概念之间呈现出一种强的结构化关系，这种关系是长期性的，而且关系双方是平等的。这种关系可以是单向，也可以是双向的。一般用实线进行表示，实线上方标有名称和方向，方向用实心三角箭头表示。需要注意的是，关联还会表现出多重性（Multiplicity）的特性。多重性是指一个概念的实例（Instance）可能与多个概念的实例存在关联，这种关联可以用多种方式进行表达，如（0..1）表示 0 个或 1 个实例，（1）表示只能 1 个实例，（0..＊）表示 0 个或多个实例，（＊）表示多个实例，（1..＊）表示 1 个或多个实例，（3）表示只能 3 个实例，（n..m）符号表示有 n 到 m 个实例等。第四，聚合关系（Aggregation）与组合关系（Composition），它们是关联的一种特例。聚合关系是一种强的关联关系，体现的是概念（作为整体）与概念（作为部分）之间的拥有关系，此时整体和部分是可分离的，部分可以属于多个整体对象，也可以被多个整体对象共享，一般用一端带有空心菱形箭头的实线表示，菱形指向具有整体性质的概念。而组合是比聚合有着更强的关联关系，也被称为强聚合，同样体现整体与部分的关系，但此时整体和部分是不可分的，整体的生命周期的结束意味着部分的生命周期结束。一般用一端带有实心菱形箭头的实线表示，菱形也指向具有整体性质的概念。此外，有时还需要给概念分配属性（Property），属性一般位于概念下面，包括代码、状态、作者、有效日期、版本、位置和应用程序等。以上四种关系见图 5.8。

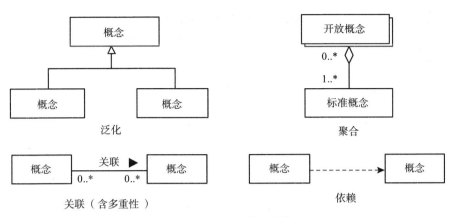

图 5.8 概念之间的四种关系

在此，基于过程展示图的基本原理，借助元过程图和元展示图中图表以及连接方式，深入揭示企业知识审计活动的特性以及活动之间的内在逻辑关联。根据上述所确定的 7 个主要活动，共计包含 23 个子活动，这些主要活动与子活动构成了元过程图的主要内容（肖久灵、汪建康，2016）。在此还需要指出的是，由于知识审计是一个不断循环、往复的过程，再审计是非常必要的活动，但再审计的具体内容仅是上述主要活动的再次重复，因此其并未有实质内容和特征。此外，依据元过程图子活动所包含的内容，可以确定出 29 个概念，这些概念构成元展示图的主要内容。

二、企业知识审计活动的元过程图分析

元过程图的活动与子活动见表 5.9。从中可以看出，每种知识审计活动都包含有一些子活动，如在审计准备活动中，主要包括初始会谈、目标领域调查、界定范围与设置审计目标等子活动，且每个子活动都包含有自身独特的内容和特征。

表 5.9 元过程图的活动及子活动列表

活动	子活动	内容与特征
审计准备	初始会谈	初始会谈将会同高层管理者进行，收集数据了解目标审计领域的环境、文化和结构，同时针对企业的特定需求，确定审计方法
	目标领域调查	审计人员通过文档或参与式观察了解目标领域，有助于进一步明确业务实践
	界定范围	审计人员与企业高管进行沟通，确定审计范围与识别需要进行审计的目标领域
	设置目标	审计人员依据企业需求确定审计目标
审计辅助	管理者支持	管理者需要在资源、阶段，审计目标、利益等方面给予支持和承诺
	员工支持	充分获得员工的支持，这对审计成功具有非常重要的作用。因此事先需要与员工进行座谈与调查，以获得员工的承诺
	业务案例	审计团队依据审计要求关注不同的方面，如工作流程中的核心业务和关键人员
	识别知识领域	参与座谈的人员应包括所有的利益相关者，其目标在于识别、明晰知识领域以及业务情景
	选择知识领域	基于对关键绩效指标的影响程度识别出关键知识领域，以及需要改进的程度
	识别关键人员	通过业务案例的分析识别出核心业务以及关键知识领域，从而确定出参与其中的关键人员
数据收集	会谈关键人员	关键人员能够帮助和支持审计活动，会谈记录将对主题提供有价值线索；为知识子库的构建提供来源；还能帮助识别不同知识领域的知识需求，进行差距分析
	识别知识需求	识别每个知识领域的知识需求，通过会谈了解特定知识领域，并应用知识子库以及知识子网络分析了解这些领域的实际状况
	调查	通过调查问卷等途径，了解目标领域的既有知识以及缺乏的知识

续表

活动	子活动	内容与特征
审计处理	获取知识库	建立企业显性知识和隐性知识的映射；知识库用于促进差距分析，了解有关知识需求和知识领域的实际水平，同时通过知识网络分析对参与者提供有价值的信息
	识别缺失知识	使用差距分析了解目标领域的知识水平与知识需求的匹配程度
	知识网络分析	通过知识网络分析识别不同知识资源的关系与流动情况
	分析报告	分析报告包含具体的分析结果，如知识库分析、知识网络分析和差距分析
审计评价	识别问题	识别所存在的问题并排序，如使用知识网络分析识别知识流的瓶颈；差距分析将被用于分析知识差距，知识库分析用于识别系统中的重复信息；综合评估可行性与成本有效性做出有效决策
	确定方案	提供各种解决方案，高层管理者与审计团队进行方案排序，综合考虑成本、适用性与标准等
	提出策略建议	选择适合的解决方案，并制订详细的执行计划。组织以及员工需要对每个方案提出详细的建议
审计结果	审计报告	审计结束需要提交审计报告，包括审计目标，审计范围、结果分析，策略建议等
	结果呈现	审计报告将以电子文档或文稿等形式将结果呈现给利益相关者
	行动方案	依据经批准的建议和新的知识管理计划制定行动方案

三、企业知识审计活动的元展示图分析

根据表 5.9 中所确定的活动和子活动所包含的具体内容，可以确定出所包含的概念，元展示图所涉及的概念及其特征见表 5.10。从表中也可以看出，每个概念所包含的内容与特征也不尽相同。

表 5.10   **元展示图的概念列表**

序号	概念	内容及特征
1	收集数据	通过初始会谈收集数据，设置审计目标与确定审计范围，以及识别业务案例与关键人员
2	文档	含有企业的愿景、使命和目标等相关信息
3	参与式观察	用于观察知识工作者的具体实践，观察证据为一些决策提供信息参考
4	范围	界定审计过程中包括的组织部门，以及审计所关注的层级
5	目标	在预期时限内通过运用有效的资源可以实现的目的或标准
6	承诺	高层管理者对于审计过程中的关键环节给予支持
7	座谈	审计团队与利益相关者进行座谈，确保充分信任并识别出知识领域
8	利益相关者	直接或间接参与审计的个人、群体、组织等
9	业务案例	包含有关业务战略、战略资源、利益相关者等信息
10	知识领域	界定知识体系的范围，涵盖见解、经验、理论和启示等内容
11	关键人员	在知识领域中的核心人员，具有不可或缺的作用
12	知识子库	通过调查问卷等获取的部分信息形成知识子库，与知识需求进行差距分析
13	知识子网络分析	通过调查问卷等获取的部分信息进行知识子网络分析
14	会谈记录	在审计过程中通过会谈形成记录，以收集相关信息
15	知识需求	支持知识领域以及实现企业目标的各种知识
16	调查问卷	通过调查问卷获得审计所需的各种数据
17	既有知识	当前在目标领域中所拥有的知识
18	差距分析	分析企业当前绩效的业务分析工具，与最优、标准和潜在的绩效进行比较
19	知识库	企业知识的可视化表达
20	知识网络分析	用于评估员工、团队、组织或其他知识实体之间的关联程度
21	瓶颈	有些问题破坏或降低整个审计过程的效率和有效性
22	知识差距	用于支持知识领域所缺乏的知识
23	分析报告	报告包含相关数据分析的结果，如知识目录以及瓶颈等
24	问题	在审计过程中出现的瓶颈、过时知识、各种障碍等
25	制定方案	制定干预措施以及拟定其他行动方案，以解决所出现的问题

续表

序号	概念	内容及特征
26	建议	对所实施的方案提出合理、可行的策略和意见
27	审计报告	报告中包含所有的审计结果，以及对知识审计或知识管理的改进策略或建议
28	结果呈现	提交正式报告、策略建议以及审计发现的相关证据（如账套、凭证等）
29	行动方案	采取必要的措施并认真执行，有效实施行动建议

四、企业知识审计活动的过程展示图分析

综合以上分析，将元过程图以及元展示图结合起来，就构成了企业知识审计活动的过程展示图，见图5.9，清晰地揭示了企业知识审计活动之间的内在逻辑关联。

企业在具体实施知识审计时，需要结合上述内容，重点把握知识审计活动的如下性质：其一，关注基础。企业成长状况是企业制定战略与开展知识管理活动的基础，因此知识审计不能忽视企业的成长阶段，伴随着企业的成长，企业战略在不断调整，而且支持企业战略的知识管理制度也在发生变化，知识审计的重点也应该有所不同；其二，揭示问题。知识审计是问题导向型的，即知识审计应该关注的是企业知识管理问题，其核心在于进行知识治理，注重效率性和效果性；其三，注意方法选择，知识审计应该以数据、事实和基准为依据，注意分析方法的科学性、针对性，以提高解决方案的精确性和可操作性。在实践中没有唯一、标准或最优的方法，需要依据企业的具体情况，如知识基础、知识需求、内外部环境、企业文化、知识管理战略等因素而定；其四，强调基准。知识审计首先是以战略为基础，确定管理实践与战略之间的缺口，其次是以企业目标为基础，确定目标计划与实际情况之间的缺口，再次以行业竞争对手的标杆为基准，确定现行的管理模式与标杆企业之间的缺口；其五，洞察机理。知识审计的目的不仅在于解决问题和消除

缺口，还必须把握问题和缺口产生的机理，即知识审计应关注对问题机理和方案机理的审计分析；其六，报告建议。知识审计的最终产出不应局限于审计报告，应充分发挥管理审计的咨询性、建设性、增值性作用。值得注意的是，知识审计并不能保证知识管理项目的必然成功，但其目的是提升知识管理项目成功的机会。

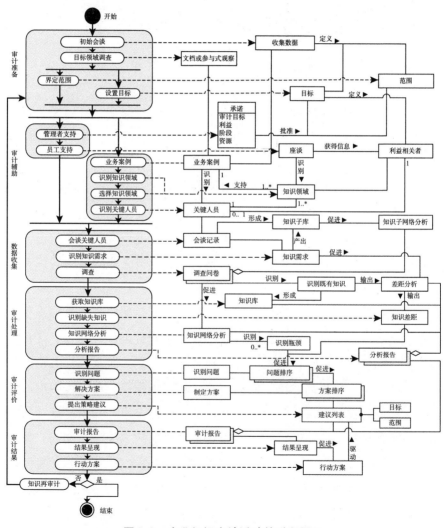

图5.9　企业知识审计活动的过程展示

第六章

企业知识审计程序与技术

知识审计是企业知识管理的关键环节，可以支持知识管理战略的制定，促进知识管理实施与知识管理结果的评估（Antonova & Gourova，2007）。知识审计是一个不断循环的过程，依据一定的审计标准，对知识管理战略制定、知识资产运行情况以及知识管理绩效等方面进行评价，以确保知识优势和竞争优势的获取（Leung et al.，2010）。另外，通过知识审计可以促进对企业利益、知识总体状况和业务流程的广泛认知，帮助所有员工更好地理解企业的竞争地位和促进对自身所拥有的知识进行有效管理，促使企业可以更好地获取知识（学习）和产生知识（创新与实验），共享知识（交流）和存储知识（编码），也可以更好地预测未来发展并进行有效应对。企业在审计目标的指引下，为了促进知识审计活动的有效开展，需要遵循合理规范的审计程序，并依托有效的审计技术，以提高审计工作效率，提升审计项目质量，并有效地防范审计风险，确保审计结果的科学性与有效性。企业知识审计程序与技术见图 6.1。

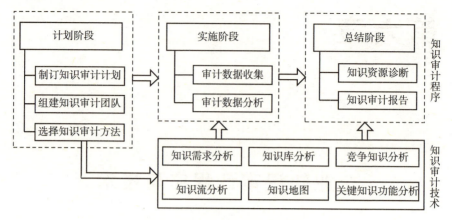

图6.1　企业知识审计程序与技术

第一节　企业知识审计程序

通过对以往学者与研究机构所提出的知识审计架构与特性的分析、比较与整合，并结合企业实施知识管理项目的实践特征以及知识审计活动的一般特性，可以将企业知识审计程序分为三个阶段：准备阶段，实施阶段与总结阶段。每个阶段包含一些审计环节，其中准备阶段包括制订知识审计计划、组建知识审计团队、选择知识审计方法等；实施阶段包括审计数据收集、审计数据分析；总结阶段包括知识资源诊断、知识审计报告等。以上这些阶段的有效完成需要借助一些审计技术，如知识需求分析、知识库分析、知识流分析、知识地图等。

在此需要说明的是，由于知识审计是现代管理审计中一种新的审计类别，在具体操作中还没有形成一套标准、统一的作业准则作为规范，需要在后续实践过程中逐步形成与不断完善。企业可以根据具体情境，如审计目标、审计资源、审计范围、审计期限等进行选择或调整每个阶段所包含的环节，以及选择有针对性的知识审计技术，以促进企业知识审计活动的有序开展和审计目标的最终实现。

一、准备阶段

准备阶段的目的主要在于全面了解知识审计项目，掌握被审计单位的知识管理情况，包括了解被审计单位的性质、业务流程、人员结构等；组建知识结构合理、专业能力互补的审计团队；查阅企业的各种文本资料或电子文档；确定关键人员作为访谈对象；初步拟定审计流程以及编制调查问卷等。主要程序在于制订知识审计计划、组建知识审计团队、选择知识审计方法等。

（一）制订知识审计计划

企业为了有效实施知识管理项目或评估与改进知识管理效能，需要制定与实施一些新的知识行为——知识审计。因此，企业可以依据自身的愿景、宗旨、目标与发展战略等，制订出详细的知识审计计划，并提交给企业管理层进行决策。对于知识审计计划的制订，企业一般具有两种处理方式：一是将知识审计计划的制订委托给外部咨询公司，如果企业将知识审计项目外包给外部咨询公司，双方需要签订审计业务约定书或相关合同，并约定双方的责任和义务；二是将知识审计计划的制订委托给内部团队，如以首席知识官（CKO）为代表的知识管理团队以及来自人力资源、信息技术等部门的专家团队。以上两种处理方式各自具有优点和缺点，需要根据具体情境而定。

1. 知识审计计划制订的关注点

企业知识审计计划可以分为总体审计计划与具体审计计划。总体审计计划用于确定知识审计的预期范围、重点、期限与实施方式等，提供整体层面的规划和指导，其计划内容大致包含：被审计单元的基本情况，审计的目的、范围和策略，重要问题及重点审计领域，审计工作进度及时间、费用预算，审计小组组成与人员分工，重要性确定与风险评估等。而具体审计计划主要是依据总体审计计划制订，对实施总体审计计划所需要的审计程序的性质、时间和范围等所做的详细规划和说明。

具体审计计划应包括各具体审计项目的基本内容：审计目标、审计程序、审计人员以及执行日期、审计工作底稿等。可以基于企业知识类型及特点，围绕知识管理的某个方面或某些领域进行审计，并制订详细的审计程序或其他辅助程序，关注这些审计程序是否能够达到审计目标，是否适合各个审计项目的具体情况，重点领域中各审计项目的审计程序以及重点审计程序的制订是否恰当等。一般而言，知识审计计划的制订主要考虑如下方面：

第一，企业需要意识到测量知识创新结果的重要性。在实际操作过程中通常由于缺乏一个公认的标准和方法，企业不能对知识资产进行精准测量，会对知识资产的管理以及最终知识创新结果造成较大的困难。特别是在日益复杂的动态环境下，信息技术的快速变化和客户期望的不断增加，使得企业与供应商、其他机构之间产生复杂关系，迫使企业需要重新思考整个知识管理策略，因此，需要定期进行知识审计，以充分了解和测量知识创新结果。

第二，企业知识大多以隐性和显性的形式存在。通常知识以各种形式嵌入在企业不同载体之中，如文档、程序、方法、规制、组织文化、IT系统、数据库、技术诀窍、最佳实践、社会网络等。相比于显性知识，隐性知识很难进行有效识别和度量，而隐性知识却是企业竞争优势的重要来源。

第三，知识审计可能涉及企业的诸多方面，如知识战略，管理制度、知识资产、企业文化、基础设施等，因此是一个较为耗费时间和资源的过程，造成有些企业并不热衷实施知识审计，因此，非常有必要向知识审计活动的所有参与者详细阐明知识审计的范围、主要目标和预期成果、时间进度安排、资源配置等。

第四，知识审计的实施有赖于运作经验丰富的专家团队。专家团队需要深入了解企业的业务流程、战略目标和知识资产等。通过对现有的知识资源和资产进行反复分析之后，才能发现知识差距，因此专家团队需要进行综合评估，以充分理解企业的战略目标以及内外部环境中的各种力量。

第五，知识审计计划的制订并不是一成不变的，可以依据审计人员、发展阶段、重要程度等因素进行动态调整，如对知识审计的范围，知识审计团队的成员，被审计业务的性质和规模，审计技术与方法等进行变更，目的在于实现事先制订的知识审计目标。

2. 知识审计计划制订的影响因素

企业在明确知识审计目标的基础上，在审计需求和可用资源之间寻求一种平衡，充分认识到制订知识审计计划的重要作用与意义，将知识审计计划作为重点加以实施，旨在识别、分析和追踪各种知识资产。

第一，明确知识审计的基本要求以及确定知识审计的定位——知识审计可以作为一个初步的评估或盘点过程，或一个重复的知识管理流程，或一种用于支持组织决策的特殊审计过程。以及确定审计范围，即知识审计所涵盖的规模、范围和深度。一般而言，知识审计既可以从宏观层面关注整个企业（全面审计），也可以从微观层面关注某个局部领域（局部审计），如内部或外部的知识资源，在特定领域的知识差距，隐性或显性知识，知识管理系统，社会网络资源、知识共享、组织文化等。

第二，确保获得企业高层管理者或员工的鼎力支持。高层管理者的价值观是影响企业价值观的重要因素，同时还影响着组织变革的方向。创建有利于增进知识转移、共享以及创新的企业文化，清晰了解企业的知识资源以及重要性程度，学习与搜寻新知识的意愿和行为也影响着员工对知识资源的重视。在知识审计过程中，高层管理者需要对审计目标、审计团队、审计进展以及例外情况等进行充分认知、持续关注且长期支持，并使得知识审计成为一种规制。此外，知识审计必须是以人为本且以员工为中心的（People - Centred & People Focused），需要得到员工的广泛参与（Hylton，2002）。在企业中员工都会创建、获取和分发知识，每个员工的显性付出或潜在贡献必须被认知到，因此，在实施知识审计时任何员工都不能被忽视。同时，还考虑到知识具有个人化特性，员工当听到知识审计术语时，可能认为自身将要被审计，会产生较强的抵触情绪或不配合行为，建议在进行知识审计时，可以用知识评价（Knowledge assessment）或知识盘点（Knowledge review）等代替知识审计的称谓（Thomas，2005），以提高员工的响应程度或参与积极性。

第三，明确知识审计项目的责任人或负责部门，可以选择内部部门或外部顾问或两者兼而有之。知识审计团队应确定所需的主要专业技能、承担的责任以及需要完成的任务。一般而言，企业高层或部门领导，资深员工都应该参与整个知识审计过程，这将确保知识审计的可见性，进一步明确哪些重要的知识资产，流程和技能形成了企业的竞争优势或核心能力。

第四，选择合理的审计方式，充分考虑审计方式的优缺点。企业可以选择两个方式进行知识审计——外包咨询公司或指定内部团队，既可以采用第三方（外部）审计，也可以采用内部审计，还可以采取相互结合的方式，如知识审计团队成员构成中聘请外部专家，或阐述自身的知识审计方案并与外部咨询公司进行合作，对于部分知识审计过程也可以采用内部和外部相结合来实现，二者相互兼顾，互为补充。不管选择哪种审计方式，两者的主要目标需要一致，都是对被审计单元的知识管理活动、知识资产情况等的正确性、合规性、合理性和有效性、增值性进行监督和审查。实践证明，这两种方式在实施过程中各有利弊，但二者的有效结合是完善企业审计监督体系，全面开展知识审计工作，提高知识审计质量以及提升知识审计效率的有效路径。因此，在选择时应充分考虑两种方式的优缺点：

——选择咨询公司：选择咨询公司是将企业知识审计部分或全部职能通过契约形式委托给外部具有专业胜任能力的机构或人员进行。咨询公司可以提供企业知识资产情况的无偏评估，较少存在个人顾忌和内部阻力，有利于降低企业审计成本，同时也有利于转移企业知识审计风险，充分利用社会资源，提高知识审计质量。然而，咨询公司也可能会错过一些重要的知识来源，或没有深入业务细节，或忽视了企业文化等。另外，咨询公司通常会按照自己的一套程序或方法来进行知识审计，虽然这些程序或方法较为普遍，但并不是专门针对本企业的。

　　——选择内部团队：内部团队更加熟悉自身的运营活动、管理政策、业务程序，了解员工特点和知识流动，以及组织文化、业务过程和风险控制等方面的特点。通常知识审计团队成员是知识管理项目实施最忠实的拥护者，企业知识管理效益的好坏与自身利益休戚相关，同时他们对企业文化有着强烈的认同感，会更加投入以实现知识管理目标。然而，员工对企业活动通常存在较为狭隘的观点，他们可能高估或低估重要知识所带来的机会和优势。团队成员往往带有个人情感和态度，以及在知识审计中会缺乏一些专业知识。

　　由此可见，知识审计计划为企业知识审计活动的顺利开展提供了指导和保障，充分考虑到了知识审计的内在需求，确定了需要审计的知识资产对象，以及执行的目标和任务，审计过程的组织，面临的主要风险，所需的资源配置和时间界限等。为了克服所存在的局限性，还需要思考如何构建知识审计团队以及选择知识审计技术等。知识审计计划是知识管理项目实施至关重要的步骤之一，对企业知识流程、知识资产和知识生命周期的全面理解是进行开发和利用的关键内容。知识审计计划将确保知识审计过程的良好执行，保证清晰的标准和程序，促进知识审计效率的提升。

（二）组建知识审计团队

　　知识审计作为一项复杂的知识管理活动，用于识别企业中重要的知识资产及其预测其未来发展趋势，必须由知识渊博和经验丰富的团队来执行。因此，企业需要选择知识、能力、经验等方面较为匹配的人员组成知识审计团队。

　　1. 知识审计团队成员的任务

　　知识审计团队在识别和分析企业知识，有效执行审计流程等方面具有重要作用，审计团队的有效构成决定着知识审计活动的成功。第一，团队成员需要具有良好动机，拥有较强的专业素质和胜任能力，才能保证审计程序的有效实施。团队成员需要识别知识资产，觉察企业重要的知识流与信息流，并注意企业所拥有的绝大部分知识是非正式的、隐性的、个人的和模糊的。然而，在企业内部一般很难找到具有复合型能力的员工或专家。第二，团队成员需要了解企业的战略、愿景、宗旨，企业所有的业务流程和面临的内外部环境，并详细了解知识流程和核心知识资产，以及如何使用信息技术提升企业经营绩效。上述信息的了解将有助于知识审计团队进一步认清企业的知识概况，厘清知识差距以及存在的原因，为知识审计团队的工作开展奠定基础。第三，团队成员需要了解知识审计的基本原则、目标以及实施流程，以及自身审计任务在整个计划中的地位，并掌握一些知识管理工具和分析技术，能够掌握企业知识发展，知识资产变动等情况。此外，团队成员需要具有团队合作精神，相互了解彼此的专业技能，在明确审计计划、审计范围的基础上，配合其他成员的审计任务，同时还需要具有一定的领导能力与协调能力，能够激励其他员工并使其自愿加入审计活动之中。因此，企业需要在不同职能领域进行挑选并构建起复合型的专家团队，这也是知识审计质量和审计判断的重要保障。

2. 知识审计团队的人员构成

知识审计团队可以由来自企业不同职能部门的专家构成，使知识审计过程所需的各种专业知识和技能得到保证。较为理想的情况是，团队成员来自企业的不同层级，以加强对企业战略和使命的认知，以及对企业的客户、供应商以及日常业务（包括产品、技术、服务等）的了解。为了配备具有不同专业技术背景、研究能力的复合型团队，成员应该来自企业不同的职能领域，同时也可由对企业隐性知识具有良好认知以及具有良好的社会关系网络的人员共同参与。知识审计团队的主要构成如下（Tiwana，2004）：

• 企业战略制定者（Corporate strategist）：设置企业目标，确定最优的绩效水平，能够从全局进行把控。

• 高级管理人员、公司理想家或长期规划者（Senior management,

company visionary, or long-term planner)：熟知企业的知识管理愿景，能够将业务战略与企业战略有机结合。

● 金融家（Financier）：有效评估知识资产的价值以及未来发展潜力。

● 人力资源经理（Human resource manager）：充分理解员工的技能和在企业内部的技能分布。

● 营销专家（Marketing specialist）：为企业实际的市场表现以及在新的价格服务功能点上知识资产对企业产品或服务市场化可能产生的影响提供公平评价。

● 信息技术专家（IT expert）：具有知识、技能和专业技术，提供实现知识管理战略的技术支持，同时还要提供与现有基础设施关系极为密切的知识。

● 知识管理者、CKO 或知识分析师（Knowledge manager, CKO or knowledge analyst）：CKO 能够整合来自知识管理团队成员与其他参与者的观点或意见，以双方同意的方式毫无偏见地融合到知识管理团队中去。知识分析师也能够基于团队成员的不同观点对技术和流程的市场价值进行科学合理评估。他们可以划清任一职能区域，并需要对现有知识资产流的业务和业务内容有深入的理解。

成功的知识审计团队需要识别知识审计的主要方面以及知识资产的管理原则。知识审计团队必须克服诸多知识审计方法的局限性，防止仅仅关注人员（隐性知识）、文档化或编码知识、信息技术等中的某些方面。知识审计团队需要确定企业知识的主要假设，这些假设将影响到企业知识审计流程的组织与实施。异质性知识结构的审计团队将成功克服个人对企业知识的偏见和狭隘理解，形成科学的审计判断，并构建起复杂和动态的知识管理模式。审计判断是知识审计团队在内因驱动和外部环境刺激下，按照审计目标的要求以及审计准则对某种标准的遵循性进行判断和评价的实践活动，审计判断绩效取决于能力、知识、环境和激励等外部情景以及主体特征因素，因此，不同的审计情景和审计主体特征会导致审计团队做出不同的审计判断，从而使现实中的审计判断呈现出认知偏差和非理性表现。知识审计团队的成员具有不同的专业背景，会由于知识背景差异而存在知识异质性，也会不可避免地导致审计主体对审计信息的不同选择、解读和运用，从而产生不同的审计判断。

（三）选择知识审计方法

知识审计的方法选择决定着知识审计流程的有效实施以及知识审计的最终结果，因此，如何成功完成在特定领域内的知识审计，方法选择至关重要。知识审计方法应该适应企业的具体情况，需要准确反映出企业的知识状况，还应该保证所期望的知识审计结果，但也会受到一些因素的限制，如成本、时间和人员等。

1. 选择知识审计方法的原则

知识审计方法比较多样，有一般方法和技术方法之分，每一种知识审计方法都有其特定的目的和适用范围，方法选择需要遵循以下原则：一是与企业知识审计的特定目标相适应，否则审计结果将与其特定的目的和要求产生背离，如关注企业知识制度与政策合理性可以采用内容分析方法结合统计或比较方法等，如关注企业知识共享网络，则可以采用问卷调查并结合社会网络分析法等；二是与企业自身的具体条件与实际情况需要相适应，不能主观臆断和脱离实际，否则会降低审计工作效率，还可能影响审计结果，如企业员工基本状况，包括人员总数、教育背景、年龄结构、经验水平、专业知识、流动率等；企业知识编码的水平、IT基础设施和以电子形式存在的知识；来自客户、供应商以及其他利益相关者的知识处理方式；在企业价值创造过程中隐性知识的价值，社交网络的价值，正式/非正式知识共享；企业知识密集型部门所具有的特征；企业与主要竞争对手之间的知识差距情况等；三是与审计主体和任务相适应，主要是考虑到采用外部咨询机构或者内部专家团队进行知识审计的情况。由于各种审计主体的性质以及所承担的任务不同，因此所采用的知识审计方法的侧重点有所不同；四是与审计方式或审计地点相适应。根据审计方式和审计地点可以分为报送审计和就地审计，前者是将相关材料，如规章制度、手册指南、专利使用说明书等报送给专家或机构进行审计，偏重于企业显性知识；而对于企业员工的隐性知识则需要专家进行实地盘点，如通过访谈、询问、调查等方法甚至借助信息技术展开。因此，对于知识审计团队成员，不仅需要熟悉各种知识审计方法之间的联系和区别，而且还应灵活掌握各种审计方法的综合运用，只有这样才能确保知识审计效果，提高知识审计的工作效率。

2. 选择知识审计方法考虑的方面

知识审计方法选择的最终目的是达到或实现知识审计目标，其效用的发挥受到诸多因素的影响。在此还需要明确的是，知识审计方法并不是指某种特定的方法或者技术，而是一整套知识审计技术体系或方法组合。在实施过程中，对于一些简单问题或单一领域，可能仅需要一种审计方法得以解决，但面对复杂问题或多个领域还需要采用多种方法相互结合，交叉验证或检验审计结果的合理性。为了使得知识审计方法能够发挥效用，实现所期望的目标，企业还需要考虑如下方面：

第一，在以往知识审计的理论和实践中，不同学者或研究机构提出多种知识审计方法，知识审计团队需要选择具有操作简单、科学严谨、案例验证等特征的方法，这将有助于获得所需的结果产出并符合审计目标。企业可以选择知识需求分析、知识流分析、知识地图、知识管理效益评估等技术，同时注重定性与定量相结合的方法。

第二，知识审计团队为了有效地进行知识审计，需要选择适当的方法对审计任务或审计活动进行排序，以反映知识审计活动的轻重缓急和完成顺序。在具体操作过程中，企业可以选择已有的方法或开发适合自身的方法，也可以参考利用外部咨询公司和知识专家所采用的方法。

第三，知识审计的范围大小、任务繁简程度等会影响到知识审计方法的选择。企业需要揭示在知识资产管理和业务流程实施过程中所存在的优点与缺点；深入分析企业内外部环境，识别各种障碍以及知识管理的使能因素，如文化、领导、人力资源、信息技术、组织结构和控制程序等；扩大知识管理的知晓度，设计知识管理实施路线图等。随着知识审计范围的扩大，知识审计任务的增多，选择针对性的知识审计方法显得非常重要。

第四，知识审计方法的选择还需要综合考虑审计风险、审计资源等因素。审计风险主要来自固有风险、控制风险以及检查风险等，方法的应用需要尽量减少审计风险。还需要考虑审计资源，如在审计过程中耗费人力、物力等的成本。获得企业管理者的支持以及员工的承诺并广泛参与。在开始实施知识审计活动之前，需要选择合适的方式，如座谈会、宣传演示、公开讨论、内部刊物等，向企业员工说明知识审计的目的与目标，让所有参与员工都能理解与支持，将内部误解、阻碍降低至最低程度。

因此，企业在知识审计的活动与方法之间需要寻求一种有效的匹配，以最少的资源实现最好的结果，通过深入分析、比较各种方法的优缺点，有针对性加以选择，综合运用以适应企业的特定需求。

二、实施阶段

企业期望通过实施知识审计能够进一步了解自身所拥有的知识状态，需要回答如下问题：企业拥有哪些知识？哪些知识是有用的？哪些知识是必需的？哪些知识是缺失的？如何对有用的知识资源进行有效的管理、共享和使用？哪些行为将有效促进企业对知识的全面管理？企业管理者需要制订并实施知识审计计划，并投入相关资源，组成知识审计团队负责整个企业知识审计过程，并针对企业知识的特殊情景，选择并采用针对性的知识审计工具与方法，确定知识审计目标及所需资源。因此，在实施阶段，企业需要依据知识审计的具体目标，通过多元途径收集相关数据，设计调查问卷，结合深入访谈、焦点小组、直接观察以及自由讨论等方式获取审计数据并采用一定的分析工具进行审计数据分析。

（一）审计数据收集

1. 审计数据收集的关注点

数据收集需要综合考虑人力、物力、技术等方面的因素，它们在不同程度上会影响整个数据收集过程以及数据的质量，需要重点关注如下方面（Gourova & Todorova，2010）：第一，提高响应率（Response rate）。不同形式的调查所面临的主要问题是如何确保实现调查目标所必需的响应率。为了能够对企业知识状况进行充分了解，调查对象尽可能包含企业不同层级中的员工，虽然在实践中较难实现。第二，降低表面数据（Superficial data）。通常被调查员工并不愿意花费时间和精力填写调查问卷或者接受访谈，主要原因在于很多员工认为这并不属于他们日常的工作任务，因此，较难促使员工提供详尽回答，有时仅能获得一些表面数据，不能解决实质性问题。第三，促进共享知识（Sharing knowledge）。员工通常认为自己所拥有的知识或信息资源是自身核心竞争力的来源和体现，从而不愿意去揭示它们。然而知识审计的完备性需要员工将个人知识与工作业务进行相互连接，并在企业范围内进行知识共享，促进知识合理流动，提高知识共享有效性。第四，防止歧义数据（Ambiguous data）。被调查员工在填写问卷过程中，对调查问卷中所提出的问项、术语的理解存在一些偏差，并不能完全得到响应，或仅能提供模糊回答，容易产生歧义数据。第五，获取特殊情境知识（Context specific knowledge）。为了获取特殊情境知识，知识专家需要与相关员工进行面对面访谈，实地观察业务流程与知识流程，或举办一些焦点小组会议等。特殊情境知识的数据收集的可靠性以及结论的独立性，往往取决于这些专家的知识与能力的水平。第六，提高外部数据来源的可靠性（Reliability of external data sources）。在知识审计过程中，将从不同来源渠道收集数据，包括内部员工与企业外部等各种来源。相对于内部数据来源，更需要保证从外部来源收集数据的可靠性与可信性。第七，形成优质的数据结构（Data structures）。通过数据收集过程提供了充分且可靠的定性与定量数据，其最终的使用效果将依赖于如何将它们进行合理呈现与结构化。

2. 审计数据收集的措施

为了知识审计的顺利进行，企业要积极准备，充分激励员工与知识专家的广泛参与，从而获得高质量的数据资料，因此，审计数据收集的措施主要如下：第一，提高知识审计调查问卷的响应率。整个知识审计过程的首要环节是获取详细的信息，根据知识管理计划的目标和安排，结合多种测量措施，确保可靠性、一致性，同时获得企业各个层级中员工的充分响应。第二，提升知识审计的知晓度。企业向包括高层管理者在内的所有员工进行告知，解释知识审计的目标和作用，以及对整个企业以及自身工作所产生的实质性影响，表达出希望员工对知识审计活动做出积极贡献的需求；同时对员工进行正式和非正式会谈，确保他们理解知识审计过程的重要性，以及对知识审计活动的广泛关注。第三，在知识审计的初始阶段，在广大员工中寻找支持者，激励他们积极参与知识审计流程的完成，充分发挥支持者的带动作用，鼓励企业其他员工的更深程度地参与。在有些情况下可以采取一些激励措施或补偿手段，以充分激发员工积极参与，通过知识共享承诺对企业提供支持。第四，提供问卷咨询或指南，用于解释和阐述一些专业术语或可能出现的问题。还需要提供企业内部的一些最佳实践案例，对于开放式问题为回答者提供全面的主题列表。第五，在审计分析中，还需要考虑数据结构与版式设置的不同需求。应用在线工具或其他方法对知识审计特殊目的进行调查。还需考虑到调整知识审计目标的时机，确保用户界面友好和轻易使用数据收集工具的输入和输出。第六，选择有专业能力的专家进行面对面访谈，实地调查，焦点小组会议等，并进行分类数据的收集，对审计数据进行统筹与归类。此外尽量使用具有可信来源的外部数据，以确保审计数据的质量。

3. 审计数据收集的方法

审计数据收集的方法比较多样，如观察法、调查问卷、面对面访谈等。在此将重点介绍调查问卷，主要原因是调查问卷对于知识审计特别重要，是最为常用的手段和方式。

调查问卷应充分考虑目的、形式、内容和方法等方面，主要如下：

（1）主要目的在于获得审计结果输出

调查问卷的编制和使用面临的主要问题是它们不能真实地、客观地反映事实，在反映事实的程度上会存在主观性。如果问卷编制不合理，可能会误导被调查人员，从而导致有偏的结果。另一方面，由于隐性知识不能被轻易认知，也会导致被调查人员无法有效地进行表达。调查问卷设计必须适合知识审计的目标，专注于知识审计计划中所强调的特定目标。

（2）问卷调查的形式

问卷调查旨在收集来自部门员工更多的信息和知识。因此，调查问项的顺序和问卷的长度会影响回答程度以及回收率。同时还需要依据调查目的、对象和方式选择不同的调查形式，采用开放式、封闭式和半开放式等多种方式的交叉混合。

（3）局限性

为了保证数据真实性，往往需要部门员工填写个人资料，通过跟踪信息来源，以增进信息价值的最大化，但需要尊重法律规定和保护个人隐私。一般情况下，如果个人感觉问卷内容涉及敏感性或威胁性的问题，部门员工将不会充分响应。

（4）问卷内容

重点考虑知识审计问题的类型和性质，在问卷中需要平衡内容，有效结合开放式、半开放式、封闭式问题。开放式问题可以从员工处获得更多的信息和见解，但其处理较为困难和耗时。总体而言，为了保证知识审计问卷的质量，需要有效平衡问卷的目标以及长度与内容的关系，还需要尊重法律和保护个人隐私。知识审计问卷应该体现出企业知识审计的意图和目标，充分考虑企业最佳实践以及知识管理等不同领域的原理。

为了保证知识审计问卷的有效性，需要关注：

（1）知识审计结果

知识审计问卷中的问项应重点关注事实描述，在有些部分可以征求个人意见。另外需要提前确定定性和定量的数据输出形式，以利于进一步分析并优化问项。在此可以考虑对问项进行简短描述，并修改问卷问项的风格、词汇和语气，以保证清晰和无偏表达。

（2）问卷调查形式

知识审计问卷有不同的媒介或回收方法——面对面访谈、网上问卷调查或邮寄形式。编制一份简洁的问卷，使部门员工可以短时间内完成，然后通过电邮、邮寄或电子形式回收是非常可取的。更详细的调查问卷可以在面对面访谈和小组讨论时使用，但需要提前告知填写问卷或采访所需的时间。

（3）问卷调查的局限性

尽量避免那些不符合法律、有道德约束或要求个人敏感信息的问项。确保部门员工具有合作的诚意，能够真实表达自身的观点或态度；尽量在问卷设计时考虑周全，否则所获得信息将难以归纳、分析和整理。

（4）问卷问项及内容

问项需要与所研究的主题密切相关，必须清楚、明确、具体，防止有歧义；此外，还需要通俗易懂；对于问卷的基本主体可以首先确定，有些问项可以依据问题分析的深度进行添加或调整。

因此，知识审计问卷可以识别并提供第一手的原始数据，包括核心知识资产和知识流动——拥有哪些知识，位于何处，谁在创造知识，谁在使用等？识别信息和知识的差距，有效促进业务管理；进一步改善信息政策和知识产权政策；降低信息处理机会成本，提高对一般需求信息的访问程度；清楚地了解知识对业务结果的贡献；在知识管理中的IT使用和应用情况；衡量企业文化的最终效果；对社会关系和网络分析的理解等。

可以看出，问卷调查是收集审计数据的一个重要方式，收集第一手原始数据，了解知识审计所关注的重点。同时还需要结合可用的其他数据来源，如公司记录、数据库、文档、工作流分析等，以更好地了解企业整体知识的概况——文档和显性知识概述，还包括隐性知识和企业文化等。

4. 审计数据收集的效用

优质的数据质量可以提高知识审计效率，降低分析成本，为企业有效决策提供依据，主要效用如下：①审计数据为企业了解知识运行状况提供了良好的基础。知识审计是企业知识管理的首要步骤，通过审计数据的收集和分析，能够促使企业对自身知识状况进行了解，有助于识别知识需求，以及知识流动、使用和共享的障碍，并以此为基础制定出合适的知识管理制度、措施和策略，也为整个知识审计活动的顺利开展提供依据（Lusignan et al.，2005）。②审计数据为企业员工了解所在部门以及自身差距并明确未来努力方向。通过数据分析，一方面可以提高企业员工对知识管理的支持度以及参与意识，知晓企业以及所在部门知识管理存在的问题；另一方面可以明晰自身所存在的知识差距，明确未来努力方向，如建立个人知识文档，提高知识共享意愿等。③审计数据为知识审计团队提供了分析依据。获取全面和可靠的数据，使得知识审计团队有能力评价企业知识的有效性，有助于员工之间的知识流动以及在业务过程中的使用效果，同时还有利于理解社会关系以及工作环境。④如果没有得到企业各个层级人员的充分响应，以及对知识审计目的缺乏全面足够的信息，将会使知识审计团队缺乏决策基础，从而影响到企业知识管理的规划与知识管理结果的持续改进。此外如果员工阻碍知识审计以及知识共享的行为不被制止，在随后的项目实施阶段将会面临更大的困难。

（二）审计数据分析

知识审计团队在获取数据后需要进行分析和处理，并依据分析结果作出进一步决策和判断，这将关系到企业知识管理战略及策略的制定与调整。

为了确保达到知识审计的目的，需要对审计数据进行全面性和可靠性分析，对于定性和定量数据的分析，企业需要注意以下方面：

（1）需要有明确的分析目的

对所收集的数据进行研究与分析，是比较困难且漫长的任务，因此，数据分析要有针对性或带有问题导向，否则将会大幅降低分析结果的有用性、有效性程度。

（2）数据分析的全面性

通过数据分析，揭示企业整个知识状况，获取整体层面的认知。在具体实践中来自不同渠道的数据可能会使得一些重要的问题被忽略或不能进行对预期结果提供支撑，应尽量避免。

（3）注重数据来源的多样性

在知识审计过程中，审计人员将会选择多种工具用于调查，并以不同形式进行数据收集，导致这些数据具有不同的可理解性和信任程度，因此需要对数据进行清理、整理和验证，以确保数据的真实性、正确性和完整性。

（4）数据分析技术选择

由于收集的数据大多为定性和定量数据，为了得到有意义的结论和获得可信的信息，往往会采用多种数据处理方法进行交叉验证，如统计分析、对比分析、重新计算等，但最终结果取决于所选择的分析工具和方法的有效性。

（5）结果的呈现

数据分析结果需要以不同形式加以呈现，如文本、表格、图形等，以满足不同人员的异质性需求。

审计数据分析的目标在于整合各种数据以及提高分析结果的有效性。因此，需要关注如下方面：第一，在进行审计数据分析之前，需要使得数据分析目标与制订的知识审计计划的目标体系相一致，制作涵盖所有审计主题的目录表，一并纳入分析，目的在于不能遗漏任何有价值的数据。第二，进行数据清理，对审计数据进行检查、分析和验证，有效控制审计数据的质量。由于审计数据来源众多、种类繁杂，容易出现数据质量问题，因此需要将数据进行清洗、转换等，使之符合后续数据分析与服务的要求。第三，为了有效分析数据，需要借用一些数据处理工具，如 SPSS、Eviews、SAS、SQL 等，以及采用一些数据处理方法，如回归分析、关联分析、分类分析、聚类分析、演化分析等，这些方法可以相互结合使用，对结果共同验证。第四，为了确保全面性，有效结合定量数据（如调查问卷）和定性数据（如焦点小组、实地访谈等）测试初始结果。为了扩大分析和解释结论，充分结合一些定性数据。因此，全面的数据分析将整合来自不同工具的定量和定性数据，而这些工具需要与知识审计目标一致。第五，使用图表方式对分析结果进行表达，并对相关结果增加文字说明。需要说明的是，数据表格有时是难以理解的，在某些情况下需要图表结合使用，如借助柱状图、雷达图、网络图等揭示发展趋势、现实与目标的差距、演变规律、逻辑关系等。第六，验证所有的分析结论。对于初步形成的研究结论要与知识专家，高层管理者等进行意见交流，共同探讨所有分析结论的合理性、正确性。

审计数据分析将整合来自不同研究工具的分析结论，为企业提供如下信息：企业知识资源的概览，包括隐性和显性知识，核心知识资产以及知识流，IT 支持系统等。识别企业在知识共享、使用、流动以及企业文化或管理制度建设等方面的客观差距。通过外部环境分析，指出企业在不同细分市场中的竞争地位。识别出企业对知识管理的准备程度，为制定知识管理未来发展路径以及克服现有障碍奠定基础，为知识管理后续实施和发展提供参考。如果审计数据分析未能有效执行，它将不能对审计主题分析提供有效支持，导致不充分的决策和判断，会降低对整个知识管理实施方案的指导效果。

三、总结阶段

（一）知识资源诊断

有效的知识管理战略应用知识审计，以最有效的方式利用自身资源构筑竞争优势。对于企业而言，需要了解自身的核心知识资源，包括作业知识和战略知识，其中作业知识帮助完成工作任务，而战略知识有助于未来发展。通常，战略知识能够确保核心业务功能的顺利实现，对企业成长具有长期价值，能够确保高的生产力。

企业的知识资源如何有效支持业务战略目标的实现，需要进行知识资源诊断。为了达到企业的业务战略目标，需要弥补知识差距来支持业务战略的实施，关注如下方面：第一，为了支持业务战略，不仅需要识别和定位现有的知识，分析知识流程，还需加大分析业务流程及其核心知识的范围。第二，企业中的各个业务流程都依赖于企业的有用知识，这些知识隐含在业务单元或被员工所拥有。管理者需要了解哪些有用知识能够有助于目标实现，否则将不能弥补知识差距。第三，企业拥有大量的知识资源，员工需要了解企业到底拥有哪些知识以及它们位于何处，并有效加以使用，否则不能为实现业务目标提供价值。第四，企业需要优化组织结构设计以支持业务流程的顺利实施。由于不同的知识流具有不同的路径，有时并不能到达哪些真正需要这些知识的员工。对组织结构进行优化设计，避免"得到的员工不需要，需要的员工得不到"的情况发生。第五，业务流程是业务战略的核心，业务流程的成功依赖于知识流程的支持，如获取、存储、使用、转移等，并在需要时提供适合的知识促进业务流程的完成。第六，信息技术对知识流程提供技术支撑，并优化企业运作环境，因此，需要适当设计以最有效率的方式连接知识流程和业务流程。

为了更好地进行知识资源诊断，可以通过如下方面进行解决：第一，评价组织自身业务流程的知识需求，并确保能够提供有效的知识。第二，进行关键知识功能分析，识别对自身业务流程的核心知识需求。第三，重视知识资产地图的构建，了解核心知识的使用程度。第四，分析关键业务流程的知识需求的有效性，然后分析其他类型的业务流程。第五，使用知识流分析，用于评价内外部的知识资源用于弥补知识差距，同时了解为了完成工作任务，知识是否到达哪些需要的员工。第六，基于知识地图分析，检核知识如何被结构化和组织化。第七，识别有用的知识流程和分析如何管理它们，以及它们是如何支持业务流程的。第八，评价知识流程的技术支持有效性，如何与业务流程相连接且被员工自由访问。

通过上述分析可以看出，企业需要制定有效的策略用于弥补知识差距，并确保知识资源的有效使用，用于支持自身的业务流程；企业也需要了解知识流程支持业务流程的方式和途径；企业需要确保正确的知识流，以及对组织结构、文化以及技术环境进行适当的变革；将关键业务流程和知识流程相互连接，用于支持业务流程能够帮助提升企业绩效，促进知识的再使用，避免知识重复，以最佳方式使用知识资产。

（二）知识审计报告

企业成功实施知识审计，并利用有效分析工具将得出一些有意义的结论。审计过程的完成连同一些分析文档，将为企业进一步决策提供输入，而决策过程还与知识管理战略、系统、工具与改进等相互关联。通过对知识管理的全面评估以及对未来发展的预测进行研究和深入分析，确定出企业的知识管理路线图，制定进一步发挥知识管理促进因素的措施，以及克服一些潜在的障碍因素。

1. 知识审计报告的形成及作用

知识审计报告是审计人员根据一定的审计方法和工具，在实施知识审计工作的基础上，对企业的被审计项目发表审计意见或无法发表审计意见的文档，也是呈现知识审计过程的最终输出，为企业知识管理的未来发展指明方向。完成知识审计报告的主要挑战在于它是一个复杂的文档，将为制定行动路线图和知识管理行动计划提供策略建议。根据审计报告所披露信息的详略程度，知识审计报告可以分为简单式审计报告和详细式审计报告；按照使用目的的不同可以分为公布目的审计报告和非公布目的的审计报告。

知识审计报告具有两个方面的重要作用：第一，防护性作用。审计人员通过出具不同类型审计意见的审计报告，可以提高或降低企业的决策者对知识管理项目或系统的依赖或期望程度。帮助企业真正了解到底需要哪些知识以及如何管理这些知识。因此，知识审计报告能够在一定程度上对企业的知识资产，以及利益相关者的利益起到保护作用，能够对企业知识管理部门盲目的或缺乏效果、效率、经济性的项目起到一定程度的制约作用。第二，建设性作用。知识审计报告将着眼于企业的发展战略、控制、目标、结构及决策的最优性，对企业知识资源进行系统、科学地考察和评估的基础上提出诊断性和预测性的审计意见。知识审计报告指出企业知识资产及其管理的症结所在，如信息或知识过载、重复劳动造成的成本高、效率低下等问题，揭示知识供给方面的差别和知识流程中缺失的环节，帮助企业识别知识需求并将其与知识资源相互匹配，提高知识管理实践，指出知识共享和组织学习的方式和途径。

2. 知识审计报告的编制过程

知识审计报告的编制主要包括两个过程：一是知识审计报告的准备——知识审计报告需要概述知识审计的主要结果。一个完整、有效和集中于企业各种需求的知识审计报告，应该包括多种关于组织以及知识资产的数据来源，并进行合理详细的分析。它必须检查、分析、评估、查证、验证、评审和报告有关知识资产当前状态的结果，并为开发新的知识资产提供解决方案或策略建议。二是知识审计报告呈现——知识审计报告应以适当方式和途径呈现，经过深入讨论并得到一致认同。从某种程度上来看，它的真正价值不仅是提供一份书面文档，但创建、讨论的过程对企业现有知识以及维持生存所必需的知识能够加深理解。知识审计报告呈现通常有：①报告手册或出版物。它可以用作参考文档或用于内部沟通。知识审计报告要简洁明了，内容均衡，包括图表、数据和图像，使用面向用户的术语和设计；②知识审计报告电子版。它可以在企业网站上发布，可以组织公开讨论，反映出企业实施知识管理项目中的主要问题与知识审计过程的结果；③结果汇报。通常知识审计团队准备一个简短的交流会用于报告知识审计结果。当评估知识管理路线图和制订知识管理计划时，可以适当进行讨论和反馈。

在此还需要指出的是，可以利用本体对知识审计结果进行表达，将获得更多的效益（Kingston，2001；Perez - Soltero et al. , 2006；2009）：作为一种支持工具能够发现组织中的问题/机会，从而改进知识管理；如果技术方案是必要时，审计结果可以再次利用；作为一种参考的来源，用于了解拥有哪些知识资产，它们在哪里？其特性、类型和价值如何？作为一种表达形式，用于描绘知识资产以及知识流状态；作为一种有效的方式，用于支持从知识库或者知识流检索信息，了解知识资产的相关状态以及效果。

3. 知识审计报告的编制内容

一般而言，一份有效的审计报告应该强调显性知识和隐性知识的维度，第一部分包括知识发展的内部和外部因素。知识审计报告从内部知识概述和一般信息审计开始，包括知识资源、人员、关键组织知识资产——专利、商标、专家，然后是业务流程（如创新、学习、共享等）和知识流，IT 系统、社会和文化等方面。第二部分包括企业知识的隐性维度或个人和群体知识的评估。分析企业环境提供对行业知识影响的简短描述（如技术发展趋势，需求和供给曲线波动，主要参与者等），五力模型分析（如对知识的拥有与需求，来自客户、合作伙伴、供应商、竞争者和替代品等），研究成果（如大学和研究中心，主要成就，关键成果，在该领域工作的人员，当前发明和出版物，会议等）与技术水平（如技术部门、治理政策和事件、出版物、公关等）。知识审计报告最终确定企业采用知识管理计划的准备程度，指出知识管理支撑因素和人员、潜在障碍，适当的知识管理工具和方案，并最终实现路线图。

具体而言，根据审计文档的基本要求，其构成要素主要包括但不必需（杜茂宝、田利军、王晓勤，2007；邵建强、杨艾虹，2009）：

（1）报告标题

全面的知识审计报告的标题应为"关于被审计部门具体时间的知识审计报告"。专题的知识审计报告的标题还应加上专题名称。被审计部门的名称可以全称也可以简称，但不能引起歧义；具体时间可以是被审计项目已经或将要发生的时间，也可以是正在发生的时间。

（2）使用对象

审计报告的使用对象一般是审计项目的委托人或授权人。如果采用外部审计，使用对象为企业与审计机构所签订的合同规定的委托人；如果采用内部审计，则审计项目往往是企业管理部门授权审计，此时使用对象为授权人。

（3）引言

知识审计报告的引言应当说明审计项目的依据、审计的性质和范围、审计事项的要求和执行时间、审计团队构成等。

（4）审计范围

知识审计报告的范围应当说明已经实施的审计工作；所依据的审计标准；审计责任等。审计工作应当按照相关的技术标准计划和实施审计程序，这些审计工作足以获得充分、适当的审计证据以支持审计人员的审计意见。审计责任应当指出知识审计报告属于诊断性的管理建议，仅供相关管理部门参考。

（5）审计意见

审计意见是知识审计报告的核心部分，大致包括三个方面的内容：一是对审计事项的基本评价。审计人员应当描述知识管理在组织中的战略地位、知识管理的基础建设、知识管理实施模式或战略、知识管理实施现状、知识管理部门的人力资源、知识管理实施的安全性和效益性等。审计人员需要做出基本评价，总括性说明被审计事项的优势和劣势。在基本评价的基础上对成绩、问题进行分析。二是主要成绩和问题。知识审计的事前审计或事中审计要说明主要经验和成绩、不足和缺陷。审计报告应当描述知识收集、知识共享、知识创新的情况及意识；描述信息流的有序性和及时性；评价学习机制、商务智能和知识储备途径等；说明在知识管理实践过程中特定的人对特定的知识资源拥有的安全和权限级别；评价知识获取的安全性和及时性；评价知识管理人员素质和知识管理绩效等。在分析的基础上肯定成绩，总结经验，指出问题，吸取教训。事前审计要分析组织的知识基础和知识需求，找出知识差距和知识流，并判断它们对经营目标的影响，以确定知识管理战略或实施模型是否科学合理。报告最后要说明知识管理项目的可行性，提出预测性的报告，其目的是减少决策失误，实现决策科学化。三是改进意见和建议。此部分内容可以选择进行，如果知识管理项目存在重大缺陷，此处应是知识审计报告的重要内容。审计人员应针对审计项目存在的问题和不足之处提出意见和建议，包括：解决问题的办法、可以采取的措施、可供选择的方案等。

（6）签名盖章

知识审计报告应由项目负责人与参与者的签名盖章，保证提交审计报告的有效性。

（7）审计机构及地址

审计报告应当载明审计机构的名称及地址，并加盖审计机构的公章。

（8）报告日期

审计报告最后应写明审计报告日期。审计报告日期为审计工作完成日。

4. 知识审计报告的编制要领

审计人员需要根据公司的实际需要来反映上述内容。为了保证权威性，在进行知识审计报告的编制过程中应该注意以下要领：第一，需要根据企业的审计目标进行证明资料的选择与表达。包括事实陈述的真实性、优劣性、差距性等，描述事实，客观分析。第二，需要依据知识审计报告的基本要素安排好报告结构，报告结构是科学组织报告材料的必要手段，需要体现出完整性，又要顺理成章。第三，注意措辞。知识审计报告在本质上属于管理审计范畴，其表述中应体现出"评价和建议"，同时也应避免使用模糊不清、模棱两可的语言，这样会降低审计报告的权威性和可信性。第四，审计报告提交之前，应充分听取知识管理领域专家的意见，使审计报告的内容经得起推敲，使人信服。

由此可见，知识审计报告应该概述组织知识的总体现状、知识管理的需求、知识差距，并基于所收集的信息，识别和评估组织知识所存在的优点、缺点、机会与威胁。知识审计报告对当前知识管理活动以及未来发展提供针对性的策略与建议，还应确保对知识管理战略和投资需求进行正确理解。知识审计报告对于提高知识管理项目的成功率，节省资源和降低时间损耗，制定知识管理方法满足组织需求具有非常重要的作用。

第二节　企业知识审计技术

企业依据审计程序开展知识审计活动，需要利用一些知识审计技术来确保分析结果的有效性，并揭示出知识状态与活动特征，以及其中所存在的问题或不足之处，为企业制定有效的应对策略提供帮助。根据以往学者或研究机构所采用的技术，除了借助一些常规的审计工具、方法或技术，如 SWOT 分析、社会网络分析、差距分析等之外，广泛使用的还有知识需求分析、知识库分析、知识流分析、知识地图、竞争知识分析以及关键知识功能分析等。需要指出的是前四种技术也被认为是知识审计的重要组件（Oliver，2008；肖久灵等，2009），也是较为理想的执行顺序，与伯金绍和希恩（Birkinshaw & Sheehan，2002）所提出的知识生命周期（Knowledge life cycle）的内在逻辑一致，作为企业知识管理的基本目标用于支持知识创造和重用（Sharma & Chowdhury，2007）。

一、知识需求分析

知识需求分析（Knowledge need analysis）的主要目的在于明确识别企业、员工以及团队当前所拥有的知识，以及未来为了满足它们的目的和目标将需要哪些知识。这些知识需求包括对核心知识、先进知识和革新知识的需求（Zack，1999），对业务知识及对战略知识的需求（Drus et al.，2012），学习培训的需求以及为实现组织目标的基础知识需求（Loxton，2014）等。

知识需求分析可以用于关注员工技能和能力的增强，及培训和发展的需求和机会；评价企业知识文化实践，如知识分享态度、团队精神、协作、奖励和认可等；也可以帮助明确员工与领导、同事以及下属之间关系等；还可以帮助企业确定其未来发展战略。知识需求分析的结果通常是对当前知识差距以及未来与战略不一致情况的总体概述。

沙玛和乔杜里（2007）认为知识需求分析的主要目的在于识别当前和未来的知识需求以及如何促进知识在企业中流动。他们提出了知识需求的访谈提纲、函询表格以及对知识共享感知的测量问项。其中，访谈提纲包含 8 个问题，包括当同事向您寻求知识需求方面的帮助时，通常是哪些知识类型？在过去半年工作中，您是如何获取大部分的技能与专业知识的？促进有效完成工作的大部分知识位于何处？在当前工作中所获取的知识归属哪个部门？等等。函询表格主要是从企业整体、部门、个体层面指出了当前和未来的知识需求，在企业整体和部门层面主要包括功能（Function）、关键成果（Key Deliverable）、核心能力（Core competence）；而个体层面包括知识类型、知识来源、使用频率、关键利益相关者、核心知识流程、知识资源共享合作伙伴、搜寻知识的时间耗费等。而对知识共享感知的测量则包括 5 个方面 23 个问项，具体包括所在部门的整体环境、在组织内部知识的感知、所在部门其他成员的态度、自身对知识的感知以及本部门对知识重用的奖励体系等。

斯科维卡特和杜蒂奥特（Schwikkard & du Toit，2004）在讨论企业战略定位（Strategic positioning）与运营定位（Operating positioning）之间差距的基础上，结合扎根理论研究方法，探讨了企业经验与能力、接触关系管理、技术收集与学习资源三个方面所存在的知识需求，并说明了企业对这些知识需求的程度，见表 6.1。

表 6.1 　　　　　　　　　　　　企业知识需求分析

Ⅰ 知识需求：企业经验和能力

内容类别	说明	程度
能力或解决方案	建立术语用于描述能力及提供的服务	高
客户服务接触	关键客户的联系方式与详细资料	中
资格与凭证	与能力相关的过往活动和项目	高
能力拥有者	拥有者的联系方式与详细资料	高
专家概览	专家的姓名、住址、办公地点、电话以及邮箱等	高
个人联系信息	员工的详细资料	中
专家当前的工作经验	在以往项目中所包含的专家	中
专家的核心经验与能力	专家所拥有能力的清单	高
专家之前的工作经历	专家以前在企业中的任职经历	低

Ⅱ 知识需求：接触关系管理

实体的联系方式	姓名、联系方式、站点、Logo、授权状态	高
企业及其业务状态概要	实体的业务活动、行业重点以及地位	高
关系历史	与企业部门关系的历史及当前状态	中
业务概况	通过第三方供应商链接到相关的外部业务信息	中
在实体中接触的人员	姓名、联系方式以及关键人员的角色	高
活动细节跟踪	描述关键接触的重要人员	高
团队成员的机会	团队成员的名称和职责	中
机会管理	机会类型、标识符、初始联系人、机会范围和性质	高
解决技巧	详细的项目计划和解决方法	高
见解	任何来自项目的关键学习	中
关键项目成果目录	关键项目文档的资料库	高

Ⅲ 知识需求：技术收集与学习资源

电子资源库	收集所有电子公共领域或第三方内容订阅的资源	高
产业目录	通过内部网建立与产业内容相关的内部开发目录	高
竞争对手的网站与分析	链接到竞争对手网站收集技术资源与竞争情报	高
技术报告与分析	技术研究并链接到技术前沿的站点	高

知识需求分析需要从战略层面加以重视，扎克（1999）通过建立知识和战略之间的连接，构建起战略知识架构（Strategic knowledge framework），为企业评估自身及其相对于竞争对手的知识状况提供了基础。同时借鉴差距分析的定义，将企业能做什么和必须做什么之间的距离（战略差距）以及将企业所知道的和必须知道的之间的距离（知识差距）作为是知识战略的基本要素，并将知识战略定义为在基于资源的知识和提供产品和服务的必要能力之间建立平衡的能力，企业知识战略的实施可以帮助弥合各种知识差距。在此基础上，蒂瓦纳（Tiwana，2004）指出了知识和战略的连接，进一步明晰了企业在知识活动中的战略差距与知识差距，从而明确出各种知识需求，见图6.2。

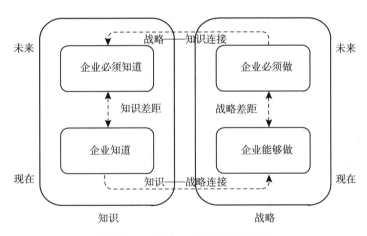

图6.2 知识——战略的差距分析

知识差距发生是在企业需要知道什么和实际知道什么之间的差距，包括员工专业知识、经验、技术以及程序性知识、文档等。而战略差距是在战略目标和战术目标以及企业实际如何做来实现它们之间的差距，包括行动、决策和结果等。在知识差距分析中，可以遵循如下步骤：识别现有的业务战略和知识战略；建立知识愿景、分析内部业务环境；分析外部环境、比较分析并确定现有在知识和关系方面的差距；为每个知识差距创建全面的知识管理策略；选择弥补知识差距的基本策略，并确定它们的范围和持续时间。

二、知识库分析

企业为了不断提升自身的经营绩效，需要更好地发挥现有知识资源的优势。因此，首先需要了解哪些知识是有用的，如何进行有效管理和使用才能创造更高的价值？企业为了成功运营，需要更好地了解面临的机会及存在的不足，明确知识需求并确定需要采取哪些行动，才能保证知识资产的有效利用。为此，企业需要进行知识库分析（Knowledge Inventory Analysis），以明确了解自身所拥有的显性知识和隐性知识的特性，并采取有效的措施将知识优势转化为竞争优势。知识库分析是知识审计技术的重要组成部分，是企业顺利进行知识审计的基础（Cheung et al.，2007；Perez – Soltero et al.，2006）。

1. 知识库的标识特性

知识库分析是企业在局部与整体水平对自身知识、无形资产或资源进行识别、定位和评估，是对位于特定领域内的显性和隐性知识的一种映射（Snapshot），可以促进知识地图的绘制。韦格（Wiig et al.，1997）指出知识库的标识特性，见表6.2。

表6.2　　　　　　　　　　　　　知识库的标识特性

特性 类别	标识	描述
一般标识	名称（Name） 领域（Domain） 业务过程（Business process） 代理（Agent）	知识资产的名称 知识资产所属的领域 在业务过程中所使用的知识资产作为一种来源 代理拥有某些特殊的知识

续表

特性 类别	标识	描述
内容标识	当前的熟练水平（Current proficiency levels） 稳定性（Stability）	对组织而言，知识资产利用的熟练水平 当前的变化水平（内容改变的快慢程度）
有效标识	形式（Form） 位置（Location）	知识资产的物理或符号表现（如文件、语言、形式等） 知识资产的物理位置

2. 知识库分析的关注点

知识库分析需要关注如下方面：第一，从定性和定量两个方面认真制订知识库盘点计划，以揭示显性和隐性知识资源。第二，制订严格的知识审计计划和知识审计方法，确保有经验的知识审计团队参与过程指导。第三，知识审计的成功有赖于员工的主动参与和领导承诺，并将其纳入知识审计过程和组织变革中。通过知识审计问卷调查隐性知识，并结合访谈、焦点小组等多种方式，以确保对知识资产或无形资产的全面盘点。第四，从企业战略目标和核心业务流程层面揭示知识库，可以更好地识别存在的知识差距；也可以使用本体绘制知识库，将其与任务和业务过程相连接，确保它们能够被员工访问和查找。

3. 知识库分析的内容

知识库分析通过对企业知识存量进行盘点，目的在于更好地识别和查找在整个企业中的知识资产和资源。这个过程包括对企业隐性和显性知识的统计（Counting）、索引（Indexing）和分类（Categorizing）等。知识库分析由两个实体所组成：物理（显性）知识库和专家（隐性）知识库。

（1）物理知识库（显性知识来源）

主要包括：对文档、数据、图书资料、内部网以及外部资源的统计、分类和归纳；在企业内部以及在不同的系统之中知识所在的位置；

知识的访问和利用；知识的用途、关系和质量；知识的有效使用等。显性知识的来源还需要考虑：企业具有哪些结构化的知识和知识资产？这些知识资产位于何处（如部门或知识库）？知识资产如何被组织和表现？如何评价和利用它们？为什么存在这些资源？这些知识对于目标的实现是否相关和适合？是否具有好的"质量"？知识或知识资产的价值如何？知识资产在何处以及如何被利用？在应用过程中能够创造哪些经济价值？

（2）专家知识库（隐性知识来源）

主要包括：专家的特征，包括职业资格、技能、能力水平和从业经历；培训与学习的经历；未来潜在的领导能力等。隐性知识的来源还需要考虑：谁是拥有丰富知识的人员？其经验水平如何？多长工作年限？在核心知识、经验和资格方面，人员具有拥有哪些知识和经验？人员在完成哪些工作和职责？创造、共享与学习了哪些新知识？

企业为了能够成功进行知识库分析，需要注意如下方面：第一，盘点知识资产是耗时且困难的过程，需要耗费大量资源，事先需要仔细规划与详细计划，否则将不能达到预期的利益；第二，为了更好地揭示企业所拥有的知识资源，探测出在单元、部门以及被个体所拥有的知识资产，需要建立专家团队，以充分揭示出隐性和显性知识，并对它们进行适当归类；此外为了保证预期结果能够实现，仅有当员工被激发积极参与，并且绝大部分员工都主动支持与配合；第三，需要揭示出企业内部各种结构化知识以及无形资产，包括文档、专利、许可、数据库以及内部站点的数量、类型和范畴等。另外还需要对所拥有的资产进行分类，以便员工更好更快地访问，用于支持任务和业务过程。

正如韦格等（1997）所指出的，获取知识库必须找到如下问题的答案：什么使用知识（What），何种知识被使用（Which），何时知识被使用（When），何地知识被使用（Where）以及知识表现出何种组织角色（organizational role）等。其中，What 的答案是识别知识领域，而 Which 指的是什么对知识资产而言有助于执行已确定的知识领域，而 When 和

Where 分别被时间和地点回答，组织角色是指那些拥有知识的载体或行动者，它们可能是人员、系统或文档。

- 物理知识（Physical knowledge）的知识库分析在企业部门层面主要包括：数据库数量，在系统中的文件数量，企业资源计划、主存储器、决策支持系统、归档系统、群件技术、与其他部门的文件共享、物理文件、存储报告、档案等；审计的内容包括：可用的知识类别、文件的总数、被员工所创造的新知识的数量、来自外部资源收集的新知识的数量、各种知识的拥有者、每月的知识创造、每月对门户的知识贡献、每年统计和比较研究等。

- 人力资本（Human capital）的知识库分析在企业部门层面包括：员工和他们的专业领域，专家数据库，员工发展计划，接班人计划，培训、指导、辅导激励，绩效评估体系，先前员工的列表，外部专家的数据库等。审计的内容包括：专家类别、人员配置与专业知识的比较分析、专家数据库分析——现有的和未来的发展、组织中的继任计划、对离职专家的知识获取——存在的程序和计划、外部行业专家的发展——数据库、使用专家开发最佳实践、定期专家知识共享计划等。

4. 知识库的构建过程

知识库的构建过程可以遵循以下步骤（Galic et al.，2007）：①定义企业知识，界定知识本体和企业分类法（Taxonomy）；②过程地图分析，基于在业务流程中的任务流；③知识提取，基于过程地图中确定的每个流程，从现有的知识进行提取，使用文档分析、系统分析、知识工作小组等；④知识概要，准备提取知识的知识概要，并由领域内的专家评价知识列表，而未鉴别和重复的知识需要进一步精确；⑤知识链接，确认概要的链接或识别新链接；⑥知识地图的验证，在领域专家的支持下通过使用者验证。知识库分析可能包括一系列的调查和访谈，以获得关于上述问题的相关答案，这些问题都是关于企业可能持有和拥有的隐性知识和显性知识。通过知识库分析和早前的知识需求分析之间进行比较，企业将能够识别和明确自身的知识差距以及多余重复领域。

综上可以看出，知识库分析能够对企业知识资产进行深度洞察，为战略目标实现提出了进一步的知识需求。知识库分析是构建知识战略与未来计划的基础，为了更好地管理现有的知识资产，并将其应用到业务流程中，获取所缺乏的知识资源，知识库分析将进一步使得知识对员工更加明晰有用。对信息门户的本体映射将支持知识共享和重用，以及避免重复工作。

三、知识流分析

为了有效促进对知识的有效管理，企业不仅需要了解知识储备情况，而且还要了解知识的流动情况，包括知识流动的路径以及在流动过程中所涉及的关键人员、部门等。

1. 知识流分析的关注点

知识流分析（Knowledge flows analysis）关注知识资源如何在组织中流动，让知识从所在的地方流向需要的地方（Bontis et al.，2003；Foo et al.，2007），经常被用于促使人们在组织中如何去找寻所需要的知识，如何去分享所拥有的知识以及克服知识有效流动的障碍（Gupta & Govindarajan，2000）。一般而言，需要关注如下方面：企业对业务流程、信息流动等有着明确的规则和程序，然而在实践过程中，企业员工之间的正式信息沟通与其所构建起的人际关系（非正式网络）往往会出现背离。相比而言，企业对员工之间知识的非正式流动不易掌控。为了有效促进知识能够流向那些真正需要的员工，了解员工之间知识（业务）联系的客观信息是非常必要的。对于企业运营涉及的每个知识领域，知识流的特性是不同的。各个知识领域中的特殊知识流会增加理解、监管的难度，从而会导致大量的数据收集与反复处理过程。调查企业知识流动是一个费时费力的过程，无论是否具有正式组织结构，都需要明确所有员工之间的关系，这将提供更多有价值的信息，有利于企业对知识流的处理效率。知识流的成功获得不仅取决于团队成员发现、分析和解决问题的能力，而且包括社交与团队协作能力，最为重要的是获得高层管理者的支持。应用社会网络分析方法分析知识流，能够为管理者制定与实施知识战略提供见解与解决方案。为了更好地进行知识流分析，可以创建知识流程图（Knowledge flowchat）以充分揭示企业知识流动的路径和模式。

2. 知识流程图的绘制

知识流程图是用图形来显示知识在企业中的流动，包括参与者（节点）、流向、内容和方式等要素，其原理遵循流程图。对于知识流程图的绘制需要注意：

（1）对企业内部的知识流进行调查

利用关键知识功能分析的结果，识别需要分析的知识领域。建立一份初始的调查问卷，内容涵盖所有需要识别的知识领域。问询企业员工一些问题，如为了增加专业技术他们需要接触哪些人员，以及完成自身的业务工作需要哪些知识等，并在小范围内测试调查问卷，如战略业务单元、业务部门或工作小组等，验证分析结果后还可以进行访谈，以保证调查结果的有效性，但在访谈期间需要确保企业员工回答结果的真实性和不受组织的规则和制度的限制。此外如果有必要的话，在访谈结束后，可以修改与调整调查问卷，保证问题的逻辑性和连贯性，再在整个企业范围内进行调查。

（2）对每一个知识领域形成一个知识流程图

根据调查问卷的数据整理结果，使用社会网络分析方法分析每个流程图和计算每个节点的程度中心性、中间中心性以及接近中心性。在计算值的基础上，确定员工在每个知识领域广泛使用的知识来源。识别出那些很少与其他员工连接的孤立员工。分析所有的知识流程图以了解企业知识的总体情况。

（3）分析企业内部的知识网络

在形成知识流程图之后，企业需要分析内部的知识网络。依据所制定的知识审计目标与计划，选择适当的方法，明晰企业知识领域中的知识流程，将不同知识领域进行聚集与叠加，形成企业内部的知识网络，并明确知识网络特征。

（4）进行定期调查并更新知识流程图

随着企业的业务范围的扩大以及信息化程度的提升，企业内部的知识流程将会发生改变，如参与者、活动、次序、输入或输出等要素产生变动，因此，需要定期检查要素是否发生改变，如发生改变需要重新绘制知识流程图。

3. 知识流分析的具体内容

一般而言，知识流分析主要关注于人员、过程和系统三个方面：

（1）人员分析（Analysis of people）

主要是评价人员的态度，习惯以及相关行为，还有知识共享、使用和分发的能力。同时，还将被用于了解在企业中的非正式网络中的知识流，如企业内部所构建的社会网络，人们经常从企业中自身的伙伴处寻找知识，社会网络分析可以用于探索企业内部的非正式知识流。

（2）过程分析（Analysis of process）

检查人员日常的工作，以及在工作中寻找、共享、使用和分发知识等行为，另外还关注于知识流动、共享和使用的实践和政策。因为企业的有关政策，如信息处理，档案管理等，会直接或间接地影响到知识管理绩效，这些可能会成为企业最佳知识实践的促进或阻碍因素。

（3）系统分析（Analysis of the system）

检查技术基础设施状况，如信息技术系统，知识入口，内容管理、可访问性及可使用性，另外还评价基础设施当前使用的水平。利用企业知识管理系统去推动知识的共享和流动，去帮助企业内部的人员进行有效的沟通和联系。

知识流分析能够促使企业进一步识别组织知识与应用领域之间的差距，同时也能识别最佳实践以及阻碍知识流动和有效使用的因素。为了更好地促使知识流向最需要的地方，必须明确企业的需求位于何处，还需要关注企业知识管理的主动性。

综上可以看出，知识流分析提供了对企业正式与非正式社交网络的深入洞察，并帮助识别知识的来源及去向。分析的结果可用于制定或改进知识管理策略，以促进更快地知识传播和更有效地知识共享。通过知识流的确定可以显示新思想和创意的分发路径，以及提高企业认识，促进管理变革。企业非正式网络中的知识匮乏，可能会导致员工知识共享，目标培训和人力资源管理的低效率。知识流程图的绘制需要付出更多努力，可以考虑使用一些专业分析软件，如 NetMiner，Ucinet，Pajek 等，以促进企业对正式与非正式知识网络的分析。

四、知 识 地 图

在之前论述知识审计架构时，几乎每种架构都提及了知识地图（Knowledge mapping），强调了知识地图的构建或重要性，但各种架构对知识地图都有着自身的界定和解释。各种定义大多介绍了知识地图的原理、技术以及它是如何运作的，其实质是知识流动的可视化（Visualization）。

1. 知识地图的特性

沙玛和乔杜里（2007）认为，知识地图是对企业显性（编码）信息和隐性知识的导航器（Grey，1999），表明了知识存储和知识流动之间的关系和重要程度。详细的（相比粗糙的）知识地图描绘了企业内部的知识来源、流动、约束和下降（损失或停止点）。达文波特和布鲁萨克（1998）强调，开发一个知识地图涉及在企业中定位重要的知识，然后发布某些图片或者列表，使得可以形象化地找到这些知识。他们注意到，知识地图可以是黄页、库存、数据库或用于描绘员工之间知识流动的真实地图。艾普洛（Eppler，2001）指出，知识地图是知识资源、知识资产、知识结构、知识应用和知识开发阶段等的系列图表目录清单。吉姆等（Kim et al.，2003）定义知识地图是指企业知识的图示表达（Diagrammatic representation），具有知识节点，表明知识与知识规格书或材料之间的关系链接。埃本纳等（Ebener et al.，2006）认为，知识地图是一系列知识的连接，使自身所创造的新知识以及可控的信息更加清晰化。从上述定义中可以看出，知识地图还没有被广泛接受的定义，知识地图经常被误解为库存。大多数学者和实践者都认为，知识地图是知识流动的可视化表达（Vail，1999；Kim et al.，2003；Hansen and Kautz，2004）。

知识地图的类型主要包括：①概念型（Conceptual）。依据主题或概念所组织而成，以显性知识为主；②流程型（Process）。依据活动流程所组织而成，以显性知识、隐性知识以及专家知识为主；③能力型（Competency）。依据人员与知识间的关系所组织而成，以专家知识为主。三种不同类型的知识地图所呈现的方式有所不同，概念型与职称型通常有三种适用的呈现方式，分别是：阶层式（Hierarchies）、分类式（Taxonomies）、语意网络式（Semantic networks）。而流程型的呈现方式则包括：企业流程图、认知流程图、推论引擎、流程图等。

知识地图将绘制出企业的知识资产和资源情况，表明在企业中存在哪些知识以及在何处可以被发现（如知识的持有者、创建者、收集者、连接者、使用者以及知识评论家和数据库等），将绘制出知识流动情况，表明在企业内部的知识移动，从所在地方流向需要的地方。在此需要强调的是，为了更好地发挥知识地图的作用，还应该关注较小的业务单元、分支机构以及员工等微观层面并提供全局观点。

2. 知识地图的分析内容

知识地图的组件见图6.3，可以围绕12个组件群进行构建（Liebowitz，1999；Gourova，Antonava and Todorova，2009）：

（1）知识管理实践与政策（Knowledge Management Practices & Policies）

具体包括：知识管理有关的特殊政策；知识管理的组织结构，以及角色、责任与报告关系；特定的知识管理实践，如在陌生领域中获取自身缺乏经验的实践，知识共享、知识获取、知识保护；优先设置的程序和政策等。

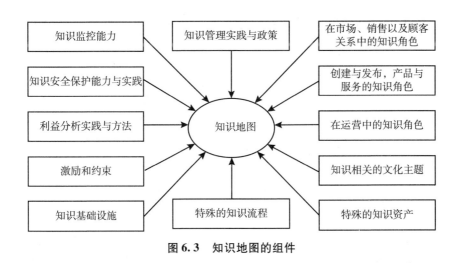

图 6.3 知识地图的组件

（2）知识监控能力（Knowledge Monitoring Capabilities）

具体包括：对知识管理效果和绩效进行监控，提供对复杂动态模型的预知；全面的知识资产监控系统——结构、组件、测量方法，实施频率等。知识投资和持续调整，如对现有的培训项目或知识管理系统应用的投资，持续地进行资源更新和服务；知识相关行为的绩效评估实践等。

（3）知识安全保护能力与实践（Knowledge Safeguarding Capabilities & Practices）

具体包括：与供应商、顾客以及其他外部机构的知识共享，如高等院校、科研院所、创新孵化中心等；雇佣合同签订；专利技术保护；知识文档和办公实践的控制等。

（4）利益分析实践与方法（Benefit Analysis Practices & Methods）

具体包括：最终效益的测量，如净现值（NPV）、经济附加值（EVA）；静态和动态的价值链定量分析；定性分析架构和影响分析方法；总体效益的投影模型或方法等。

（5）激励和约束（Knowledge – Related Incentives & Disincentives）

具体包括：用薪酬和奖金增加个体、团队绩效评价；个体评估项目，例如自我教育、知识共享，寻求帮助用于对重要知识的使用决策等；培训的时间（或费用）预算；获取经验以及创新重新认知项目等。

（6）知识基础设施（Knowledge Infrastructure）

具体包括：知识专业能力、管理责任；IT 为基础的设施，如网络、群件技术、知识挖掘工具等；政策基础，包括隐性知识分享补偿政策，显性知识的管理政策；协调知识过程的能力、开发和保持知识资产的能力等。

（7）特殊的知识流程（Specific Knowledge Process）

具体包括：识别知识流程（包括保护、使用、创新等，以及知识存量提升，改进工作流程、改进产品和服务等）；知识流程之间的整合和协调的程度，例如经验学习系统，学习实验室、研发项目、教育和培训项目功能设计，教育中心等；识别现有知识流的质量，以及创建重要的新知识流的机会。

（8）特殊的知识资产（Specific Knowledge Assets）

特殊的知识资产（包括核心能力）主要涵盖：它们是什么？它们如何被使用？为什么它们是有价值的？在哪里可以被发现？它们在何处产生？知识资产的状态主要涵盖：竞争性和战略地位、潜在的市场价值、价值被认知的程度、未实现的机会。

（9）知识相关的文化主题（Knowledge – Related Cultural Issues）

具体包括：克服"非此处发明（NIH）"综合征；实现"我们努力去发明创造"，"我们乐意共享知识"——员工从供应商、伙伴以及下属机构等增加知识；避免"我们具有特殊知识，保护自身的专业知识，但我们不乐意分享"等，形成企业特殊的文化氛围。

（10）在运营中的知识角色（Knowledge Roles in Operations）

具体包括：技术知识对不同领域的运用变得有效，能够促进质量最大化和成本最小化，开发和构建运作知识的流程和实践；应用知识的流程和实践（如探知哪些有用的知识被用于最重要的任务和决策）。

（11）创建与发布，产品与服务的知识角色（Knowledge Roles to Create & Deliver & Products & Services）

具体包括：包含在产品和服务中的隐性和显性知识资产（策略、技术等）；使用科技和知识内容构建模块创建新的产品和服务；拓展经验的层级与领域，用于开发新的提供物；创建与发布与产品和服务有关的知识流。

（12）在市场、销售以及顾客关系中的知识角色（Knowledge Roles in Marketing，Sales & Customer Relations）

具体包括：在市场、销售以及顾客关系中的知识；获取与顾客经历有关的知识以及用于提升与分发产品和服务，探知顾客成功使用企业的产品和服务的程度；用于促进收入提升的知识等。

3. 知识地图的绘制步骤

为了更好地进行知识地图分析，需要认真制定目标，其范围和预期结果与有效的知识流程以及进一步控制措施相关。绘制知识地图需要关注如下方面：当前和计划的知识管理实践和政策；知识监控和知识保护的能力和实践；当前对知识效益评估的实践和方法；管理激励机制，包括与知识有关的文化问题；知识基础设施；特殊的知识流程（如知识的产生、获取、应用与分享等）；知识的角色，涵盖运作、创新、产品和服务的交付、客户关系管理、市场营销以及销售等方面。知识管理方法包含支持组织的定性和定量措施；提供目的或目标；提供对实施过程的反馈、指导和优化；测量初始投资决策的价值与经验教训；设置一个基准，为了进一步比较与借鉴其经验和教训。

通常在构建和设计知识地图，以下五个步骤需要按顺序完成：

①确定企业知识导向的过程、难点或在企业内存在的问题。由此产生的地图应该集中在改善知识导向领域。此步骤通常涉及企业价值链的筛查，主要业务流程和与各个关键员工面谈（参与知识导向的业务活动）。

②基于上述流程或问题推断出相关知识来源、资产或元素。这个步

骤的目的是确定需要什么专业知识和经验，或帮助更好地管理过程或领域，以及在何处及如何访问这些知识。

③将这些元素以一种可行的方式进行编码，使它们作为一个整体容易被企业访问。构建专业知识类别与第一步中所识别的过程或领域相互关联。如果是项目管理，可能的类别是项目计划、控制、项目文档，或IT支持项目管理的专家。

④在专业技术或文档中整合这些编码化的参考资料到可视界面中，允许使用者进行导航和搜寻。也可以整合到业务流程的知识流中或组织单元的内部网络中。这一步骤包括知识地图的实质性设计与实施。依据地图的目标选择合适的可视化技术，如过程流地图、决策树等。

⑤采取一定的措施更新知识地图。知识地图需要不断地进行更新，否则将会过时或无用。设计一个自动工作流，定期访谈专家更新自身在知识地图中的位置。为了避免低的质量，在绘制地图的开始阶段，需要定义一系列的质量标准用于地图生成。

综上所述，知识地图描绘出企业系统中的知识存量、结构、功能、存在方位以及查询路径等，揭示企业内部或外部相关知识资源的类型、特征及知识之间的相互关系，具有促进知识的重复利用，有效地防止知识的重复生产，节约检索和获取时间；有利于知识转移与共享，同时也为知识项目评估提供基础；提供更多的学习、利用知识的机会；有助于知识资产的创造和评价；有助于建立合适的组织知识管理基础设施等作用（乐飞红、陈锐，2000）。总体而言，知识地图能够提供企业知识的概览，最重要的是对企业知识状态提供全面理解，能够促进战略制定，优化知识管理项目与活动，以及识别知识管理特定需求和机会等。同时也对知识相关的条件、项目、活动以及实践等提供简要说明，也能描述关于竞争、现有市场以及企业内外部发展的基本状态。在知识管理实践中，知识地图分析常被用于知识审计，提供对知识管理的治理以及监控结果的反馈。

五、竞争知识分析

竞争知识分析（Competitive Knowledge Analysis）主要集中于企业外部环境的分析，包括对市场发展动态与竞争对手的持续追踪，深入了解竞争者的知识及其对行业竞争地位的影响。企业必须了解所面临的环境及其各种驱动力，这些驱动力可能来自内部或外部。竞争情报（Competitive intelligence）从外部视角观察企业的定位，这意味着需要系统协调市场定位、与竞争对手的关系。

竞争对手被认为是驱动市场竞争规模和程度的五种力量之一。企业对竞争对手获得足够的信息，深入了解对手的知识以及如何影响其优势及劣势是重要的。当企业开展一系列行动计划时，获取充分的信息将是非常有利的。竞争知识分析作为竞争情报的一部分，对发展可行的业务战略是必不可少的。市场环境应密切监测一些能在未来带给机会或可能构成威胁的因素，如科学技术、政府政策、社会标准、生活方式等的改变，这些因素可能会改变市场上的竞争现状，导致企业产生改变，因此竞争知识分析需要监控市场环境的动态变化。在企业内部创造的知识是非常宝贵的，因为它是独特和隐性的，这些知识竞争对手是很难模仿的，可以成为竞争优势的来源之一。竞争情报系统可能会给企业提供竞争对手拥有哪些知识资产的必要洞察。

为了进行竞争知识分析，企业需要实施 SWOT 分析和五力模型分析，帮助企业了解自身所处的行业，为企业制定发展策略的奠定知识基础。SWOT 是非常有用的战略分析工具，能够从不同角度来看待企业的发展现状。当使用这个分析工具时，员工需要进行创造性思维和集体讨论，在各自的范畴内将所有可能的因素一一列出。在商业实践中，SWOT 分析的主要目标在于表达出一种可能性，用于维持市场利基，能够帮助识别企业成长的可能性和发展方向，同时识别企业的劣势和来自外部的威胁。通过 SWOT 分析，可以发现企业自身以及竞争对手在顾客与同类市场中竞争地位。在此，企业管理者还需要将其作为一个可能的目标加以保持，否则 SWOT 分析是无用的且分析也是无效的。

- 优势：哪些因素使得企业可以比市场中的其他企业更好？
- 劣势：哪些因素使得企业落后于市场中的其他企业？
- 机会：哪些因素将有助于增加企业的竞争优势？
- 威胁：哪些因素威胁企业在市场中的竞争地位？

五力模型是用来分析企业所在行业竞争特征的一种有效的工具。此工具具有弹性，可以根据组织特定的需求，增添不同的因素进行调整和使用。五种力量分析是任何企业进行战略变革所必须考虑的，即一个可行战略的提出首先应该包括确认并评价这五种力量，不同力量的特性和重要性因行业和企业的不同而有所变化，同时该工具还显示出相邻行业的运动可能会影响企业在市场上的地位。

- 供应商讨价还价的能力（Suppliers bargaining power）——主要测量供应商通过提高投入要素价格与降低单位价值质量的能力，来影响行业中现有企业的盈利能力和产品竞争力。主要取决于企业所提供为顾客所提供的投入要素的数量及价值。一般而言，供应商所在行业为一些具有比较固定市场地位而不受市场竞争所困扰的企业所控制，以及供应商的产品或服务具有一定特色导致转换成本太高等都会导致议价能力的增强。

- 购买者讨价还价的能力（Buyer bargaining power）——评估购买者通过压价或要求提高较高的产品或服务的质量的能力来影响行业中现有企业的盈利能力。一般情况下，如果购买者数量较少，但购买量很大，或者买方市场由大量相对规模较小的企业所构成，以及购买者购买的基本上是一种标准化的产品等会导致购买者的议价能力增强。

- 行业内现有竞争对手的竞争（The rivalry among competing sellers）——主要分析行业中竞争对手的数量和竞争能力。行业中各个企业的竞争战略的目标都在于使得自身企业获得相对于竞争对手的优势，因此会导致相互之间的冲突与对抗，就构成了现有企业之间的竞争。现有企业之间的竞争常常表现在价格、广告、产品介绍、售后服务等方面，其竞争强度与许多因素有关。一般而言，出现下述情况将意味着行业中现有企业之间竞争的加剧，行业进入障碍较低，势均力敌竞争对手较多，竞争参与者范围广泛；市场趋于成熟，产品需求增长缓慢；竞争者企图采用降价等手段促销；竞争者提供几乎相同的产品或服务，用户转换成本很低等。

● 替代品的威胁（Threat of substitute product）——这个因素衡量互为替代品的企业之间产生的相互竞争行为，源于替代品的竞争会以各种形式影响行业现有企业的竞争策略，第一，企业产品售价以及获利潜力的提高，将由于存在着能被用户方便接受的替代品而受到限制；第二，由于替代品生产者的侵入，使得现有企业必须提高产品质量、或者通过降低成本来降低售价、或者使其产品具有特色，否则其销量与利润增长的目标就有可能受挫；第三，源自替代品生产者的竞争强度，受产品购买者的转换成本高低的影响。一般而言，替代品价格越低、质量越好、用户转换成本越低，其所能产生的竞争压力就越强。

● 新进入者的威胁（Potential new entrants）——新进入者进入市场后会影响到行业的盈利能力与企业竞争力。一般而言，新进入的威胁主要取决于两个方面：市场进入的障碍大小以及企业对新进入者的反应。而进入壁垒主要包括规模经济、产品差异、资本需要、转换成本或地理环境等因素；而对新进入者的反应情况主要是采取报复行动的可能性大小。

企业对外部环境与对内部业务流程的理解是同等重要的。在执行这些分析时可以更好地应对内外部环境的动态变化。SWOT分析不仅可以显示前所未有的机会或威胁，也可以帮助企业管理者以一个全新的和创造性的方式思考这些问题。企业内部与外部的知识地位有助于发展企业的商业策略和知识策略。五种力量分析是外部导向的，它提供哪些因素可能会对产业产生影响的深入理解。企业在执行五种力量分析后，应更好地应对外部环境，发现最大的竞争对手是谁，在哪些方面的业务操作能够降低不利地位以及行业因素构成威胁的可能性。

六、关键知识功能分析

为了有效应对竞争以及外部环境的变化，现代企业需要不断提升经营绩效与增加运行效率，同时需要明确知识管理绩效的提升与核心业务流程的支撑是密不可分的。因此，为了实现业务战略目标，企业需要进行有效评价，哪些业务流程是最重要的？哪些业务流程是知识密集型的？并相应地制定出一些针对性措施。业务战略决定着企业竞争发展的长期目标，它们的有效实现依赖于一些核心业务流程作用的发挥。

关键知识功能（Critical knowledge function）是能够引起知识管理关注且与知识相关的情形或条件，具有以下方面的特征：执行业务中所包含的知识类型（包括思想、专业知识或技能等）；业务运用中的具体知识；识别阻止知识充分利用的约束条件与脆弱情形，以及未被利用或未被实现的机会；管理（或改进）关键知识功能的机会以及可替代选择；期望改善条件提升预期价值——降低知识约束，增加利用（或开发）不同方式使用知识的机会。关键知识功能分析的主要目的在于识别关键的运作功能、专业功能或管理功能，以及确定通过改进后知识的潜在价值。

对于知识导向的业务流程，关键知识功能分析需要关注如下方面（Gourova, Toteva & Todorova, 2012）：第一，知识管理策略应与业务战略一致，且确保业务流程与知识流程相结合以及对业务流程提供知识支持。然而知识管理的实施需要耗费大量资源，如资金、时间和人员等，因此需要确定资源的优先级别，不耗费过多资源，保障企业利益和预期目标的实现。第二，一般而言，企业中绝大多数业务流程均被用于支持业务目标（Business goal）的实现，其中业务流程中包含一些基本活动（Fundamental activity），能够带来更高的价值，是确保企业经营成功和获取竞争力的关键。第三，在实践过程中，企业管理者往往认为所有的业务流程对业务目标的实现是重要的，然而这需要从业务观点来看。对于企业而言，需要深入思考到底哪些业务流程对业务目标的实现是至关重要的。第四，企业中虽然有些业务流程对企业竞争力具有重要影响，但其知识密集程度不高，也不太依赖知识管理计划，而知识管理却为这些业务流程增加了价值，这类业务流程在实践中需要特别关注。

因此，企业需要严格评估业务流程并确定它们对知识管理的依赖程度。第一，从获取企业业务战略的相关信息开始，业务流程的目标和行为需要符合业务战略目标。第二，确定影响企业成功和竞争力的关键因素，这些因素对业务战略的目标实现具有实质性影响，如新产品开发、客户满意度、质量保证，投资回报率等。第三，识别并揭示出企业所有的业务流程，如与战略管理、市场营销、生产运营、技术研发等相关的流程。基于先前确定的关键影响因素以及对企业绩效的影响程度，确定这些业务流程的优先次序（Chung et al.，2003）。第四，使用定量和定性方法进行分析，基于知识密集程度（Knowledge intensiveness）挑选出核心业务流程，并使知识流程与这些业务流程相互连接。

可见，识别知识密集型且对企业竞争力至关重要的业务流程，能够更好地作用于知识管理战略，并确保后续行为对企业自身以及整体绩效能够提供更高的价值。如果能够克服在核心业务流程中的知识差距，知识管理对企业的影响程度将会更高。如果知识密集型的业务流程没有被有效识别，知识管理策略和行动将会缺乏目的性和针对性，从而会导致更低的效率。此外，应用知识管理战略支持企业所有的业务流程，可能会导致不必要的投资，降低预期影响和投资回报。

因此，在关键知识功能分析中还有一些问题值得关注：

（1）核心业务流程的识别

达文波特和肖特（Davenport & Short，1990）将流程定义为"为特定顾客或市场提供特定产品或服务而实施的一系列精心设计的活动"，他们认为，流程强调的是工作任务如何在组织中得以完成，因此，流程具有两个重要特征：一是面向顾客，包括企业外部和内部的顾客；二是跨越职能部门、分支机构或子公司的既有边界。根据上述思想，他们将业务流程定义为"以达成特殊业务成果目标的一系列有逻辑相关性的任务"。可见，业务流程是将输入转化为输出的一系列活动的集合。核心业务流程是对满足外部客户需求和实现企业使命所必需的一系列跨职能活动的集合。这些活动将企业的人员、材料、文化、设备和信息等融为一体。格里纳（Gryna，2001）认为，从数量上看核心业务流程是有限的，实施核心业务流程将能确保企业在竞争中获胜，即核心业务流程是企业必须正确处理且数量有限的流程。核心业务流程是企业的基础业务，是对企业成功至关重要的一系列活动。如果核心业务流程实施失败，将导致企业经营的失败。核心业务流程通常是直接与企业客户接触的过程，反映企业的主要成本动因或者是服务链条中最为关键的环节。企业必须确认其核心业务流程，并对拥有丰富经验的员工的流程知识进行记录，同时鼓励对核心业务流程中的知识进行分享和交流，这样能够将最好的经验或知识被应用于解决新的问题。核心业务流程的判别依据是：对企业使命和愿景有着直接影响；能够产生效益或者是企业获取成功最关键的因素；对企业价值有影响并能带来额外的价值；能够满足客户的需求；具有价值的员工、技术和信息资源（Perez - Soltero et al.，2007；Wang & Xiao，2009）。

（2）注重结构化业务流程（Structured Business Processes，SBP）和非结构化业务流程（Unstructured Business Processes，UBP）

结构化业务流程和非结构化业务流程需要不同的知识审计方法。用于 SBP 的知识审计方法旨在识别和捕获程序性知识（Procedural knowledge），而 UBP 的目标则是促进经验性知识（Experiential knowledge）的共享。在设计知识审计方法时要考虑三个重要因素：知识启发（Knowledge Elicitation，KE）、知识表示（Knowledge Representation，KR）和研究人员角色（Role of Researcher，RR）（Yip et al.，2015），二者之间的比较见表6.3。

表 6.3   **SBP 与 UBP 的比较**

比较方面	结构化业务流程	非结构化业务流程
知识类型	程序性知识	经验性知识
知识启发	使用传统的方式，如访谈、问卷或焦点小组会议用于启发显性知识（员工知道但不能被编码）	使用叙事和故事揭示背景、事件、经验教训和隐性知识
知识表达	使用传统工作流图表示包含在每个连续步骤中的人员、任务、技能和文档	使用网络图表示在知识、利益相关者以及行为之间的相互作用和影响
研究人员角色	作为审计人员角色，设计相关问题并进行访谈、调查与焦点小组讨论	作为促进者激励响应者共享叙事/故事以及他们的观点，激发群体内的反思

在 SBP 中企业组织的业务活动可以逐步被模式化，从事件的开始到停止，计算出所有可能的路径、执行技术和其他事件，主要是由于绝大多数的业务顺序是由专家们研究和编码的，在核心业务流程中很少出现例外情况，这些流程的输入和输出可以被清楚地列出。在 SBP 中直接的知识启发方法，如面试、问卷调查和焦点小组常被用于获取程序性知识，通过直接询问被调查者是如何执行业务的（Sanchez & Fernandez - Sanchez，2010）。启发的问题通常是根据研究目标和审计人员的想法和假设进行预先定义。直接知识启发会话的流程遵循审计人员设定的情节，启发的结果通常确认出审计人员的先前想法和断言。对于 SBP 的知识审计方法，通常采用传统的基于流程的知识表达工具。这是基于技术和过程的一种简单的数据类型，如流程图、库存、主题特定的技术、方法、技能和算法。这些表达法的主要目的是提供一个全面理解的视图，以便迅速找到所需的信息。

随着结构化业务流程的范式出现，发现并非所有业务流程都是可预测的。在具体实践中，有些流程会以很少的结构，不完善的信息和不可预见的异常来执行，这导致了非结构化业务流程（UBP）的出现（Yip et al.，2012）。这些 UBP 的运作要求员工拥有经验性知识，即"从生活经验中获得信息和智慧"（Schubert & Borkman，1994）。

从 UBP 获得的知识大多是经验性知识，很难通过问卷或传统的访谈来获得（Yip et al.，2011）。员工需要根据他们积累的经验，通过回忆和理解类似的案例或场景来做出决策。在 UBP 中可以采用间接的知识启发方法并在小组情境中进行。常用的间接知识启发方法之一是叙事循环（Narrative circle），如团队心智模型（Zou & Lee，2010），以及客户服务（Luk，2008）都采用了叙事循环的方法。叙事循环有助于被调查者进入情境中，从而帮助他们浮现清晰的画面，对假设和利益冲突形成更好地理解。叙事循环能够捕捉事件的顺序和背景，以及环境的复杂性，触发情绪并强化记忆。叙事循环也常被专家用于获取隐性知识（Whyte & Classen，2012）。

此外，对 UBP 的知识审计需要可视化并表现出工作活动、利益相关者与知识资产之间的交互作用，这形成了知识工作者对流程中的生态系统的理解基础。以网络格式（Network format）的形式表达也将促进对流程中的角色、交互和价值提高领域的理解。知识表达的目的并不是机械地列出知识资产的库存清单，而是以网络格式的形式表达出利益相关者、知识和活动之间的相互作用。相对于线性流程图（Linear flowchart）的表达形式，网络格式的优势在于，它提供了人们交互的生动形象，而不是传统过程流程图所描述的一系列动作。为了启发和调动组织的知识，研究人员的作用至关重要。这些角色包括知识导师、经纪人、内容编辑、看门人（Venkitachalam & Bosua，2014）和促进者（分析师、代理者）（Gavrilova & Andreeva，2012）。在对 UBP 的知识审计中，研究人员的角色不是控制和指挥。相反，审计人员将作为一个推动者，帮助被访者理解知识审计结果，并在讨论过程中确定假设。

（3）注意业务流程和知识流程的关系

一般而言，流程是一系列按照定义的顺序进行的活动。知识流程可以相应地被定义为一组知识活动。鲍尔森等（Paulzen et al.，2002）在基于成熟度思想构建知识过程质量模型（Knowledge Process Quality Model）时，认为知识流程表现为业务流程的组成部分，其中知识处理显得非常重要。根据知识的关注点不同，知识流程可以与业务流程并行或可以跨越业务流程（Karagiannis & Telesko，2000；Roberts，2008），二者之间的关系见图6.4。

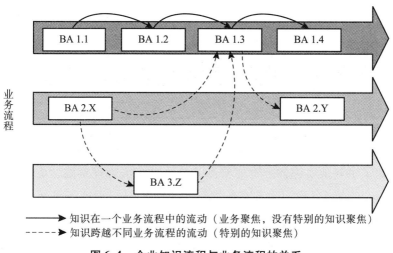

图6.4 企业知识流程与业务流程的关系

因此，在关键知识功能分析中，企业需要有机结合知识管理战略与业务战略，在核心业务流程中识别出知识的重要性和密集程度，将知识流程和业务流程相互结合（Burnett et al.，2013b），结构化业务流程和非结构化业务流程结合（Yip et al.，2015），促进企业知识创新并为企业创造价值。

第七章

企业知识管理成熟度整合模型

为了更好地实施知识管理项目以及促进知识管理实践，成熟度模型（Maturity model）作为一种有效的知识审计工具，正逐渐被引入知识管理领域，并得到学界和业界的广泛认可。通过对知识管理核心领域的识别、成熟等级的评价，企业知识管理可以被明确地定义、管理、控制以及保持有效性（Kochikar，2000；Klimko，2001；Paulzen & Perc，2002；Kulkarni & Freeze，2004）。正是基于成熟度模型的重要意义和作用，很多国内外学者或研究机构根据知识管理的基本原理以及自身管理实践，提出了各具特色的知识管理成熟度模型。这些知识管理成熟度模型具有成熟等级、关键过程领域等组件，同时还具有较为严格的等级跃迁基准，现代企业组织进行知识审计可以充分借鉴。

第一节　成熟度思想溯源

一、成熟度模型及特性

"成熟度"（Maturity）一词源于拉丁文"Maturitas"，来自"Matures"（牛津词典），同义于"Ripeness"，意味着在经历一系列过程后逐步达到最高等级。成熟度是一种品质（Quality）或者合适的成熟阶段（Andersen & Jessen，2003）。成熟度模型是描绘一个实体（Entity）随着时间的推移而不断发展的过程，这个实体可以是任何感兴趣的事物，如人力资源、组织职能、商业行为、技术、产品等（Kochikar，2000；Klimko，2001；Khatibian et al.，2010）。

一般而言，成熟度模型具有如下特性：简化一个实体的发展过程，并将其描述为几个有限的成熟等级（通常为 4 ~ 6 个等级）；这些等级由一定的标准来界定，必须满足这些标准才能达到某个等级；从第一等级发展到最高等级，各等级之间具有顺序性（即后者是前者的进一步完善）；在发展过程中，实体从一个等级到下一个等级不断进步，不能忽略其中任何一个等级（Paulk et al.，1993；Klimko，2001；Weerdmeester et al.，2003）。

绝大多数的成熟度模型定义了组织在不同成熟等级中的系列关键流程和行为特征，提供了一种对现实情境的即时映射，以及定义和优化改进措施的架构。成熟度模型的核心优势主要在于：第一，简单易用，但需要增加一些定量分析；第二，可以从职能或跨职能观点加以应用；第三，提供一些围绕共同的语言、理解与策略来进行团队构建的机会；第四，可以通过第三方评价或自我评价来加以实施（Boughzala & Bououd，2011）。

二、成熟度模型思想

对于成熟度模型的思想来源，不同学者和业者持有不同观点，目前并未达成一致。但综合来看可以归纳为三种：

（1）马斯洛需求层次理论

马斯洛（Maslow，1943）将人类的基本需求分成生理需求、安全需求、社会需求、尊重需求和自我实现需求，五种需求犹如阶梯一样从低到高，按层次逐级递升，依次由较低层次发展到较高层次。一般而言，某一层次的需要如果得到相对满足，就会向高一层次发展，追求更高一层次的需要就成为驱动力。这五种需要主要分为两级，其中前三种需求属于低一级的需求，这些需求通过外部条件可以满足，而尊重的需求和自我实现的需求是高一级的需求。在此情境中，实体就是人类个体，沿着需求金字塔不断前进。

（2）能力成熟度模型（Capability Maturity Model，CMM）

能力成熟度模型是由卡内基－梅隆大学软件工程研究所（SEI）推出的评估软件能力与成熟度的一套标准（Paulk et al.，1993），其管理思想可以追溯早前的产品质量控制原则。希沃特（Shehwart）在20世纪30年代发表了有关质量的统计控制原则，统计控制的原则是质量运动和软件过程运动的主题。戴明（Deming）、朱兰（Juran）和克劳斯比（Crosby）进一步发展和验证了希沃特的思想，特别是克劳斯比提出将质量原理转变为成熟度框架的思想，用质量管理成熟度网络（QMMG）描绘了质量实践的5个演进阶段（Fraser et al.，2002）。随后希沃特将戴明的原则、朱兰改进的内容，以及克劳斯比的成熟度量化结合在一起，运用到软件开发过程中，增加了成熟度等级的概念，并将这些原理应用于软件开发，逐渐发展成为能力成熟度模型。能力成熟度模型分为五个等级：初始级、可重复级、已定义级、已管理级和优化级，除了第1级外，其他每级都由一些关键过程领域（Key Process Area）组成，其中每个等级都是相互依赖的，上层包含下层的目标和实践，每个等级是连续的，不存在隔阂。在此情境中，实体即为软件发展功能。

（3）企业成长阶段理论

企业成长阶段理论将企业的发展看作是一种有着若干阶段的过程，研究该过程中各个阶段的特征以及存在的问题，许多成长阶段模型都试图解决三个问题，如何划分成长阶段？企业成长到底需要经历多少成长阶段？另外每个阶段的基本特征是什么？成长阶段模型能够较为准确地预测企业成长的各个阶段，可以帮助管理者清楚地了解企业发展的过程，以及企业在成长的过程中存在哪些关键转折点，并适当调整战略和组织结构等来面对这些问题（Gottschalk，2009）。在此情境中，实体为企业或组织自身。

从以上论述可以看出，成熟度模型描绘出随着时间的发展，实体沿着一定的演化路径，从初始、混乱的阶段发展到成熟、有序的阶段（Herbsleb et al.，1997）。此类模型具有简洁，容易理解和沟通等特性，同时这种成熟度分级能够明确而清楚地反映出过程或活动的轻重缓急和先后顺序（Klimko，2001）。绝大多数的成熟度模型定义了组织在不同成熟等级中的系列关键流程或行为特征，提供了一种对现实情境的即时映射，以及定义和优化改进措施的架构。

正是基于成熟度模型的这些特性，很多国内外学者和研究机构将其应用到各个领域，形成了各具特色的成熟度模型，如财务管理（McRoberts & Sloan，1998）、现金管理（Wilson & Sagner，1998）、项目管理（Kerzner，2001；2002；黄喜与李建平，2010）、R&D与技术创新（Fraser et al.，2002；赵林捷与汤书昆，2007）、质量管理（Paulk et al.，2003）、产品设计（Crow，2003）、知识管理（Paulzen & Perc，2002；Kulkarni & Freeze，2004；孙锐等，2008；张鹏与党延忠，2010）、服务运营管理（Demuss，2002；McKlusky，2004）、企业结构管理和业务过程管理（Rosemann & Tonia de Bruin，2005）等。特别是随着能力成熟度模型（CMM）在各个领域中的不断应用，产生了各种不同性质的成熟度模型，比较有代表性的有：项目管理成熟度模型（PMMM or PM3）、人力资源能力成熟度模型（P‐CMM）、供应链管理成熟度模型（SCMMM）、业务流程管理成熟度模型（BPMMM），等等。特别是在知识管理领域，近些年来更是形成了颇为丰富的研究成果。

究其在知识管理领域迅速发展的原因，主要在于软件管理与知识管理的相近性（Armour，2000；Paulzen & Perc，2002；Kaner & Karni，2004），虽然二者之间还存在一些细微的差别，如知识管理与软件管理相比，具有较小的结构化特征，知识管理实践并不能完全被标准化，知

253

识管理结果也不能被轻易测量，知识管理行为贯穿于整个组织，存在于许多知识工作者之间，需要在适应性、可操作性和有效性方面有所改变，但研究者普遍认为软件可以被视为一种知识媒介，可以将其原理应用于知识管理领域之中（Pee & Kankanhalli，2009）。

第二节　知识管理成熟度模型比较

诸多知识管理成熟度模型所产生的背景、关注的焦点、所包含的内容、适用的领域以及所具有的成熟等级等都存在不一致性，这对理论者和实践者的选择和实施提出了挑战，造成实际应用上的困难。因此，有必要对这些模型按照一定的基准进行分析和比较，以深入剖析其内在机理，掌握其中的运行规律，为企业组织选择与实施知识管理成熟度模型提供帮助和借鉴，有效促进企业组织知识管理实践，提升知识管理能力和绩效。以下将在论述基本特性的基础上，从关键过程领域、成熟等级以及其他特性方面进行比较。

一、基本特性

随着成熟度模型在知识管理领域的不断应用，越来越多的学者或机构依据知识管理的理论和自身实践，提出具有不同特性的知识管理成熟度模型，这些知识管理成熟度模型关注于知识管理的各个部分，如战略、能力、系统、技术等。

对于知识管理成熟度的内在含义，很多学者持有不同观点，目前还未达成一致，如库尔卡尼和路易斯（Kulkarni & Louis，2003）指出，知识管理成熟度是组织一贯地管理自身的知识资产并有效利用发挥绩效的程度。佩和坎坎哈里（Pee & Kankanhalli，2009）应用保尔克等（Paulk et al.，1993）对过程成熟度的定义，认为知识管理成熟度是知识管理被清晰定义、管理、控制的程度，组织的知识管理成熟度模型描绘的是组织在发展知识管理的过程中被期望所经历的各个成长阶段。施瓦兹和托贝（Schwartz & Tauber，2009）认为知识管理成熟度是基于在各个特殊知识领域中对成熟的全面理解，如知识共享、知识管理能力等。库利亚科塞等（Kuriakose et al.，2011）从知识工程学的视角认为，知识管理成熟度是以一种结构化方式来指导知识管理实践，并应用系统、科学、定量的方法来发展、执行和连续提升以达到知识管理的最终成熟。国内学者孙锐等（2008）认为知识管理成熟度为一种反映组织知识管理能力改进水平的演化平台。张鹏、党延忠（2010）指出知识管理成熟度是企业开发、实施知识管理项目的过程被明确定义、管理、测量、控制的有效程度。总体而言，知识管理成熟度是一个有效的参考框架或诊断工具，组织可以用来评估知识管理项目执行的情况，从而发现其中的问题，并明确改进的方向。同时，还建立起了一个基准，使得组织可以根据这个基准，设定达到最佳知识管理状态的目标，为组织提供一个通过有效执行知识管理过程来增加竞争力和竞争优势的方法。

罗宾逊等（Robinson et al.，2006）指出，成熟度模型可以帮助组织构造和执行知识管理，衡量实施知识管理项目或方案的最终绩效，并提出了知识管理成熟度的概念图。纵坐标表示知识管理的关键属性，描绘从低到高水平的各种行为。其中低水平行为主要包括对于知识管理基本概念的理解，在初始阶段与属性相关的利益知晓等。高水平行为是与高级阶段相关联的，如度量、激励和扩散行为等。这些属性主要是衡量在知识管理实施中各种问题，包括识别变革的需求，所需资源以及结果控制系统等对知识管理造成的影响。横坐标是从低到高绩效的属性维度，如资源属性维度可以沿着有限到充足改变；目标属性维度从模糊到精确；利益属性维度从理论到实践；扩散属性维度从局部到广泛等。知识管理成熟的每个等级是依据组织当前的某些属性以及属性维度来共同决定，沿着一定的成熟路标不断前进，见图7.1。

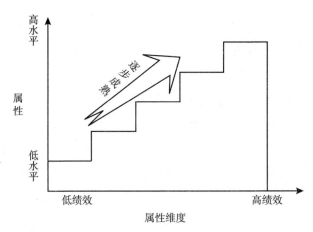

图 7.1　知识管理成熟度的概念图

总体而言，知识管理成熟度具有如下作用（Ping，Binshan & Chin-ho，2009）：①允许组织在知识管理项目的实施过程对知识管理行为进行全盘评价，系统、全面了解知识管理所处的位置，更精确地识别并克服各种障碍，同时为了达到下一成熟度等级进行合理调整，确定各种资源需求；②为组织实施知识管理项目提供清晰的执行或实施旅程，使组织知晓并识别各种潜在利益和障碍，决定合适的启动点，执行步骤以及各种资源需求来驱动企业长久发展；③提供全面、整体、系统认知，促使企业和员工更加关注知识管理，同时在知识管理的性质、问题以及潜在解决方案等方面进行全面沟通并促进不同观点的相互理解。

因此，收集、整理并挑选出一些具有代表性的知识管理成熟度模型，这些知识管理成熟度模型大致可以分为两大类型：基于 CMM 和非基于 CMM 的 KMMM（Pee & Kankanhalli，2009；Khatibian et al.，2010；尤霞光，2011）。基于 CMM 的 KMMM，主要是以 SEI 所提出的能力成熟度模型为基础，代表性模型主要有 KMMM（Siemens）、KMMM（Info-sys）、KPQM、KMCA 等。而非基于 CMM 的 KMMM，主要是指学者或研究机构基于知识管理或其他领域的成长阶段或生命周期而自行拟定，代表性模型主要有 KJ（KPMG）、5iKM3（Mohanty）、KMMM（Klimko）、

K3M 等。这些模型的基本特性比较见表 7.1。

表 7.1　　基于 CMM 和非基于 CMM 的 KMMM 特性比较

显著特性	基于 CMM 的 KMMM	非基于 CMM 的 KMMM
模型基础	KPA	KPA
模型结构	阶段式	阶段式
因素完备性	每个模型仅指出了有限数量的 KPA	每个模型仅指出了有限数量的 KPA
评价维度	定性方式	定性与定量相互结合
系列要素	仅包含在关键过程领域	仅包含在关键过程领域
要素的优先权	每个层级的 KPA 具有统一的优先权	—
需求涵盖	仅涵盖某些需求	仅涵盖某些需求

资料来源：Khatibian et al.，（2010）。

二、关键过程领域比较

在诸多知识管理成熟度模型中，都存在一些关键过程领域（KPA），虽然有些学者提出不同的称法，如关键成熟度指标（Kuriakose，2011），关键绩效领域（Pee & Kankanhalli，2009）、关键结果领域（Infosys，2000）等，但其内在实质大致相同。关键过程领域指出了组织需要集中力量改进和解决问题的一些过程。同时，这些关键过程领域指明了为了要达到该成熟等级所需要解决的关键问题。每个关键过程领域都明确地列出一个或多个目标（Goal），并且指明了一组相关联的关键实践（Key Practices）。实施这些关键实践就能实现这个关键过程领域的目标，从而达到增加过程能力或绩效的结果。总体而言，关键过程领域用来描述要达到某个成熟等级需要执行的关键活动和主要工作。各种知识管理成熟度模型的关键过程领域见表 7.2。

表 7.2　　　　　　　各种知识管理成熟度模型的关键过程领域比较

序号	模型名称	作者或机构	关键过程领域（KPA）
1	KMMM （Infosys）	Kochikar （2000）	人员、过程和技术
2	KMMM （APQC）	Hubert & Lemons （2009）	一般
3	KMCA （Kulkarni）	Kulkarni & Louis （2003）	学习训练、专家技术、数据、结构化知识
4	KMMM （Klimko）	Klimko （2001）	一般
5	Knowledge Journey	KPMG （1999，2000）	人员、过程、内容、技术
6	V‑KMMM	Weerdmeester et al （2003）	文化、基础结构与技术
7	KPQM （Paulzen）	Paulzen & Perc （2002）	组织、人员、技术
8	5iKM3 （Mohanty）	Mohanty & Chand （2004）	人员、过程、技术
9	K3M	Wisdom Source （2004）	过程和技术
10	KMMM （Siemens）	Ehms & Langen （2002）	策略和知识目标，环境和合作伙伴，人员和能力，合作和文化，领导和支持，知识结构和知识形式，技术与结构，流程、角色和组织
11	KMMM （Khatibian）	Khatibian et al （2010）	战略、领导、文化、组织结构、信息技术、过程、人力资源、评价
12	S‑KMMM （Kruger）	Kruger & Snyman （2005）	一般
13	KMf	Gallagher & Hazlett （1999）	基础结构、文化和技术
14	G‑KMMM （Pee）	Pee & Kankanhalli （2009）	人员、过程和技术
15	KMMM （Boyles）	Boyles et al （2009）	人力资源、学习、文档化、技术、内隐知识、文化
16	KMMM （Kuriakose）	Kuriakose et al （2011）	人员、过程、技术、知识和 ROI

续表

序号	模型名称	作者或机构	关键过程领域（KPA）
17	S – KMMM （Moslehi Adell）	Moslehi Adell （2008）	使能因子、过程和内容、战略一致性
18	IT Advisor KM Landscape	Microsoft （1999）	技术
19	QMMG （Crosby）	Crosby （1979）	质量管理
20	KM 阶段模型	Lee & Kim （2001）	知识、人员、过程、IT 系统
21	KMSM （Svetlana）	Svetlana & Robertas （2010）	流程、知识文化、战略领导阶层、组织结构、组织学习、技术基础
22	KNM™	Hsieh，Binshan & Chinho （2009）	文化、流程和 IT
23	I – KMMM	Rasula et al （2008）	知识、组织、IT
24	MGKME	Michel Grundstein （2008）	基础组件（社会技术系统，价值增值流程）和运作组件（管理指导原则，初级基础结构，一般知识管理流程，组织学习流程）
25	KMMM （SAP）	SAP	人员、管理、过程、内容、基础结构、工具/技术
26	KMSI – MM	Schwartz & Tauber （2009）	知识管理系统

从表 7.2 中可以看出：

①知识管理成熟度模型存在多样性。从模型提出者的性质来看，绝大部分来自不同学者的理论研究。其中有些模型仅限理论研究，提出概念性架构或理论框架，并未得到验证或应用，如 KMMM（Klimko）、V – KMMM、S – KMMM（Kruger）、KMf、G – KMMM（Moslehi Adell）、KMMM（Kuriakose）、MGKME 等，但有些模型得到案例或实证研究的验证，如 KMCA（Kulkarni）、KMMM（Boyles）、KNM™、KMSI – MM 等。其中还有一部分是来自著名企业或组织的实践研究，如 KPMG、Siemens、Infosys、APQC、Microsoft、SAP 等。这些模型具有可操作性、可测量性和灵活性，除了具有理论基础支持之外，还具有一定的评价量表、标准和方法，特别是西门子公司设计与开发的知识管理成熟度模型具有分析模型、发展模型和评价模型所组成，在实践中已经得到普遍认可。

②包含内容的广泛性。从各个模型所涉及内容来看，范围相当广泛，主要包括知识管理战略、基础结构、组织、文化、内容、人员、过程、技术等，基本涵盖整个知识管理领域所包含的重要环节和内容。

③从各种模型所提出关键过程领域所包含的数量来看，从一到八不等，绝大部分为三个到四个，这一方面显示出各种模型所提出的关键过程领域的关注焦点存在不一致性，另一方面也显示出各种知识管理成熟度模型的难易程度以及操作的繁简程度。

④从关键过程领域中各个要素所出现的频次来看，技术、过程、人员出现的频次较高，其余要素出现频次较低，显示出这三类要素具有非常重要的作用，其重要地位基本得到一致认可，这三类要素是保障企业知识管理迈向成熟的关键，需要重点关注。就其他要素而言，并不表示频次低就不重要，主要是由于学者从不同视角考虑，侧重点存在差异而已，企业需要根据具体的研究对象、研究目标等综合决定。

在此为了更好地理解与比较这些模型中所包含的关键过程领域，在此采用社会网络分析将诸多模型所提出的关键过程领域进行整理、编码，建立关系网络矩阵，利用社会网络分析软件 Ucinet 6 进行处理，并使用 NetDraw 功能绘制网络图，见图 7.2。而关键过程领域整个网络的基本特性见表 7.3。

在图 7.2 中，圆圈表示各种知识管理成熟度模型，方框表示关键过程领域所包含的各个要素。从图 7.2 中可以看出，除了 QMMG、S‒KMMM、KMMM（Infosys）、KMMM（APQC）、IT Advisor（Microsoft）、KMSI‒MM 的关键过程领域仅包含一个要素之外，其他模型基本都包含两个及两个以上的要素。其中有四个网络节点处于整个网络的中心，分别是技

术、过程、人员和文化。另从表7.3中可以看出，四个网络节点的程度
中心性分别为18、13、11、7，标准化程度中心性分别为27.273、
19.697、16.667、10.606，说明此四个网络节点具有较强的重要性。整
个网络的网络中心性达到23.87%，各个节点之间的程度中心性平均指
数为2.716，标准差达到3.322。

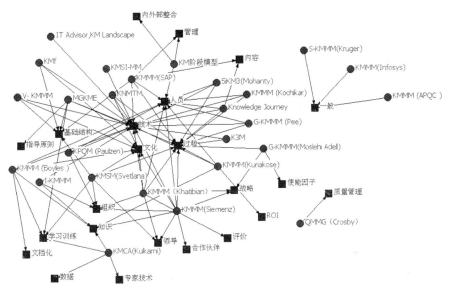

图7.2　知识管理成熟度模型关键过程领域的网络分析

表7.3　　　　　知识管理成熟度模型的关键过程领域的网络分析

基本特性	绝对中心度 （Degree）	相对中心度 （NrmDegree）	比率 （Share）
技术	18	27.273	0.099
过程	13	19.697	0.071
人员	11	16.667	0.06
文化	7	10.606	0.038
知识	5	7.576	0.027
组织	5	7.576	0.027

基本特性	绝对中心度 （Degree）	相对中心度 （NrmDegree）	比率 （Share）
基础结构	5	7.576	0.027
学习训练	4	6.061	0.022
领导	3	4.545	0.016
一般	3	4.545	0.016
战略	3	4.545	0.016
Mean	2.716	4.116	0.015
Std Dev	3.322	5.034	0.018
Sum	182	275.758	1
Variance	11.039	25.342	0
SSQ	1234	2832.874	0.037
MCSSQ	739.612	1697.915	0.022
Euc Norm	35.128	53.225	0.193
Maximum	18	27.273	0.099

Network Centralization = 23.87%

Heterogeneity = 3.73%　Normalized = 2.27%

注：低于程度中心性平均值的要素未予列出。

三、成熟等级比较

各种知识管理成熟度模型都提出了一些具体、明确的成熟等级，属于阶段式表示方法，描述出知识管理能力或绩效提升的行进路标。不仅如此，为了更好地确定知识管理实施过程中取得的绩效以及存在的不足，很多知识管理成熟度模型还对每个等级的特征或者达到某个等级的标准进行了详细描述，强调了等级之间由低到高的逐级递进关系。各种知识管理成熟度模型的等级比较见表7.4。

表7.4 各种知识管理成熟度模型的成熟等级比较

序号	等级	等级名称
1	5	缺省、反应阶段、认知阶段、确信阶段、共享阶段
2	5	初始、发展、标准化、最优化、创新
3	6	无、可能级、支持级、熟练级、已管理级、持续优化级
4	5	初始、知识发现者、知识创造者、知识管理者、知识更新者
5	5	知识混乱期、知识自觉期、知识集中期、知识管理期、知识中心期
6	—	RTD导向（5）和组织导向的成熟等级（KMf，4）
7	5	初始级、有意识级、已制定级、量化管理级、优化级
8	5	初始、意图、主动、智能、创新
9	8	用于知识共享的基础设施、自上而下质量保障信息流、自上而下的保持力测量、组织学习、组织的知识库、过程驱动的知识共享、持续的过程改进、组织的自我实现
10	5	初始级、可重复级、已定义级、管理级、最优化级
11	5	初始级、管理级、已定义级、定量管理级、最优化级
12	5	初始级、可重复级、已定义级、管理级、最优化级
13	4	知晓、管理、促进、最优化
14	5	初始、知晓、已定义、已管理级、优化级/共享
15	5	启动、起飞、拓展、提升、持续
16	5	缺省级、初始级、定性发展、定量发展、成熟或组织成熟延展
17	5	初始级、可重复级、已定义级、管理级、最优化级
18	8	从无知者到领导者
19	5	不确定期、觉醒期、启蒙期、智能期、确定期
20	4	初始阶段、传播阶段、整合阶段、网络化阶段
21	5	缺省、无序级、片段级、协调级、憧憬级
22	5	无序阶段、尽责阶段、知识管理阶段、知识管理提升阶段、知识管理整合阶段
23	5	缺省级、初始级、可重复性、已定义级和整合级
24	6	不存在、初始级、可重复级、定义流程、管理和度量、最优化
25	5	初始阶段、发展阶段、提升阶段、优势阶段和领导者
26	4	独立阶段、发展整合前置阶段、协调发展阶段、整合设计和发展阶段

注：序号与表7.2一致，下同。

从上表可以看出，各个知识管理成熟度模型所设计的成熟等级数量与称谓存在较大不同，具有如下特征：

①各个模型的成熟等级内在含义存在不一致性。由于各个模型所关注的焦点不同，如关注于知识管理能力、知识管理绩效、知识管理系统等，这些焦点的不同特性导致成熟等级的内涵存在较大的不一致性。

②绝大多数模型的成熟等级以五级为主，最低为四级，最高为八级，其数量分别为四级（4）、五级（17）、六级（2）、八级（2），其中较为特殊的是维尔德米斯特等（Weerdmeester et al.，2003）所提出的 V – KMMM 模型，它是由两个导向的成熟度模型所构成，其中 RTD 导向设计为五个等级，而组织导向的成熟等级是基于 KMf（Gallagher & Hazlett，2000）而设计为四个等级，其最终的成熟等级需要根据具体情况而定，见表 7.5。

③在以五级为基础的成熟度模型中，许多模型都以 CMM 的成熟等级为基础发展而来，如 KPQM，KMMM（Siemens）、KMMM（Khatibian）、S – KMMM（Kruger）、G – KMMM（Pee）、S – KMMM（Moslehi Adell）、KMMM（张鹏），而其他模型的成熟等级大多以知识管理或知识的具体发展状态自行拟定。

④在所设计的成熟等级中，有些模型的成熟等级递进规则较为严格，只有在此等级特征得到全部满足的前提下才能进入下一个成熟等级，如 KMMM（Siemens）、KMMM（Infosys）、K3M 等。另外有些模型等级递进规则较为灵活，仅需要满足部分而非全部的等级特征，如 KJ（KPMG）、KMMM（Klimko）、V – KMMM 等。

表 7.5　　基于成熟等级数量的知识管理成熟度模型比较分析

成熟等级	知识管理成熟度模型（序号）	总和	百分比
4	3、8、17、22	4	15%
5	1、4 ~ 7、9、10、13、15、18 ~ 21、23 ~ 26	17	65%

续表

成熟等级	知识管理成熟度模型（序号）	总和	百分比
6	11、16	2	8%
8	2、14	2	8%
不确定	12	1	4%

四、其他特性

尽管各个成熟度模型表现形式各不相同，但其内在实质却有类似之处。同时，对于知识管理成熟度模型而言，既没有权威的、可供参考的标准模型，也缺乏对每个环节、步骤或阶段的特殊要求。库利亚科塞等（2010）采用形态分析方法（Morphological Analysis）综合比较和分析了15种知识管理成熟度模型之后，提出如下的特性基准：情境（Context）、适用性（Applicability）、阶段（Stages）、评价方法（Assessment）、验证性（Validation）、核心领域（Key Areas）。其中情境是指所开发的模型产生的背景，主要包括三个方面：一般情境，特殊组织或特殊的产业部门，如软件、制造、研发等；适用性是指模型可以被应用于哪些实体之中。成熟度模型可以被应用到一般性组织，也可以被应用到特殊组织，还可以被应用到特殊的产业部门；阶段主要是指模型从最低水平到最高水平所行进的级数，即成熟等级。评价方法主要是指模型所采用评价方法的性质，主要包括主观、客观，还有其他三类。验证性主要是指被用于证实模型有效性的方法，主要包括实证分析、案例研究和其他方法等。核心领域主要是指模型所关注的关键过程领域，如人员、过程、技术和文化等，考虑到每个模型所提出的关键过程领域所包括的要素不一致，将其分为一般领域和特殊领域二类。由于已经比较分析了成熟度阶段和关键过程领域，在此将基于其他特性进行比较，见表7.6。

表 7.6 基于其他特性的知识管理成熟度模型的比较

特性基线		具体模型（以序号代表）	数量
情境	一般	3、6~9、14~17、19、21~26	16
	组织	2、5、10、11、13、18	6
	产业	1、4、12、20	4
适用性	一般	3、6~9、14~17、19、21~26	16
	组织	2、5、10、11、13、18	6
	产业	1、4、12、20	4
评价方法	主观	4、11、12、20	4
	客观	2、3、5、6、10、13、19、21、24~26	11
	其他	1、7~9、14~18、22、23	11
验证	实证分析	3~7、9~10、13~16、18、20、23	14
	案例分析	1、2、19、21、22、24、25	7
	其他	8、11、12、17、26	5

第三节 企业知识成熟度模型与特性

基于认识论观点，知识是人类对客观事物的现象和规律的认识，是人类社会实践经验的概括和总结，既有着丰富的内涵与外延，也有着自身的客观发展规律。对于企业组织而言，知识的不同成熟状态会对采集与加工、存储与积累、传播与共享、使用与更新等有着不同程度的影响，从而会影响到知识价值的增值以及知识效能的发挥。

根据 GB/T 23703.6 - 2010 在论述评价框架的观点，对于知识会涉及中间态评价，是指对开展知识管理的企业组织的现有知识的现状的评价，可以通过掌握度（Proficiency）、扩散度（Diffusion）和编码度（Codification）三个维度进行评价。其中掌握度是组织对该知识的最高掌握水平。组织应该培养出能够应用知识并付诸行动的有能力的员工，提升专业精通程度是知识管理的目标之一。扩散度是组织中需要应用知识的员工对该知识的掌握水平。将知识传递到需要它们的人手中是保障业务成功的关键因素。编码度用来衡量知识显性化的程度，即对平时的经验、感受、领悟等进行总结和归纳，总结和归纳的结果通过文字、录音等形式记录下来的速度。

在此基于知识管理、组织学习等方面的理论，利用成熟度模型的基本原理，结合知识实体的特性，探讨企业知识成熟的过程和条件，揭示知识成熟的等级、特性与基准，促进知识效能的提升以及知识价值最大化。

一、企业知识的一般运作过程

企业知识的运作原理在不同理论中都有所论述和提及，如阿吉里斯与舍恩（Argyris & Schon，1978）提出了组织学习理论，并划分两种知识类型：制度性知识（Institutionalized knowledge）与实践性知识（Knowledge-in-use），同时还提出了单环学习（Single-loop learning）和双环学习方式（Double-loop learning），前者指的是特定的可操作性学习，可以改变行为的策略，以确保错误或偏差得到纠正，但不改变行动或策略背后的价值观；双环学习指的是通过反思和探寻，促进行动背后所使用的理论和价值观的改变，继而可能重新构建行动策略，实现组织的再造和组织行为的创新与变革。韦格纳（Wegner，1987）所提出的交互记忆系统（Transactive memory system），将其定义为每个成员个体所拥有的知识的总和（知识存量）以及关于哪个员工个体知道什么的集体意识，成员个体之间通过相互交流来增进各自的记忆，一般会共享两种知识，即成员个体拥有的知识和团队中其他成员拥有的知识。野中郁次郎与竹内弘高（1995）将企业知识分为隐性知识和显性知识，在企业创新活动过程中隐性知识与显性知识二者之间相互作用和相互转化，知识转化的过程实际就是知识创造的过程。知识转化具有四种基本模式：社会化、外部化、综合化和内部化（SECI），并呈现周期性螺旋上升循环运动，通过 SECI 过程的相互作用和转化，知识经过个体、群体、组织以及跨组织等不同本体，不断迈向成熟。企业知识的一般运作过程见图 7.3。

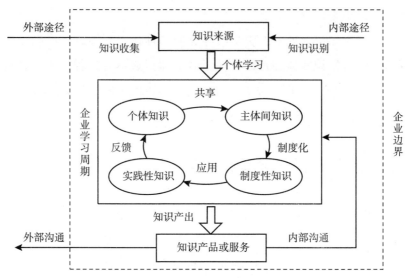

图 7.3 企业知识的一般运作过程

企业知识的运作过程一般始于知识资源的确定，即知识获取（Knowledge acquisition），知识获取主要源于两种途径：内部途径和外部途径，可以称为知识识别（Knowledge identification）与知识收集（Knowledge search）。对于内部途径，可以采用新老员工的传授、将经验内化于制度流程、召开经验交流会、员工之间非正式交流、将最佳实践提炼用于培训、利用内部刊物或互联网交流等；对于外部途径，可以采用市场与技术信息的收集、购买各种技术源、合作建立研究机构、与外部企业进行技术项目合作、外部专家引进、企业人员的互派培训等方式。通过以上各种途径获取的知识资源，经由个体学习（Individual learning），开始转变为企业学习周期（Enterprise learning cycle）的一部分：个体知识不断被解析、验证、确认，知识的价值逐渐明晰，可用于共享以及交换的部分知识逐渐被分离出来。为了更好地理解其内涵而不受个体的约束，知识需要被制度化（显性化），形成制度性知识。企业将制度性知识加以应用，逐渐形成实践性知识。制度性知识相对于实践性知识，表达了一种作用于既定情境的共同行为方式，实践性知识则表示实际应用的一些规则和假定。实践性知识与制度化知识对于不同主体的作用存在不一致性，当二者发生冲突时，实践性知识经常决定着企业对环境的感知以及采取的行动策略。二者相互作用的结果对个体知识给予一种反馈，新的个体知识被逐渐创造出来。在整个企业学习周期中，知识需要不断地经历识别、共享、制度化、应用以及反馈等过程，逐渐被精炼与重新包装，最终被用于创造不同的知识产品或服务。这些知识产品或服务通过外部沟通可以被销售、分发并应用到不同的使用情境之中，也可以进行内部沟通，反馈应用到企业学习周期的不同环节之中。

二、企业知识成熟度模型特性

企业知识成熟存在的重要前提之一在于学习（Learning），这是一种社会性和合作性行为，内嵌于知识成长过程之中，与日常工作密不可分且相互交织。学习过程是相互依赖和动态连接的，体现在一个学习过程的产出是另一个学习过程的输入。在相互连接的学习过程中知识被不断地重新定义、凝练、共享、转移和整合。知识在交互和学习的过程中，变得低情境化，连接更加明确，能够更加容易进行沟通。因此，知识成熟可以认为是企业知识的目标导向发展或在集体层面的目标导向学习。其中目标导向（Goal-oriented）描绘出知识成熟是具有一定方向的成长过程。这些目标可以是个体目标，团队目标或企业目标，这些目标会随着内外部环境的改变而发生变化。集体层面（Collective level）则关注不同的层级，如团队、企业或跨企业，即知识成熟并不是个体行为所导致，而是由个体交互的系列关联行为所引发，呈现在企业不同的层级之中。

依据企业知识的运作过程以及知识管理、组织学习的相关理论，利用成熟度模型的基本原理，构建起企业知识成熟的模型架构，横坐标表示知识成熟所经历的层级，如个体、团队、组织与跨组织等。纵坐标表示知识的转化形式，如非结构化隐性、非结构化显性、结构化显性与结构化隐性等。将知识成熟等级分为 5 个，包括特殊的知识、重复的知识、定义的知识、组织的知识以及创新的知识，模型架构的具体构成见图 7.4。

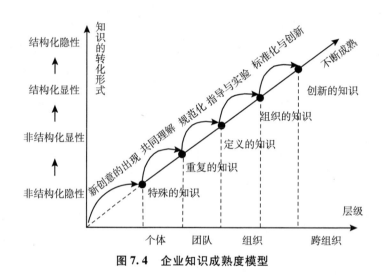

图 7.4　企业知识成熟度模型

从图 7.4 中可以看出，企业知识成熟等级及其特性如下：

（1）特殊的知识

主要特征是"新创意的出现"，实现隐性到隐性的转化，属于社会化过程。一般而言，新创意大多是由员工个体在工作经历中经过提炼所得到的，如对新出现问题的深入思考，制订全新的解决方案以及非正式交流过程的思想碰撞等。新创意经常是以一种非结构化方式存在于员工个人的脑海之中，而描绘或记录的词汇往往较为模糊，通常受限原创者的思维模式和认知方式，需要为其提供一些机会与情景进行讨论、甄选和研究。因此，企业需要营造出一种轻松愉快的研究或讨论氛围，激发并鼓励各种新创意的出现。

（2）重复的知识

主要特征是"共同理解"，实现从隐性到非结构化显性的转化，属于外部化过程。为了更好地表达新创意，需要建立共同术语以实现相互理解。这些共同术语需要在每位员工之间进行沟通和共享，并通过各种途径加以传播，如座谈会、报刊、黄页等。达到共同理解是企业较高层级的目标，需要通过交互过程来加以实现，即通过员工个体之间的共同基础来进行构建和维持（Deshpande，de Vries & van Leeuwen，2005），因此需要确定一些共同术语或建立共同的知识基础。

（3）定义的知识

主要特征是"规范化"，实现从非结构化显性到结构化显性的转化，属于综合化过程。上述等级的知识产出（一般为各种知识制品）可能还较为主观和非结构化，并嵌于不同的情境中。为了避免新的知识孤岛的形成，知识制品需要进行规范化和去主观化，即需要制定出一系列规范化规则，创建出结构性规范文档，如项目报告，设计文档等。规范化和去主观化是知识成熟过程中非常重要的环节。

（4）组织的知识

主要特征是"指导与实验"，实现从结构化显性到显性知识库的转化，属于综合化过程，表现为对知识文档及其内容的管理，最佳实践的有效应用以及成功项目的经验总结等。为了使知识更加显性化，以利于更好地结构化，需要建立一种普遍理解方式。员工需要被告知有关各种新知识的信息，包括基本内容、使用条件、重要作用以及有效性等。这些信息需要凝练，以一种良好的指导方式加以广泛分发，如使用说明书或手册指南等。

（5）创新的知识

主要特征是"标准化与创新"，实现从结构化显性到结构化隐性的转化，属于内部化过程。经过形式训练、制度化和标准外部性，知识以工作实践、流程、产品和服务等形式重复使用。在形式训练方面，完善训练体系使得员工可以获得标准化的知识体系，促使员工通过学习进行吸收；在制度化方面，形成标准化的基础结构、流程、工作规制、产品和服务等。标准外部性是跨越企业边界将知识在更广范围内进行扩散，促成其他外部主体也能够理解和应用这些标准化知识，从而有效促进更大范围的知识创新。

以上过程描绘出企业知识如何变得更加成熟，即更具精确性、可理解性、合理性、传授性，甚至更加标准化。但知识成熟并不会自然呈现出线性发展的特征，而是诸多因素综合作用的结果。企业知识成熟的等级呈现出不同的特性，主要体现在涵盖层面、表现形式、内容、学习方式等方面，见表 7.7。

表 7.7　　　　　　　企业知识成熟等级的特性

等级	特殊的知识		重复的知识	定义的知识	企业的知识	创新的知识	
涵盖层面	个体层面		群体层面	企业或跨企业层面			
表达形式	新创意		共同术语	正式结构	初步结合训练	形成共同体系	
主要内容	创意表达	创意遴选	群体发布	正式化	初步训练	正式训练	标准化
方法	调查研究	个性化	交互作用	信息	实验指导	制度化	一体化
知识制品	个人笔记		人工制品 FAQ、论坛	项目报告 案例研究 学习训练	学习目标 专利 最佳实践	标准体系 证书 企业再设计	
主要目标	发展新创意 激发创造力		积极交流经验 开发共同理解	拟定文档解决 和处理问题	初步传授 支持特殊主题	在更深更广领域中应用	
学习形式	自由讨论 创造力技巧		合作学习 协同工作	信息搜寻 文档研读	简短训练 主题学习	讲座、训练 教材、远程学习	
基本主题	个人知识管理		专家指导 社会网络 合作方式设计 整合工作流程	文档构建 文档分类 文档共享 整合教学	嵌入不同情境 发现学习需求 快速创作 策略建议	课程设计 方法评估 创新能力	

三、企业知识成熟的衡量基准

依据以上论述，为了有效确定知识成熟所处不同等级，需要建立一些衡量基准对各类知识成熟加以区分，这些衡量基准如下：

（1）强度

主要用于反映企业各种知识的有效性和可靠性程度。从智慧历程观点可知，对于企业所拥有的各种知识，大多经由各类数据、信息演变而来，主要表现为从传闻到统计报告等诸多形式，各种不同性质的知识具有不同的强度。在此依据迈尔和施密特（Maier & Schmidt，2007）的观点，将强度分为10个等级（等级序号越高表示强度越高），其相关内容见表7.8。

表7.8　　　　　　　　　知识强度等级及相关内容

等级	内容
1	未经确认的来源，包括谣言和传闻等
2	非专家来源，如意见、感知等
3	专家来源，如预言、预测、评价等
4	非正式的证词，如解释、说明等
5	正式证词，如解释、辩词等
6	预算、正式计划
7	新闻报道、非财务数据、产业统计数据
8	未审计的财务报告、政府统计报告
9	经审计的财务报告、政府统计报告
10	证券交易市场的数据

（2）情境度

企业知识发展需要经历与周围情境互动的建构与再建构过程，知识

273

不仅是物件本身，而且与特定的情境有关，通过持续互动的过程才能出现有用知识。知识可能内嵌于物件、个体认知、实体情境与社会结构中，经过互动与激发而不断发展。在与所处情境的互动中，不仅改变行动者的环境与可获得资源，也影响结果与所处的结构。知识发展越成熟，则对情景的依赖程度越低。

（3）承诺/合规性

知识成熟需要来自各个方面的承诺或支持。这种承诺既来自企业的群体、团队、社区以及其他组织单元的员工的承诺；也可以来自企业管理人员、执行经理或董事会的授权支持，还可以是正当化或者标准化。承诺或支持一般表现为四个层级：个人经验管理——→学习训练——→最佳实践——→业务流程再设计，可以确保各种知识来源的准确性和合规性，能够对知识成熟起到促进与保障作用。

（4）学习方式

知识成熟主要与个体学习过程相互连接。而学习的前提在于知识具有可教性或可学性，这样才有利于相互沟通和传播，而不成熟的知识是很难被教授和学习的。因此，可教性或可学性是重要的衡量基准之一。而学习方式主要体现在直接沟通、个体或群体交换、信息搜寻、自我学习、初步训练以及标准训练等。

（5）技术载体

表现为知识对各种技术媒介的依赖。从传统的沟通技术，如面对面交流开始，经过较为静态的数据库、知识库、专利库等，一直到较为动态、智能的过程模型库以及学习管理系统，这些技术媒介会影响知识扩散、共享、转移的效率和效果。

综上，企业知识成熟的衡量基准见表7.9。

在企业组织中广泛存在异质性知识，这些知识往往具有不同的成熟状态，且呈现零散化与片段化特点，不利于员工的个体学习、经验积累和能力提升，也影响着企业组织的技术学习和知识管理的效果，以及知识的使用效率和价值提升，因此，企业组织需要依据知识成熟的机理，准确判断出知识的成熟状态（中间态），并有效制定针对性策略，促进知识不断成熟与发挥出最大的价值。

表7.9　　　　　　　　　企业知识成熟的衡量基准

企业知识 / 衡量标准	知识类型	强度	情境度	承诺/合规性	学习方式	技术载体
新创意的出现	问题	1	情境依赖	—	直接沟通	沟通技术
	个人经验	2	笔记 情境依赖	个体承诺 同事证实	直接沟通 个体交换	协同技术
共同理解	交流提议	2	论坛	个体承诺 同事证实	群体交换	论坛、意见系统
	解决方案	3	外部关联	专家证实	信息搜寻	常见问题问答
规范化	项目	3	项目报告 外部关联	项目主管证实	领域内的信息搜寻	文档管理系统
	情境训练	4	项目情境	项目团队证实	案例 自我学习	数据库
指导与实验	学习	4	学习资源元数据	专家证实	初步训练	知识库
	最佳实践	5	最佳实践 外部创建	企业证实	初步训练 案例	最佳实践、数据库
标准化与创新	流程	6	过程模型	流程证实	标准训练	过程模型库
	课程	7	课程观	课程证实	标准训练	学习管理系统

第四节　知识管理成熟度整合模型

根据 GB/T 23703.6 – 2010 在论述评价框架的观点，对于知识管理中间态的评价，可以评价知识管理的实施流程，或者通过组织实施知识管理的成熟度来进行。在此，利用能力成熟度模型的基本原理，针对企业知识管理发展实践，构建起知识管理成熟度整合模型，揭示逻辑结构、成熟等级、变化机理、关键过程领域、实施程序等。

一、逻辑结构

随着能力成熟度模型（CMM）在各个管理领域中的不断应用，产生了各种不同性质的成熟度模型，特别是在知识管理领域也得到了充分且广泛的应用。因此，在综合比较上述知识管理成熟度模型特征的基础上，将能力成熟度模型的基本原理应用到知识管理领域，构建起企业知识管理成熟度整合模型（I-KMMM），其逻辑结构见图7.5。

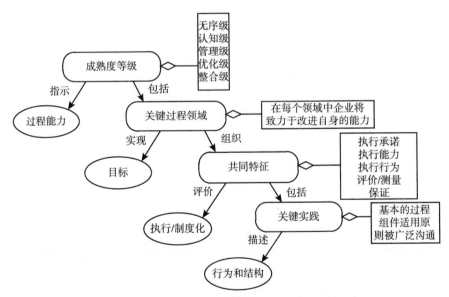

图7.5　企业知识管理成熟度整合模型的逻辑结构

从图中可以看出，该模型是由五个成熟等级组成，指示出企业组织的知识管理过程能力；每个成熟等级又是由一些关键过程领域组成，企业组织在每个关键过程领域中致力于改进自身的能力，同时也被划分为五个称为共同特征的部分，包括执行承诺、执行能力、执行行为、评价/测量、保证。共同特征规定了一些关键实践，关键实践是基本的过程组件，描述行为和结构。当这些关键实践全部得到执行时，就能实现关键过程领域的目标。

二、成熟等级

上述各种知识管理成熟度模型都提出了一些具体、明确的成熟等级，描述出知识管理能力或绩效提升的行进路标。为了更好地确定企业知识管理实施过程中取得的绩效以及存在的不足，很多模型还对每个等级的特征或者达到某个等级的标准进行了详细描述，强调由低到高的逐级递进。在此，在总结相关模型共同特征的基础上，也将其分为五个等级：无序级、认知级、管理级、优化级和整合级，各个成熟等级反映出企业知识管理发展阶段的不同特征和管理内容，见图7.6。

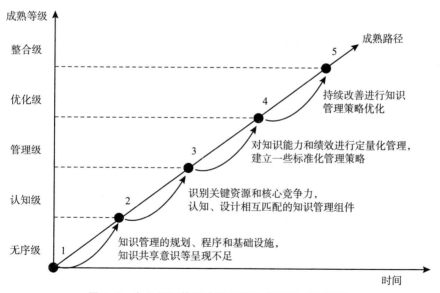

图7.6 企业知识管理成熟度整合模型的成熟等级

（1）无序级（Chaotic stage）

企业知识管理流程杂乱、无序、不规则；企业知识呈现独立片段且存储于员工的脑海中；员工可能具有丰富知识但无法结构化，提供价值有限；企业知识共享意识和氛围缺乏；知识管理的基础结构薄弱。

（2）认知级（Cognitive stage）

企业开始意识到知识的潜在价值并建立起基本的知识管理架构和相关职能；知识流程部分活动支持业务环节和任务流程的完成；员工进行经验总结、归类和整理工作并开始相互共享，具有一些操作知识管理技术和工具的能力；企业具有初步的基础结构及技术环境。

（3）管理级（Managed stage）

企业建立知识流程和组织惯例促进知识管理主动性的实施；知识管理的关键环节和基本活动得以制度化、标准化；不同部门的知识管理活动得以整合且相互知识共享；建立较为完善的知识管理系统和功能平台。

（4）优化级（Optimizing stage）

企业能够有效分析内外部环境并提供相关决策信息，可以定量化检测知识管理组件的能力水平，以及衡量产生的效益；企业能够及时发现瓶颈和知识管理系统的缺陷，并进行调整及完善；建立起知识管理系统的风险防范体系。

（5）整合级（Integrated stage）

企业根据内外部环境和需求的变化，以及系统反馈对知识管理过程进行持续评估、完善和改进；形成适应变革的知识管理支持软环境和动态知识管理能力；并以统一的知识管理平台为基础，完善和优化知识模块组件的定制化；提升知识管理能力的贡献值。

三、变 化 机 理

在企业知识管理成熟度整合模型中，成熟等级并不是一成不变的，会随着关键过程领域的改变而发生变动，既可以跃迁到较高的成熟等级，也可以跌落到较低的成熟等级。此外，企业知识管理成熟度等级也并不是由关键过程领域中的某一个关键参数确定的，而是受到诸多参数的综合制约，如人员、过程、技术、文化等。关键过程领域中的任意一个要素发生改变都会对成熟等级产生影响，而且对每个成熟等级影响的程度和范围也会有所不同。一旦达到新的成熟等级，它将保持一种稳定状态并持续一定时间，然后再开始迈向下一个更高的等级，但如果企业对知识管理项目或方案执行不力，则有可能会跌落至初始跃迁的等级乃至更低等级。成熟等级变化机理见图7.7。

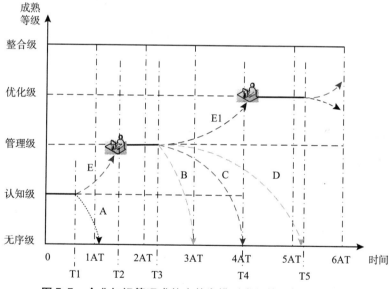

图7.7 企业知识管理成熟度整合模型成熟等级的变化机理

从图中可以看出，在第二等级（认知级）迈向第三等级（管理级）的过程中，成熟度等级将存在两种变动方向，曲线A表示由于关键过程领域的负向影响跌落至无序级；而曲线E表示由认知级迈向更高一级的管理级。同时可以看出，曲线A要比曲线E的斜率要大，表示曲线 A 是急剧下降的，在此有可能是企业在执行知识管理项目或方案过程中，受到人员这一关键过程领域的负面影响，即有可能是企业人员并不清楚知识管理的具体含义以及操作步骤，造成意识不足；也有可能是企业人员参与程度较低，未达到知识管理项目所应有的成效；也有可能是知识管理角色不清晰，企业人员是兼职还是全职参与知识管理活动未加明确，等等。当人员认知到知识管理对企业的价值时，成熟等级才会得到进一步的提升。而第三等级（管理级）迈向第四等级（优化级）的过程中，从稳定状态到变动状态存在四种不同的可能性：曲线 E1 表示由于关键过程领域的正向影响，向着下一个更高等级——优化级迈进。此外，关键过程领域的负向影响可以引发曲线下降，关键过程领域的不同要素对曲线的影响也存在不同，呈现不同的下降比率，主要表现为曲线 B、C、D。

在确定成熟度等级的稳定状态及评价曲线变化时，均需要纳入时间周期（Time-periodic）的考虑，即稳定状态以及曲线变化都是基于时间的变动，而且时间周期存在不一致性。在确定成熟度等级稳定状态时，等级越高则所持续的时间周期越长，表现为第四等级（优先级）稳定状态的持续时间相对第三等级（管理级）要长，即 T5 – T4 > T3 – T2，原因在于等级越高，则跃迁所需要的能力和知识积累周期要长一些；同时每个等级稳定状态之间的时间间隔在达到下一个更高的等级之前是不同的，将会随着企业不同的情境以及关键过程领域而定，如 T4 – T3、T2 – T1。在评价曲线变化时，以第三等级（管理级）为例，曲线 B、C、D 表示跌落的时间周期存在不同，主要是由于关键过程领域的不同要素的影响程度不一致所导致（肖久灵、汪建康，2012）。

四、关键过程领域

关键过程领域指出企业需要集中力量改进和解决问题的一些过程。同时，这些关键过程领域指明为了要达到该成熟等级所需要解决的关键问题。每个 KPA 都明确地列出一个或多个目标（Goal），并且指明了一组相关联的关键实践（Key Practices）。总体而言，关键过程域用来描述要达到某个成熟等级需要执行的关键活动和主要工作。根据上述模型所提出关键过程领域的内容并进行比较，其中以技术、过程、人员和文化为主，同时还考虑到促进知识管理成功的关键因素，在此提出 6 个关键过程领域：人员、文化、过程、内容、基础结构和技术，这些关键过程领域是衡量企业知识管理成熟等级的重要基础。同时还指明了企业知识管理成熟度整合模型关键过程领域的内容及特征，见表 7.10。

表 7.10 关键过程领域的内容及特征

KMA	人员	文化	过程	内容	基础结构	技术
整合级	学习型组织	使用规制和文化持续促进 KM 发展	持续改进/制度化流程	知识资产	拓展企业的外部网络	人工智能
优先级	企业能力	通过一体的规制和文化巩固 KM 实施	计划协同提高内容价值	战略优先权	协同的跨企业平台	定位、搜索
管理级	团队能力	通过规制和文化促进 KM	执行生命周期和合作流程	定量管理	合作的跨业务平台	知识库
认知级	个体贡献	知识管理作用认知	定义内容生命周期和合作流程	个体创造	业务平台	信息库
无序级			—			

整合模型中的每个关键过程领域，其特征会随着成熟等级的提升而发生变化，每个关键过程领域的提升路径如下：

● 对于人员的提升路径主要有构建能力和团队；将知识生命周期的思想贯彻到日常工作中并提升认知；将通过团队产生的知识作为企业业务战略的组成部分；强调个体对战略知识资产的贡献等。

● 对于文化的提升路径主要有鼓励承诺和减少失误；加强对文化建设的支持力度，鼓励知识共享和最佳实践的确认；确定角色和责任并积极参与等。

- 对于过程的提升路径主要有促进知识流程和业务流程的有机结合；增加对于持续改进的管理内容的应用；对建立合作行为的定量分析；促进合作环境的培育，并在所有的团队中适时共享等。

- 对于内容的提升路径主要有优化和保证价值；建立知识产权可交易的观点；提升知识资产全面利用的价值认知；加大员工对知识库的贡献等。

- 对于基础结构的提升路径主要有建立起协同合作环境；认知到可访问平台建设的重要性；使用协同过滤技术促进知识积累；减少对知识共享环境的依赖等。

- 对于技术的提升路径主要包括构建知识管理系统与功能平台；实现业务流程和知识门户的整合；使用多元化工具来实现知识获取、存储和检索等。

五、实 施 程 序

为了更好地促进知识管理成熟度整合模型的运行，企业需要遵循以下实施程序：首先企业需要清晰界定在每个成熟等级所需要达到的目标，包括定量目标和定性目标、短期目标和长期目标等，注意目标体系的一致性和发展性；其次还需要确定企业的利益相关者以及明确其需求；再次识别企业当前的人员、技术、内容和过程等关键过程领域的基本状态；利用科学合理的测量工具确定企业知识管理的成熟等级（孙锐等，2008）。在模型实施的过程中，最为重要是进行成熟等级的衡量，即确定是否达到某个成熟等级，是否具备进入下一个成熟等级的条件等。综观上述诸多模型，绝大多数采用定性与定量相结合的方法，如KMMM（Siemens）、KMMM（Infosys）、KPQM、KMCA等。在此，提出衡量成熟等级的基本思想，即深入分析企业知识管理的关键过程领域，综合评定成熟等级；根据成熟等级所描述的共同特征以及关键实践，进一步识别当前需要提升成熟等级的关键过程域并加以实施；根据实施结果的反馈进行评判，如果出现正向差距则继续维持，为达到下一个成熟等级蓄势，如果出现负向差距，则需要分析存在的问题，加入企业内外部环境需求和利益相关者的需求，重新确认后，回到"识别企业当前人员、技术、内容和过程等关键过程领域的基本状态"步骤，进入下一循环（张鹏、党延忠，2010），见图7.8。

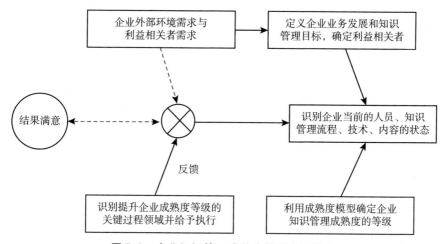

图7.8 企业知识管理成熟度模型实施程序

六、注意事项

在实施知识管理的过程中，非成熟的企业所表现的特征是：流程是临时的；组织是反应式的；角色和责任没有被明确定义；制定进度和预算不是基于现实的估计，超出已成惯例；功能和质量很难被预知；而成熟的企业所表现出的特征是：具有管理和维护流程的能力，工作活动均按照已规划的过程进行；角色和责任被明确定义；进度和预算是基于现实的估计，能够达到成本、进度、功能和质量的预期效果；能够提供高质量的产品和服务使得顾客满意。因此衡量企业知识管理的成熟等级以及水平是非常必要的，不仅可以改善流程、产品和服务、识别优势和劣势、建立改进目标的基准，而且还能帮助企业提升价值以及获取竞争优势。正如佩和坎坎哈里（2009）的观点，构建一个理想的企业知识管理成熟模型，需要满足一些特殊的需求和条件，如适用于不同的分析层级，迎合不同参与者的观点，提供系统和结构化的方法保证透明性以及可靠性，还需提供定性和定量的结果，具有可理解性并允许相互比较，还能支持不断学习和持续改进等。但在具体实践过程中，有些需求和条件是相互冲突的，因此，需要在诸多需求和条件中寻求一种平衡，依据的企业具体情境而定。

因此，在利用知识管理成熟度模型时，需要注意以下问题：

①知识管理成熟度模型为组织实施知识管理项目或方案提供了一个持续改进的参考框架以及测度工具。无论是否基于CMM的知识管理成熟度模型，都具有一定的关键过程领域和成熟等级。关键过程领域主要用来描述要达到某个成熟等级需要关注和执行的关键活动和主要工作，以及跃升所需要满足的各项条件和标准，仅有满足了这些条件和标准，才能迈向下一个成熟等级。而成熟等级为组织指明了跃升和行进的方向，从最初等级沿着一定的演化路径逐步迈向最高等级。

②综合比较这些知识管理成熟度模型结果表明，在关键过程领域方面，存在多样性，所包含的内容具有广泛性，不同模型在操作难易程度和繁简程度存在较大差异，在关键过程领域中，过程、技术和人员的出现频次较高，需要特别关注。而在成熟等级方面，内在含义存在不一致性，成熟等级的数量从五级到八级不等，此外，各个等级之间的递进规则存在较大差异。

③关于知识管理成熟度模型还有一些有待于进一步深入研究的问题，如模型系统化和结构化程度以及模型的灵活性和适应性之间的平衡问题。首先，由于知识管理涵盖的范围较广，涉及多个学科领域，如何更好地把握知识管理的内在实质，依据成熟度的基本原理，提出科学合

理，具有可操作性，适用性的成熟度模型较为重要。其次，这些模型仅提供了关键过程领域，没有设立每个领域的评价基准，也没有指出领域内要素的优先等级和重要程度。最后，还需关注模型评价标准、评价方法的选择、模型评价结果的表达等问题。

参 考 文 献

中文部分

［1］［日］竹内弘高，野中郁次郎著．李萌译．知识创造的螺旋：知识管理理论与案例研究［M］．北京：水利水电出版社，2012.

［2］阿尔文·A. 阿伦斯，兰德尔·J. 埃尔德，马克·S. 比斯利著．谢盛纹译．审计学：一种整合方法（第14版）［M］．北京：中国人民大学出版社，2013.

［3］阿肖克·贾夏帕拉．知识管理：一种集成方法（第2版）［M］．北京：中国人民大学出版社，2013.

［4］陈永隆，王奇威，黄小欣．知识管理——价值创新与开放共享［M］．中国台湾：华立图书股份有限公司，2008.

［5］陈永隆，叶凤如．解开KM成功密码——迈向KM3.0［M］．中国台湾：中国生产力中心，2007.

［6］程娟．知识审计研究［J］．图书情报工作，2007（11）：28-30.

［7］蒂瓦纳著．董小英，李东，祁延莉等译．知识管理十步走：整合信息技术、策略与知识平台（第2版）［M］．北京：电子工业出版社，2004.

［8］樊美勤．略论知识经济的概念和主要特征［J］．国外社会科学，1998（5）：46-49.

［9］冯静．知识管理实施的第一步——知识审计［J］．国外情报科学，2004（5）：598-602.

［10］奉继承，赵涛．知识管理审计的概念、模型与方法研究［J］．

科学学与科学技术管理，2005（7）：102－105.

[11] 龚波．能力成熟度模型及其应用［M］．北京：水利水电出版社，2003.

[12] 郭道扬，陈水蒲，王荆洲等主编．会计百科全书［M］．辽宁：辽宁人民出版社，1999.

[13] 郭彤梅．创新时代知识管理绩效评价研究——以高新技术企业为例［M］．北京：经济科学出版社，2017.

[14] 黄喜，李建平．基于成熟度的科研项目管理评测及改进研究［J］．科研管理，2010（4）：139－145.

[15] 黄亦西．信息审计与知识审计的比较研究［J］．情报杂志，2005（10）：103－104.

[16] 荆宁宁，程俊瑜．数据、信息、知识和智慧［J］．情报科学，2005（12）：1786－1790.

[17] 乐飞红，陈锐．企业知识管理实现流程中知识地图的几个问题［J］．图书情报知识，2000（3）：15－17.

[18] 廖开际．知识管理：原理与应用（第2版）［M］．北京：清华大学出版社，2010.

[19] 林东清．知识管理理论与实务［M］．北京：电子工业出版社，2005.

[20] 刘军编著．整体网分析讲义：UCINET软件实用指南［M］．上海：格致出版社，2009.

[21] 罗家德著．社会网分析讲义（第2版）［M］．北京：社会科学文献出版社，2010.

[22] 马丁，海森格，沃贝克著．赵海涛，彭瑞梅译．知识管理——原理及最佳实践（第2版）［M］．北京：清华大学出版社，2004.

[23] 马小勇，官建成．企业知识管理与知识管理能力审计［J］．科研管理，2001（4）：85－91.

[24] 秦荣生，卢春泉．审计学（第9版）［M］．北京：中国人民

大学出版社，2017.

　　[25] 邱均平. 知识管理学 [M]. 北京：科技文献出版社，2006.

　　[26] 盛小平，刘泳洁. 知识审计在企业核心竞争力识别中的应用 [J]. 情报理论与实践，2007（6）：787 - 790.

　　[27] 孙锐，李海刚，石金涛. 能力成熟度模型在组织知识管理中的应用研究 [J]. 研究与发展管理，2008（4）：64 - 70.

　　[28] 汪建康，肖久灵，李乾文. 信息审计与知识审计的关系辨析 [J]. 情报理论与实践，2012（6）：120 - 124.

　　[29] 汪建康，肖久灵，彭纪生. 企业知识管理成熟度模型比较研究 [J]. 情报杂志，2011（10）：112 - 117.

　　[30] 王众托，吴江宁，郭崇慧编著. 信息与知识管理（第2版） [M]. 电子工业出版社，2014.

　　[31] 肖久灵，彭纪生. 知识管理审计模型：研究进展与述评 [J]. 科学学与科学技术管理，2011（6）：72 - 80.

　　[32] 肖久灵，汪建康，彭纪生. 知识管理审计模型比较与借鉴 [J]. 情报杂志，2010（5）：1 - 5.

　　[33] 肖久灵，汪建康. 企业知识管理成熟度模型比较与借鉴 [J]. 图书情报工作，2012（16）：102 - 107.

　　[34] 肖久灵，汪建康. 企业知识审计活动逻辑关联研究——基于过程展示的视角 [J]. 现代情报，2016（3）：17 - 21.

　　[35] 肖久灵. 我国海外企业知识转移与绩效评价 [M]. 北京：经济科学出版社，2007.

　　[36] 杨光，梁战平. 知识审计理论及其案例研究——以××建筑科学研究院为例 [J]. 情报学报，2008（4）：607 - 617.

　　[37] 岳高峰等. 知识管理良好实践指南——GB/T 23703知识管理国家标准解读 [M]. 北京：电子工业出版社，2014.

　　[38] 张鹏，党延忠. 企业知识管理成熟度模型研究 [J]. 科学学与科学技术管理，2010（8）：102 - 106.

［39］张瑞红. 知识审计与知识管理的有效实现 ［J］. 情报杂志，2007 （3）：95 - 97.

［40］赵林捷，汤书昆. 一种新的技术创新管理工具——创新管理成熟度模型研究（IMMM） ［J］. 科学学与科学技术管理，2007 （10）：81 - 87.

［41］郑石桥. 管理审计方法（第 2 版） ［M］. 大连：东北财经大学出版社，2017.

［42］郑彦宁，化柏林. 数据、信息、知识与情报转化关系的探讨 ［J］. 情报理论与实践，2011 （7）：1 - 4.

［43］周国熠，程娟，彭哲. 基于知识管理成熟度的知识管理审计模型研究 ［J］. 科技进步与对策，2009，26 （5）：106 - 109.

［44］朱娜. 三代知识管理比较研究——基于知识认知的视角 ［J］. 知识经济，2013 （16）：22 - 23.

［45］朱志红，薛大维. 基于核心流程的知识管理审计模型 ［J］. 科技进步与对策，2013 （3）：134 - 137.

［46］左孝顺. 知识经济：中国的机遇与挑战 ［J］. 经济学动态，1998 （7）：29 - 33.

外文部分

［1］Alavi, M. , Leidner, D. E. Review：Knowledge management and knowledge management systems：Conceptual foundations and research issues ［J］. MIS Quarterly, 2001, 25 （1）：107 - 136.

［2］Alwan, H. M. , Hassan, Z. B. H. , Saleem, N. Generic Model for Knowledge Audit to Enhance Process-based Knowledge ［J］. International Journal of Engineering and Technical Research, 2015, 3 （1）：279 - 282.

［3］Antonova, A. , Gourova E. An extended knowledge audit approach ［C］. Proceedings of International Scientific Conference 'Business Informatics'. Sofia, Bulgaria, 2007.

［4］Antonova, A. , Gourova, E. Business patterns for knowledge audit implementation within SMEs [C]. Proceedings of the 14th European Conference of Pattern Languages of Programs (EuroPloP). Irsee, Germany, 2009.

[5] Aviv, I. , Levy, M. , and Hadar, I. Socio-engineering knowledge audit methodology (SEKAM) for analyzing end-user requirements [C]. Proceedings of OSRA EIS & KM, International Conference of Information Systems. Paris, France, 2008.

[6] Biloslavo, R. , Trnavcevic, A. Knowledge management audit in a higher educational institution: a case study [J]. Knowledge and Process Management, 2007, 14 (4): 275 – 286.

[7] Birkinshaw, J. , Sheehan, T. Managing the knowledge life cycle [J]. MIT Sloan Management Review, 2002, 44 (1): 75 – 83.

[8] Bontis, N. Assessing knowledge assets: a review of the models used to measure intellectual capital [J]. International Journal of Management Reviews, 2001, 3 (1): 41 – 60.

[9] Bontis, N. , Michael, F. , and Marissa, H. The e-flow audit: an evaluation of knowledge flow within and outside a high-tech firm [J]. Journal of Knowledge Management, 2003, 7 (1): 6 – 19.

[10] Booch, G. , Rumbaugh, J. , Jacobson, I. The unified modeling language userguide [M]. Addsion Wesley Longman, 1999.

[11] Botha, H. , and Boon, J. A. the information Audit: Principles and Guidelines [J]. Libri, 2003, 53: 23 – 38.

[12] Bright, C. A pragmatic approach to conducting knowledge audit [C]. Proceedings of the International Conference on Knowledge Management in Nuclear Facilities. Vienna, Austria, 2007.

[13] Buchanan, S. , Gibb, F. The information audit: An integrated strategic approach [J]. International Journal of Information Management, 1998, 18 (1): 29 – 47.

[14] Buchanan, S. , Gibb, F. The information audit: Role and scope

［J］. International Journal of Information Management, 2007, 27: 159 –
172.

［15］Bukowitz, W. , R. Williams, The knowledge management field-
book ［M］. Prentice Hall, 1999.

［16］Burnett, S. , Illingworth, L. , Webster, L. Knowledge auditing
and mapping: a pragmatic approach ［J］. Knowledge and Process Manage-
ment, 2004, 11 (1): 25 – 37.

［17］Burnett, S. , Williams, D. , Illingworth, L. Reconsidering the
Knowledge Audit Process: Methodological Revisions in Practice ［J］. Knowl-
edge and Process Management, 2013a, 20 (3): 141 – 153.

［18］Burnett, S. , Williams, D. , Grinnall, A. The Strategic Role of
Knowledge Auditing and Mapping: An Organisational Case Study ［J］.
Knowledge and Process Management, 2013b, 20 (3): 161 – 176.

［19］Capshaw, S. Whaddya know? —Find out With a Knowledge Au-
dit, the First Step Towards Knowledge Management ［J］. Inform-the Magazine
of Information and Image Management, 1999, 13 (7): 16 – 21.

［20］Chen, X. H. , Snyman, M. M. M and Sewdass, N. Interrelation-
ship between document management, information management and knowledge
management ［J］. South African Journal of Information Management, 2005, 7.

［21］Cheung, C. F. , Ko, K. C. , Chu, K. F. , Lee, W. B. Sys-
tematic Knowledge Auditing With Applications ［J］. Journal of Knowledge
Management Practice, 2005, 8.

［22］Cheung, C. F. , Li, M. L. , Shek, W. Y. , Lee, W. B. ,
Tsang, T. S. A systematic approach for knowledge auditing: a case study in
transportation sector ［J］. Journal of Knowledge Management, 2007, 11
(4): 140 – 158.

［23］Chowdhury, N. Supporting Product Innovation Through Knowledge
Audit ［J］. Studies in Business and Economics, 2015, 18 (1): 69 – 84.

[24] Choy, S. Y., Lee, W. B., Cheung, C. F. A Systematic Approach for Knowledge Audit Analysis: Integration of Knowledge Inventory, Mapping and Knowledge Flow Analysis [J]. Journal of Universal Computer Science, 2004, 10 (6): 674 – 682.

[25] Choy, S. Y., Lee, W. B., Cheung. C. F., Geoffrey Shim. Development of a Knowledge Management Culture Assessment Tool with Applications in Aviation Industry [J]. Journal of Information & Knowledge Management, 2005, 4 (3): 179 – 189.

[26] Choy, S. Y. Knowledge audit and portal design for fleet technical management in the aviation industry [D]. Hong Kong Polytechnic University, 2005.

[27] Chua, A., Lam, W. Why KM projects fail: a multi-case analysis [J]. Journal of knowledge management, 2005, 9 (3): 6 – 17.

[28] Chung, P. W. H., Cheung, L., Stader, J., Jarvis, P., Moore, J., Macintosh, A. Knowledge-based process management: an approach to handling adaptive workflow [J]. Knowledge – Based Systems, 2003, 16: 149 – 160.

[29] Dattero, R., Galup, S. D., Quan, J. J. The knowledge audit: Meta – Matrix analysis [J]. Knowledge Management Research & Practice, 2007, 5 (3): 213 – 221.

[30] Davenport, T. H. & Prusak, L. Working knowledge: How organizations manage what they know [M]. Harvard Business School Press, Boston, MA, USA, 1998.

[31] Debenham, J., Clark, J. The Knowledge Audit [J]. Robotics and Computer Integrated Manufacturing Journal, 1994, 11 (3): 201 – 211.

[32] DeFond, M. L., Konchitchki. Y., McMullin J. L., et al. Capital markets valuation and accounting performance of Most Admired Knowledge Enterprise (MAKE) award winners [J]. Decision Support Systems, 2013,

56: 348 – 360.

[33] Drus, S. , Shariff, S. Analysis of Knowledge Audit Models via Life Cycle Approach [C]. Proceedings of the International Conference on Information Communication and Management, 2011.

[34] Drus, S. , Shariff, S. , Othman, M. Knowledge audit and its link to knowledge strategy and knowledge management [C]. Proceedings of the Knowledge Management International Conference (KMICe). Langkawi, Malaysia, 2014.

[35] Du Toit, A. S. A. Conducting a knowledge audit at a South African retail bank [J]. Acta Commercii, 2014, 14 (1): 1 – 6.

[36] Foo, S. , Sharma, R. and Chua, A. Knowledge Management Tools and Techniques [M]. Prentice Hall, Singapore, 2007.

[37] Fraser, P. , Moultrie, J. , Gregory, M. The use of maturity models/grids as a tool in assessing product development capability [C]. Proceedings of the IEEE International Engineering Management Conference, 2002: 244 – 249.

[38] Geisler, E. A taxonomy and proposed codification of knowledge and knowledge systems in organizations [J]. Knowledge and Process Management, 2006, 13 (4): 285 – 296.

[39] Gilchrist, A. Corporate taxonomies: report on a survey of current practice [J]. Online Information Review, 2001, 25 (2): 94 – 102.

[40] Gloria, P. D. Information and Knowledge Organizational Audit: Genesis of an Integration [J]. Brazilian Journal of Information Science, 2008, 2 (2): 3 – 15.

[41] Gottschalk, P. Maturity levels for interoperability in digital government [J]. Government Information Quarterly, 2009 (26): 75 – 81.

[42] Gourova, E. , Antonova, A. , Todorova, Y. Knowledge audit concepts, processes and practice [J]. Wseas Transactions on Business and

Economics, 2009, 6 (12): 605 – 619.

[43] Gourova, E., Todorova, Y. Knowledge audit data gathering and analysis [C]. Proceedings of the 15th European Conference on Pattern Languages of Programs, 2010.

[44] Gourova, E., Toteva, K., Todorova, Y. Audit of Knowledge flows and Critical business processes [C]. Proceedings of the 17th European Conference on Pattern Languages of Programs, 2012.

[45] Gu, Jie. Development of an intellectual capital driven knowledge audit methodology for managing unstructured knowledge [D]. Hong Kong Polytechnic University, 2013.

[46] Handzic, M., Lagumdzija, A., and Celjo, A. Auditing knowledge management practices: model and application [J]. Knowledge Management Research & Practice, 2008, 6 (1): 90 – 99.

[47] Hansen, M. T., Nohria, N. and Tierney, T. What's your strategy for managing knowledge? [J]. Harvard Business Review, 1999, 77 (2): 106 – 116.

[48] Henczel, S. The Information Audit As A First Step Towards Effective Knowledge Management: An Opportunity For The Special Librarian [J]. Inspel (International Journal of Special Libraries), 2000, 34 (3/4): 210 – 226.

[49] Henczel, S. The information audit: A practical guide [M]. London: K. G. Saur, 2001.

[50] Herbsleb, J., Zubrow, D., Goldensen, D., Hayes, W., and Paulk, M. Software Quality and the Capability Maturity Model [J]. Communications of the ACM, 1997, 40 (6): 30 – 40.

[51] Hull, R., Coombs, R., Peltu, M. Knowledge management practices for innovation: an audit tool for improvement [J]. International Journal of Technology Management, 2000, (20): 633 – 656.

［52］Iazzolino, G. , and Pietrantonio, R. Auditing the organizational knowledge through a Balanced Scorecard-based Approach ［C］. Proceedings of the International Conference on Knowledge Management in Asia Pacific (KMAP), 2005, 10.

［53］Ivan, J. , Bozidar, K. Designing a method for knowledge audit in small and medium information technology firms ［C］. Proceedings of the 19th Central European Conference on Information and Intelligent Systems // Aurer, Boris; Baca, Miroslav; Rabuzin, Kornelije (ed) Varazdin: Faculty of Organization and Informatics, 2008: 291 - 298.

［54］Jafari, I. , Payani, N. A systematic approach for knowledge auditing ［J］. African Journal of Business Management, 2013, 7 (32): 3159 - 3167.

［55］Jessica, Y. T. Yip. , Lee, W. B. , Tsui, E. Examining knowledge audit for structured and unstructured business processes: a comparative study in two Hong Kong companies ［J］. Journal of Knowledge Management, 2015, 19 (3): 514 - 529.

［56］Jones, S. , Ball, A. , Ekmekcioglu, C. The Data Audit Framework: A First Step in the Data Management Challenge ［J］. The International Journal of Digital Curation, 2008, 3 (2): 112 - 120.

［57］Kaner, M. , and Karni, R. A Capability Maturity Model for Knowledge - Based Decisionmaking ［J］. Information Knowledge Systems Management, 2004 (4): 225 - 252.

［58］Khatibian, Neda. , Tahmoores Hasan gholoi pour. , Hasan Abedi Jafari. Measurement of knowledge management maturity level within organizations ［J］. Business Strategy Series, 2010, 11 (1): 54 - 70.

［59］Kingston, J. Ontologies, Multi - Perspective Modelling and Knowledge Auditing ［C］. Proceeding of the II German/Austrian Conference on Artificial Intelligence, 2001.

［60］ Klimko, G. Knowledge management and maturity models: build-ing common understanding ［C］. Proceedings of the 2nd European Conference on Knowledge Management, 2001.

［61］ Kochikar, V. P. The Knowledge Management Maturity Model——A Staged Framework for Leveraging Knowledge ［C］. Proceedings of the KM-World Conference, New Jersey, 2000.

［62］ Kulkarni, U. , and Freeze, R. Development and validation of a knowledge management capability assessment model ［C］. Proceedings of the 25th International Conference on Information Systems, 2004.

［63］ Kulkarni, U. , St. Louis, R. Organizational self assessment of knowledge management maturity ［C］. Proceeding of the 9th Americas Confer-ence on Information Systems, 2003.

［64］ Kuriakose, et al. Knowledge Management Maturity Model: An En-gineering Approach ［J］. Journal of Knowledge Management Practice, 2011, 12 (2).

［65］ Kuriakose, et al. Knowledge Management Maturity Models: A Morphological Analysis ［J］. Journal of Knowledge Management Practice, 2010, 11 (3).

［66］ Lauer, T. W. and Tanniru, M. Knowledge Management Audit – A Methodology and Case Study ［J］. Australian Journal of Information Systems, 2001, 9 (1): 23 – 41.

［67］ Leonard – Barton. Wellsprings of knowledge: Building and sustain-ing the sources of innovation ［M］. Boston: Harvard business school Press, 1995.

［68］ Leung, Z. C. S. , Cheung C. F. , Chu. K. F. , et al. Assessing Knowledge Assets: Knowledge Audit of a Social Service Organization in Hong Kong ［J］. Administration in Social Work, 2010, 34 (4): 361 – 383.

［69］ Levantakis, T. Helms, R. Spruit, M. Developing a Reference

Method for Knowledge Auditing [J]. Lecture Notes in Computer Science, 2008, 5345: 147 – 159.

[70] Levy, M., Hadar, I., Aviv I. Enhancing knowledge intensive business processes via knowledge management audit [C]. Proceedings of the 15th Americas Conference on information system (AMCIS). San Francisco, USA, 2009.

[71] Liebowitz, J., Rubenstein – Montano, B., McCaw, D., Buchwalter J., Browning C. The knowledge audit [J]. Knowledge and Process Management, 2000, 7 (1): 3 – 10.

[72] Lopez – Nicolas, C., Merono – Cerdan, A. L. A Model for Knowledge Management and Intellectual Capital Audits [J]//Russ M (ed). Knowledge management strategies for business development. Business Science Reference, 2009: 115 – 131.

[73] Loxton, M H. A simplified integrated critical activity-based knowledge audit template [J]. Knowledge Management Research & Practice, 2014, 12 (2): 236 – 238.

[74] Lusignan, S. D., Wells S., Shaw A., Rowlands, G., Crilly, T. A knowledge audit of the managers of primary care organizations: top priority is how to use routinely collected clinical data for quality improvement [J]. Medical Informatics and the Internet in Medicine, 2005, 30 (1): 69 – 80.

[75] Maier, R., Schmidt, A. Characterizing knowledge maturing: a conceptual process model for integrating e-learning and knowledge management [C]. Proceedings of the 4th Conference Professional Knowledge Management. Experiences and Visions, Potsdam, Germany, 2007: 325 – 334.

[76] Makambe, U. A Systematic Approach to Knowledge Audit: A Literature Review [J]. Information & Knowledge Management, 2015, 5 (1): 98 – 105.

[77] Marianne, Gloet. Knowledge management audit: the role of man-

agers in articulating and integrating quality practices [J]. Managerial Auditing Journal, 2002, 17 (6): 310 – 316.

[78] Marko, G. Human capital and knowledge audit as the competitive advantage of companies [J]. Net Journal of Social Sciences, 2013, 1 (1): 1 – 4.

[79] McElroy, M. W. The new knowledge management, Complexity, learning and sustainable innovation [M]. Boston, MA: KMCI Press, Butterworth – Heinemann, 2003.

[80] Nagarajan S, Ganesh K, Punniyamoorthy M, et al. Framework for Knowledge Management Need Assessment [J]. Procedia Engineering, 2012, 38 (2): 3668 – 3690.

[81] Nonaka, I. A dynamic theory of organizational knowledge creation [J]. Organization Science, 1994, 5 (1): 14 – 37.

[82] Nonaka, I. , and Takeuchi, H. The knowledge-creating company [M]. Oxford University Press, 1995.

[83] Ould, M. A. Business processes: modelling and analysis for re-engineering and improvement [M]. Chichester, Wiley, 1995.

[84] Paramasivan, T. Knowledge Audit [J]. The Chartered Accountant, 2003, 10: 498 – 506.

[85] Paulzen, O. , Doumi, M. , Perc, P. , Cereijo – Roibas, A. A Maturity Model for Quality Improvement in Knowledge Management [C]. Proceedings of the Australiasian Conference on Information Systems (ACIS), 2002: 1 – 11.

[86] Pee, L. G. & Kankanhalli, A. A Model of Organizational Knowledge Management Maturity based on People, Process, and Technology [J]. Journal of Information & Knowledge Management, 2009, 8 (2): 1 – 21.

[87] Perez – Soltero, A. , Alvarez – Quijada, R. , Barcelo – Valenzuela, M. et al. A Methodology for Documenting Key Knowledge Through the Ap-

plication of Knowledge Audit Techniques: The Case of a Mexican Pulp Company [J]. IUP Journal of Knowledge Management, 2013, 11 (3): 7 – 28.

[88] Perez – Soltero, A. , Barcelo – Valenzuela, M. , Sanchez – Schmitz, G. et al. A Model and Methodology to Knowledge Auditing Considering Core Processes [J]. The Icfai Journal of Knowledge Management, 2007, 5 (1): 7 – 23.

[89] Perez – Soltero, A. , Barcelo – Valenzuela, M. , Sanchez – Schmitz, G. et al. A Computer Prototype to Support Knowledge Audits in Organizations [J]. Knowledge and Process Management, 2009, 16 (3): 124 – 133.

[90] Perez – Soltero, A. , Sanchez – Schmitz, G. , Barcelo – Valenzuela, M. et al. Ontologies as Strategy to Represent Knowledge Audit Outcomes [J]. International Journal of Technology, Knowledge and Society, 2006, 2 (5): 43 – 52.

[91] Ping, J. H. , Binshan, L. , and Chinho, L. The construction and application of knowledge navigator model (KNM™): An evaluation of knowledge management maturity [J]. Expert Systems with Applications, 2009, 36 (2): 4087 – 4100.

[92] Polanyi, M. Personal knowledge. Towards a post-critical philosophy [M]. Chicago: Chicago University Press, 1958.

[93] Ragsdell, G. , Probets S. , Ahmed, G. et al. Knowledge Audit: Findings from the Energy Sector [J]. Knowledge and Process Management, 2014, 21 (4): 270 – 279.

[94] Ramani, G. C. S. , Palaniappan, G. knowledge audit as a success factor for km implementation [J]. International Journal of Research in Computer Application & Management, 2013, 2 (11): 37 – 42.

[95] Roberts, S. A. Recording knowledge-related activities in practice: Methodological bases and a method of knowledge auditing [J]. Aslib Proceed-

ings, 2008, 60 (6): 583 – 599.

[96] Robinson, H. S., Anumba, C. J., Carrillo, P. M., Al – Ghassani, A. M. STEPS: a knowledge management maturity roadmap for corporate sustainability [J]. Business Process Management Journal, 2006, 12 (6): 793 – 808.

[97] Roy, M. C., Mosconi, E., Sager, M., Ricard, J. F. Knowledge audit for a large scale government KM strategy [J]. Journal of Information & Knowledge Management, 2014, 13 (4): 1 – 10.

[98] Schwartz, D. G. and Tauber, D. Toward a Maturity Model for Knowledge Management Systems Integration, Knowledge Management and Organizational Learning [J]. Knowledge Management and Organizational Learning. Part 1, 2009: 59 – 78.

[99] Schwikkard, D. B., du Toit, A. S. A. Analysing knowledge requirements: a case study [J]. Aslib Proceedings, 2004, 56 (2): 104 – 111.

[100] Sharma, C. K., and Singh A. K, . An evaluative study of information audit and knowledge management audit [J]. Brazilian Journal of Information Science, 2011, 5 (1): 53 – 59.

[101] Sharma, R. S., Chowdhury, N. On the Use of a Diagnostic Tool for Knowledge Audits [J]. Journal of Knowledge Management Practice, 2007, 8 (4).

[102] Sharma, R. S., Foo, S., Morales – Arroyo, M. Developing corporate taxonomies for knowledge auditability: A framework for good practices [J]. Knowledge Organisation, 2008, 35 (1): 30 – 46.

[103] Shek, W. Y., Cheung, C. F., Lee, W. B., et al. Systematic Knowledge Auditing: a Case Study in a Power Utility Company [J]. Journal of Information & Knowledge Management, 2007, 6 (4): 231 – 239.

[104] Snowden, D. Complex acts of knowing: Paradox and descriptive

self awareness [J]. Journal of Knowledge Management, 2003, 6 (2): 100 – 111.

[105] Stevens, L. Knowing what your company knows: a knowledge audit is a necessary precursor to a new KM initiative [J]. Knowledge Management Magazine, 2000, 3 (12): 38 – 42.

[106] Stewart, T. , Intellectual capital: The new wealth of organizations [M]. Currency Doubleday, New York, USA, 1999.

[107] Thomas, T. Ten steps toward effective knowledge audits [J]. Knowledge Management Review, 2005, 8 (3): 5.

[108] Wang, Jiankang. , Xiao, Jiuling. Knowledge management audit framework and methodology based on process [J]. Journal of Technology Management in China, 2009, 4 (3): 239 – 249.

[109] Wiig, K. M. Knowledge management foundations: Thinking about thinking——how people and organizations represent, create, and use knowledge [M]. Schema Press, Arlington, TX, USA, 1993.

[110] Zack, M. H. Developing a knowledge strategy [J]. California Management Review, 1999, 41 (3): 125 – 145.

后　　记

在读博期间，参与了导师颜光华教授主持的国家自然科学基金项目"基于知识和网络的中国海外企业治理与组织控制研究"，在导师的指导下开始从事知识管理、技术创新管理等领域的研究。在毕业之后进入南京审计大学工作，开始接触到审计领域的知识，同时进入南京大学工商管理博士后流动站从事博士后研究工作，陆续参与合作导师彭纪生教授主持的国家自然科学基金项目"组织支持感、知识共享方式与共享效能：中国情境下员工——组织关系的视角"以及"企业国际化能力跃迁机制与路径：基于知识导向与制度距离视角的研究"等系列科研项目。以上科研项目的参与与研究拓展了研究视野，锻炼了学术思维，进一步深化了对知识管理、团队管理等相关领域的认知。后来依托学校提供到国家审计署兰州特派办学习锻炼的机会，系统学习了审计方面的理论知识，并参与了系列审计项目，深入了解了各类审计实践，继续加深了对审计的认识和理解。后期围绕知识审计理论与实践先后申请并立项了教育部人文社会科学研究项目、江苏省社会科学基金项目以及国家自然科学基金项目等。

在此书出版之际，特别感谢恩师颜光华教授。恩师虽然已经远去，但音容笑貌，宛在眼前；谆谆教诲，萦绕耳边。一切都仿如昨日，回忆起来心中都充满感动和敬意。毕业多年，恩师每次相见总不忘告诫。他的一生诠释了什么是传道授业解惑，师之道，莫如斯矣。

特别感谢合作导师彭纪生教授，有幸随师三载，深得教诲，获益良多。导师学识渊博，治学严谨，师德高尚，其实事求是的科学态度，开拓创新的敬业精神，温文儒雅的学者风范都深深地感染并鼓舞着我，是我终生学习的榜样。

衷心感谢南京审计大学党委副书记王会金教授，副校长董必荣教授，组织部部长李乾文教授；感谢商学院党总支书记李昆教授，院长庄玉良教授，副院长公彦德副教授，以及学院王崇教授、马少辉教授、赵红梅教授、黄海艳教授等，感谢研究团队顾远东、李卫东、张丽梅、张燕、袁艺、高杰、马蕾、周英、谢延浩、施晓峰、王洪青、王钦、邢祥娟、史普润、范间翮等。

在本书的写作过程中，参阅和直接引用了一些国内外学者的研究成果，在此也向作者表示衷心的感谢！由于篇幅限制，有些研究成果没能进行一一标注或详细说明，敬请谅解！

感谢经济科学出版社李雪编辑不辞劳苦的审核和校对，感谢硕士研究生陈媛媛、陈王捷、樊莉对资料的收集与整理，特别感谢我的家人，她们无私的付出，默默的支持是我从事科研与教学工作的动力源泉，在此一并表示感谢！

本书仅是围绕知识审计领域做了一些浅薄的探讨和研究，限于作者的知识、能力和精力，书中难免存在纰漏之处，恳请批评指正！

肖久灵

2018 年 10 月